圖解

五南圖書出版公司 印行

統計與大數據

吳作樂
吳秉翰 著

閱讀文字

理解內容

觀看圖表

圖解讓
統計與大數據
更簡單

前言

前言

近年來，鼓吹大數據（Big Data）蔚為風潮，相關的書籍也很暢銷。有趣的是：幾乎所有鼓吹大數據的書都**刻意避開統計**，而使用預測分析（Predictive Analytics）這樣的名詞，來包含傳統統計方法及工程統計的工具，使用資料科學家（Data Scientist）來避開具有統計專業的統計學者。但是，無論如何重新包裝，**網路時代所謂「大數據分析」就是傳統統計與工程統計的工具結合起來的商業用統計分析**。

本書是一本介紹在各個範疇會用到的統計，其中內容包含傳統統計、基礎機率、工程統計、生物統計，以及 2010 年開始熱門的大數據分析。為了讓大家理解這些內容，本書使用深入淺出的說明，來認識各個範疇的統計意義。

由於統計涵蓋相當大的領域，本書針對的對象不似一般的書籍，只針對某一類人，而是針對「小學到高中的學生及一般人的敘述統計」、「高中到大學的推論統計」、「社會人士所需要理解的大數據與統計」三大區塊。有興趣的人可以針對自己所需的部分進行閱讀與認識。

本書在各個範疇都會以歷史及實際生活應用來做解釋，內容包括：

1. 認識敘述統計各圖表的意義及應用，包含近代的資訊視覺化工具。
2. 介紹推論統計的各種統計分析。
3. **認識傳統統計、工程統計、大數據分析三者的關係。**
4. 說明統計不是純數學的一部分，而是如同物理學一樣，是一門用數學語言敘述的應用科學。

作者認為學習應該從有趣的內容下手，有了興趣才有動力去學習，否則會淪為類似工作一般，因為工作是因必要而學習，過了此階段就忘記，並且學的時候也相當痛苦，不斷的背公式套題目。所以學習東西，不在於它可以多有用，而在於它可以多有趣。如同學習音樂不會是從五線譜開始學習，而是從聽音樂、唱歌，感覺開心，有興趣再去精深；同理美術課不會從調色開始，從調出各種顏色為基礎再來學

習畫畫，一定是先隨便畫，讓自己覺得開心有趣，再學習如何調出更多顏色來讓畫作更有層次。同理數學也不該從背公式開始，但大多數人最後的印象都是如此。遑論統計對大多數人的概念，就是不斷地套更複雜難明的公式。所以我們加入許多視覺化的工具來幫助理解統計。

本書特色是從社會、經濟、醫療、政治各領域的應用來認識統計重要性，也使用各種圖表說明與操作，打破統計是既枯燥無味，又難學又難懂的情況。

在本書出版之際，特別感謝義美食品高志明總經理全力支持本書的出版。本書雖經多次修訂，缺點與錯誤在所難免，歡迎各界批評指正，得以不斷改善。

前言

第一章　統計綱要

第二章　傳統統計

一、敘述統計

二、推論統計的基礎機率

三、推論統計

1. 基本工具與常用的概率分布

2. 估計

第三章　工程與商業的統計應用

一、工程統計

二、大數據的統計方法

第四章　統計的應用、其他

第一章
統計綱要

統計的分類，可以分為數理統計、工程統計、商用統計與不懂統計，本章會介紹其中的不同。

統計學是「對令人困惑費解的問題做出數字設想的藝術。」

大衛‧弗里德曼 (David Freedman, 1938–2008)

美國統計學家

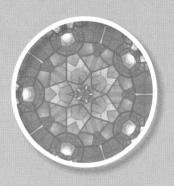

1-1 傳統統計與大數據分析有何不同

（一）傳統統計分析

　　傳統統計的歷史源自 17 世紀，一直到 20 世紀，統計的研究是希望從樣本推論到母體，所以都是**以小樣本數為主**，其原因是有效樣本的不易取得且太過昂貴，並且數據受太多因素互相干擾而不準確，所以早期的統計研究分為兩個階段。

　　第一階段：資料分析（Data Analysis）：研究如何收集、整理、歸納，描述資料中的數據和分散程度。第一階段的統計又被稱做探索性資料分析（Exploratory Data Analysis, EDA）。資料分析傾向於直接利用數據做判斷。

　　第二階段：推論統計（Inferential Statistics）：由第一階段的資料分析推理數學模型，由隨機且有效的樣本推論到全體情形，來幫助決策。第二階段的統計又被稱做數理統計，傾向於利用第一階段的結果，並排除不必要的極端值後，再作分析。

　　以前統計因為樣本取得不易，必須用少數有效樣本推理、決策。也因此做許多機率模型並驗證，最後有了目前的統計。

（二）大數據分析

　　到了 21 世紀的電腦時代，因為能獲得大量資料，不像以前的資料量比較少，工程界已經有能力可以處理大量資料的分析，直接用電腦做出各種視覺化（Visualization），再來加以分析。但是由於可以獲得大量資料，也導致了樣本不完全是隨機樣本，所以大數據的分析不能僅限於傳統統計的分析方法（隨機抽樣），必須用到工程統計多年發展的工具。一直到 2010 年網路的普及程度提高，商業界也意識到利用大量外部資料來分析商業行為是勢在必行，所以商業界推出**大數據分析（Big Data）**的統計方法，**但其實目前大數據分析就是工程界上早已使用大量數據的統計分析。**

　　處理大量資料的分析，又稱**資料科學（Data Science）**，現狀是使用者不用完全懂統計的原理，只要會操作電腦來進行視覺化及分析，期望從中找到有用的資訊。當然這樣的方法在統計觀點是較不嚴謹的，但仍有助於分析。也正因為大數據的不嚴謹性，普遍地不被大多數統計學家認同是有效的統計方法。但在作者觀點，數據視覺化的提升可被認定是在敘述統計範疇內，並且使用的方法是工程統計的方法（Predictive Analytics），所以**大數據分析**可被歸類在統計之中，當然如果要很完整且有效的被利用，則需要數理統計的證明。

（三）統計分析與大數據分析的異同

　　由以上的內容可知，統計與資訊、通訊工程師具有密切相關性，可參考圖 1、2。然而實際情形卻是兩者間有著很大的距離，各走各的路。其中有許多內容，數理統計已經研究出內容，但因為溝通的不易，工程師也不知道其統計內容，而自行開發程式與統計內容。同時工程師開發的統計工具，因缺乏嚴謹的統計模型，在某程度上的討論具有高度風險性。

　　以工程界為例，如果有問題可以很快檢測出來，但如果是社會、醫療、人文類的問題，容易受多重因素影響，不容易即時檢驗統計結果是否正確。所以工程師開發的統

計程式，在某些情形下沒有數學嚴謹的統計理論支持，容易失去準確性。同理在商業上的大數據分析使用也要更小心。

（四）結論

我們可以發現統計的演變，從少量數據來推論數學模型，進而做出推論。然而在 21 世紀可獲得大量數據，並利用電腦跳過部分數學模型，利用視覺化來分析，科技的改變帶動統計的進步，當然視覺化的分析，裡面仍然是藏著數學模型在內，並且也需要數學的驗證，只不過仍在研究中，但已經可由視覺化來幫助分析。

大數據的時代比起以往更需要統計分析來驗證，利用**數據圖像化、視覺化、即時互動**來協助判斷，換句話說**大數據就是更精細的敘述統計**，而非只是簡單的長條圖、或說是數據量太少的統計。以上的方法廣泛的應用在各門學科之上，從自然科學和社會科學到人文科學、統計學、經濟學、戰爭（如：飛彈遞迴修正路線），甚至被用來工商業及政府的情報決策之上。

本書用大量的圖表來認識統計、數據分析，利用圖案來說明統計來降低對數學式的陌生，並學習統計與生活相關的內容，最後認識大數據時代，數據圖像化、視覺化如何利用，並知道傳統統計與大數據的差異性，就是小樣本（Small Data）與大樣本（Big Data）的分析。了解這些內容後，就不會一昧的使用平均，或是被不會統計的人濫用統計來誤導思考方向。

圖 1

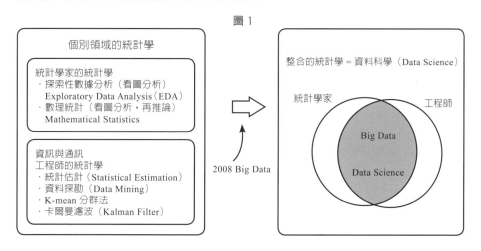

圖 2

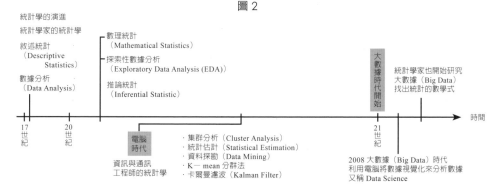

1-2 傳統統計是什麼

傳統統計是什麼？簡單來說，主要分為兩類。

1.**敘述統計**：觀察資料，從資料中發現資訊，將該資料的**特徵與性質明確化**。舉例：飲料店假日平均賣出 50 杯飲料。

2.**推論統計**：從資料中分析出該**資料趨勢**，由部分的資料（稱為：樣本）推論出下一階段會是怎樣的情況。經由樣本資料推論出全部的情形（稱為：母體）。舉例：飲料店利用很多次銷售數量，得到平均可賣 50 杯，標準差為 5 杯，所以預測出下個周日 95% 可能會賣出 40~60 杯飲料。標準差的概念將在後面內容說明。

（一）樣本與母體的說明

統計首先需要收集資料，被稱為**樣本**，再由樣本資料，推論全體情況，全體在統計上稱為母體。舉例：**母體**以**數量**來看，就是浮在海上的冰塊加上海面下的冰塊，見圖 1；但該圖是以少部分浮冰（海平面上）做為樣本來推論母體，這樣的樣本只取海平面以上的部分，取樣不夠隨機，真正的樣本資料應該具有隨機性，見圖 2，這樣的取法才能讓少部分的資料代表整體。**不幸的是社會上卻常常做取浮冰（海平面上）的調查，因為這樣有助於美化統計數字，將導致大家對統計的不信任，或是認為有人利用統計來騙人。**

在推論統計中，為了分析過去資料來推論未來的情形，統計學家作了各種估計與檢定，建構了現代推論統計。其中建構現代統計的重要人物是數理統計學家尼曼（Jerzy Neyman：1894-1981）與皮爾森（Egon Sharpe Pearson：1895-1980），他們發明了**由部分資料推論全體的估計，**以及**比較兩種資料的是否有差異的檢定基礎。統計的發展請參考圖 3。**

統計的實驗方法如何產生？這由英國統計學家、生物學家費雪（Ronald Aylmer Fisher：180-1962）設計，據說他在喝紅茶時聽到有人提到杯子先放紅茶還是先放牛奶，味道會有所不同，進而引發動機去設計實驗，最後有了實驗設計法。費雪替現代推論統計奠定基礎。

（二）敘述統計與推論統計的優缺點

1.敘述統計

敘述統計的優點是令人可以快速了解資料的內容，如出處、數量，並得知母體的特徵與性質，如：考試成績常使用的平均，或是由小到大的最中間的數：中位數，這些都是屬於敘述統計的一部份。敘述統計可以明確的得到一些簡潔的數據，**缺點是產生的統計量不一定是有效的分析，如：平均。**

敘述統計可觀察圖表，令人直觀地看到變化，如長條圖，見圖 4。圖表就是一種基本的數據視覺化，我們為什麼需要數據視覺化？因為一大堆數字不容易看出差異性，但數據視覺化後，圖表可以快速幫助找出差異性。

2. 推論統計

推論統計的重點是由樣本來推論母體，不用獲得全部資料，事實上在絕大多數的情況都無法獲得太多有效數據，必須用估計的方法客觀推論母體的數值，以及利用檢定的方法判斷不同樣本間的差異。例如：某大學男學生的身高作隨機抽樣取 50 人取平均，得到平均身高為 170，所以估計男學生身高約 170。而女學生的身高作隨機抽樣取 50 人取平均，得到平均身高為 160，所以估計女學生身高約 160。發現男生比女生高，而男女之間比較身高是否真的是男生比女生高，就稱為**檢定**。推論統計的限制是不易收集有效且夠多的隨機樣本、且需要的數量往往價格昂貴，如：醫學上的疾病樣本。

（三）結論

敘述統計的意義就是利用統計量及圖表來快速做初步判斷；推論統計的意義就是使用嚴謹的統計工具，利用樣本推論母體。

再次將傳統統計與大數據作比較，大數據面臨比傳統統計更大量的數據，因為數據太多，難以用傳統統計的數據視覺化圖表判斷，而必須使用電腦軟體的數據視覺化來幫助分析；並且大數據的數據不能保證隨機（非隨機抽樣），所以大數據的範疇涵蓋傳統統計，所以也涵蓋工程統計。

圖 1：海上浮冰，取自 WIKI

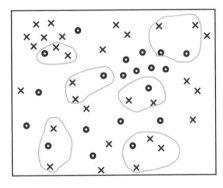

圖 2：隨機的樣本

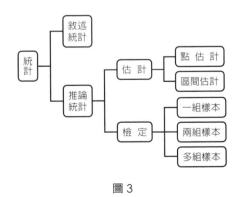

圖 3

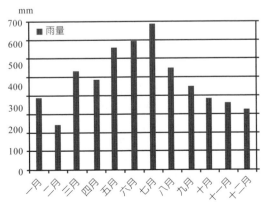

圖 4

第二章
傳統統計

　　傳統的統計中，包含了敘述統計、基礎的機率、推論統計，本章將會介紹其中的內容，以及一般人最常用的統計。

　　統計具有非凡的能力處理各種複雜的問題，它需要非常精細的方法和小心翼翼的解釋。當人類科學探索者在問題的叢林中遇到難以逾越的障礙時，唯有統計工具可為其開闢一條前進的通道

法蘭西斯・高爾頓 (Francis Galton, 1822-1911)
英國人類學家、優生學家、熱帶探險家、地理學家、
發明家、氣象學家、統計學家、心理學家和遺傳學家。

一、
敘述統計

　敘述統計是最直覺的統計，我們不用會太多太難的工具就可以理解，只要將資訊視覺化，得到一張張的圖表，就可以避免被別人濫用統計所欺騙，如：平均值。本章會介紹常用的各種圖表，並會貼近社會應用，同時指出生活中的濫用統計情形。

　大多數人對資訊視覺化存在著錯誤的認知，大多數人認為現代軟體的大數據分析的圖表才是資訊視覺化；而傳統統計的統計圖表不是，這是完全錯誤的認知。傳統的統計圖表就是資訊視覺化的產物，在第二章的敘述統計及第三章的大數據將會介紹更多的資訊視覺化的內容及圖表。

　對於追求效率的公民而言，統計思維總有一天會和讀寫能力一樣必要。

赫伯特‧喬治‧威爾斯 (H.G.Wells, 1866-1946)

美國著名科幻作家、新聞記者、政治家、社會學家和歷史學家。

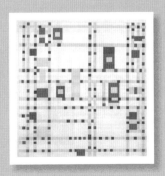

2-1 常用的圖表 (1) —— 長條圖

　　認識資料分析的圖表，將數據做成圖表以利在不同情況來分析數據。長條圖又稱條狀圖、棒形圖、柱狀圖，是一種以長方形的長度為變數的統計圖表。長條圖只有一個變數，通常用於較小的數據分析，見圖 1。長條圖也可來比較兩個或以上的差異性，如：不同時間或者不同條件，見圖 2，也可橫向排列，見圖 3。

　　同時繪製長條圖時，長條柱或柱組中線須對齊項目刻度。而在數字大時，可使用波浪形省略符號≈，以擴大表現數據間的差距，增強理解和清晰度，見圖 4。

　　而我們如何製作長條圖，可利用微軟的 EXCEL 工具，輸入數據，框選內容，選圖表情形，就能輕鬆的作出長條圖，見圖 5。

　　由表 1 與長條圖（圖 6）可知只看數字其實難以看出差距，但是如果將數據圖像化，作長條圖，就可以明顯發現台北租屋每坪貴 300 元左右。

2015/9/25 參考好房網，http://www.housefun.com.tw/，各地租屋的行情價。

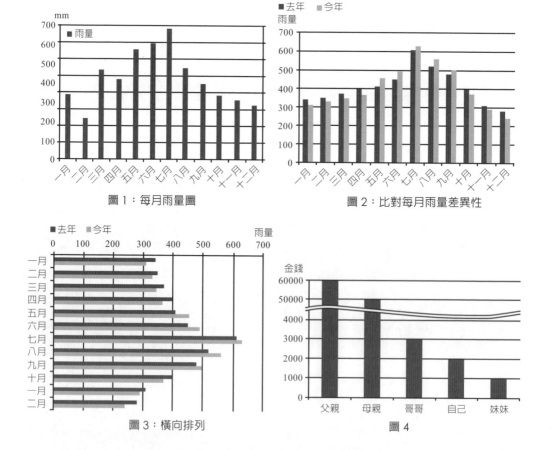

圖 1：每月雨量圖

圖 2：比對每月雨量差異性

圖 3：橫向排列

圖 4

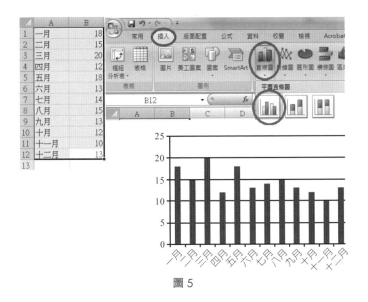

圖 5

表 1

地區租金	元／坪	地區租金	元／坪	地區租金	元／坪	地區租金	元／坪
台北市	1013	苗栗縣	607	彰化縣	542	基隆市	456
新北市	702	台東縣	582	宜蘭縣	528	南投縣	452
新竹市	689	台南市	575	屏東縣	499	雲林縣	439
台中市	680	桃園市	556	嘉義市	461	嘉義縣	426
新竹縣	649	高雄市	549	花蓮縣	458		

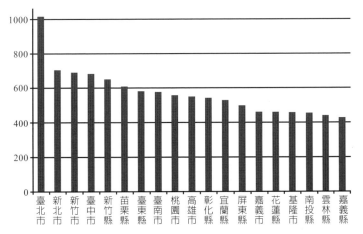

圖 6

2-2 常用的圖表 (2) —— 直方圖

　　直方圖與長條圖的差異性在於，直方圖表示為一個範圍的數量，而長條圖是該項目的數量。以下是樹的高度與數量的表 1 及直方圖 1。

　　同樣的可以利用微軟的 EXCEL 工具，輸入數據，框選內容，作出各範圍的數量。見圖 2。

表 1

高度範圍	次數
$60 \leq x < 65$	2
$65 \leq x < 70$	3
$70 \leq x < 75$	8
$75 \leq x < 80$	10
$80 \leq x < 85$	5
$85 \leq x < 90$	2

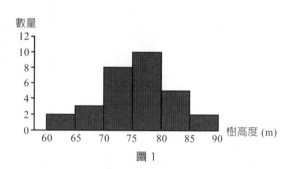

圖 1

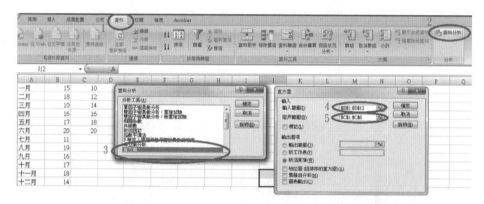

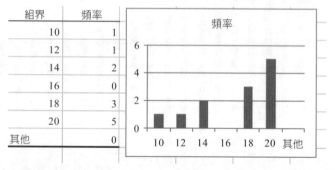

圖 2：選圖表情形，就能輕鬆的作出直方圖，可觀察分布情形及直方圖

累積次數分配折線圖：可以幫助了解該數據累積的情形。見表 2、圖 3。

表 2

高度範圍	次數	累積次數
$60 \leqq x < 65$	2	2
$65 \leqq x < 70$	3	5
$70 \leqq x < 75$	8	13
$75 \leqq x < 80$	10	23
$80 \leqq x < 85$	5	28
$85 \leqq x < 90$	2	30

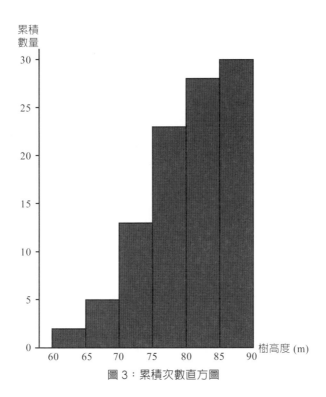

圖 3：累積次數直方圖

2-3 常用的圖表 (3) —— 折線圖

　　折線圖是將數據代表之點對齊項目刻度，描點連線，比起長條圖來得乾淨俐落，避免讓畫面太過擁擠。見表 1、圖 1。

相對累積次數分配折線圖

　　相對累積次數分配折線圖是另一種折線圖，可以幫助了解該數據以下所佔的比例情形，同時也常把所代表的直方圖也畫上去，見圖 2、3，表 2。

　　同樣可利用微軟的 EXCEL 工具，輸入數據，框選內容，選圖表情形，就能輕鬆的作出折線圖，圖 4。

　　例如，觀察物價指數如果是看一堆數據容易眼花撩亂，如果將數據圖像化就可方便閱讀，物價指數以民國 100 年為 100%，其他年隨之增減，由圖可知台灣物價以長期來看是上升的，並可發現約在民國 78 年到 85 年間爬升較快，見圖 5。

表 1

月份	1	2	3	4	5	6	7	8	9	10	11	12
溫度	17	18	21	25	30	31	33	32	29	25	22	18

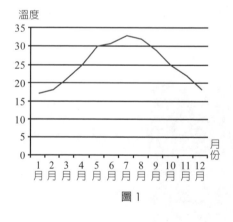

圖 1

表 2

樹高度範圍	次數	比例	累積次數	累積比例
$60 \leq x < 65$	2	$\frac{2}{30}$	2	$\frac{2}{30}$
$65 \leq x < 70$	3	$\frac{3}{30}$	5	$\frac{5}{30}$
$70 \leq x < 75$	8	$\frac{8}{30}$	13	$\frac{13}{30}$
$75 \leq x < 80$	10	$\frac{10}{30}$	23	$\frac{23}{30}$
$80 \leq x < 85$	5	$\frac{5}{30}$	28	$\frac{28}{30}$
$85 \leq x < 90$	2	$\frac{2}{30}$	30	$\frac{30}{30}$

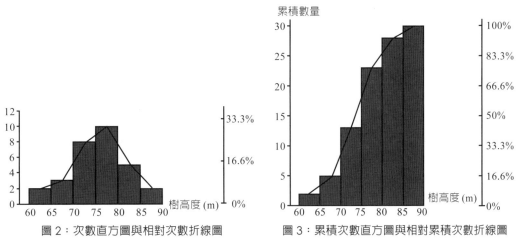

圖 2：次數直方圖與相對次數折線圖　　　圖 3：累積次數直方圖與相對累積次數折線圖

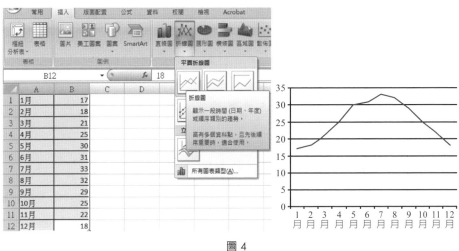

圖 4

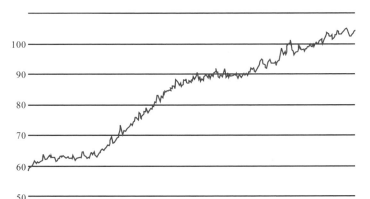

圖 5：參考中華民國統計資訊網：https://www.dgbas.gov.tw/point.asp?index=2

2-4 常用的圖表 (4) —— 圓餅圖、雷射圖

（一）圓餅圖

　　有時我們必須了解數據之間的比例關係，此時可利用圓形來表達數據比例。劃分為幾個扇形的圓形圖表，用於描述量、頻率或百分比之間的相對關係。圓餅圖很常被使用，其中會標記名稱、數量、角度或百分比。參考圖 1。

　　如何製作圓餅圖，可利用微軟的 EXCEL 工具，輸入數據，框選內容，選圖表情形，就能輕鬆的作出圓餅圖，見圖 2。

（二）雷射圖

　　對於能力的描述可以雷達形式來表達能力情形，通常面積越大整體能力越佳。見圖3、表1。而且心理測驗也常用到此圖，見圖4、表2。

　　如何製作雷射圖，可利用微軟的 EXCEL 工具，輸入數據，框選內容，選圖表情形，就能輕鬆的作出雷達圖，見圖5。

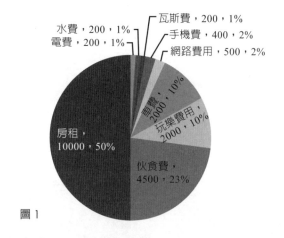

圖1

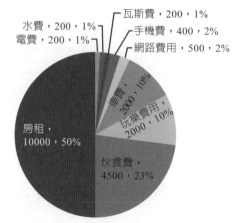

圖2

表1

科目	A生分數	B生分數
國文	70	92
英文	80	90
數學	90	20
自然	85	80
社會	75	30

表2

外向	75%
感知	55%
思考	65%
直覺	80%
內向	25%
判斷	45%
情感	35%
感覺	20%

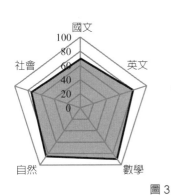 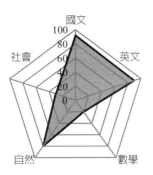

圖3

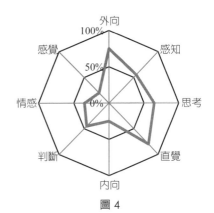

圖4

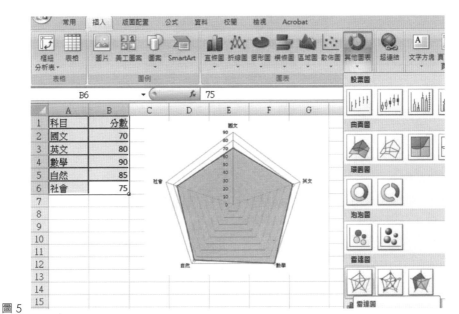

圖5

2-5 常用的圖表 (5) —— 泡泡圖、區域圖

（一）泡泡圖

　　對於數據有許多層級概念時，也就是種類中還有子項目時（如：種類肉鬆，內部還有海苔肉鬆、素肉鬆、原味肉鬆。），可利用泡泡圖來表達數據內容。由圖 1 可看到顏色不同泡泡，各顏色泡泡數量代表各種類銷售的品項數，如灰色泡泡很多，代表禮盒有很多品項，並且有一個泡泡特別大，代表賣的數量很高。

　　由圖 2 可看到深淺不同泡泡，泡泡代表各品項，可看到泡泡特別大，代表賣的數量很高，以及此圖不同於圖 1 的部分是深淺，顏色愈深代表銷售總價愈高，所以可看到左上方泡泡大但顏色深淺普通，右下方泡泡小但顏色深，這意味者右下方賣的數量少但總金額很高。

（二）區域圖

　　區域圖不同於圓餅圖只能表達一種百分比內容，區域圖可看到用顏色區分種類，同一種類的許多項目可看到分割許多小區塊，也就是該種類的子項目，並且面積大小也就是預算大小。

　　最重要的是區域圖有利於比較同一總額時，本次與上次的分配情形，而圓餅圖的百分比則無法看出金額差異性。圖 3 為 2016 台北市預算的區域圖。

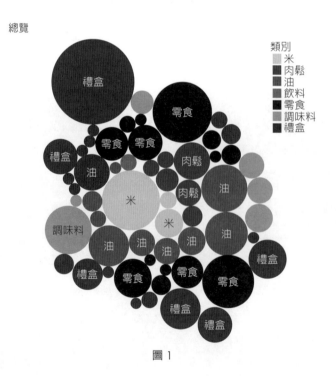

圖 1

各類別商品數量、總價

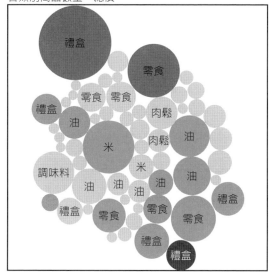

圖 2

此圖是參考 Tableau 軟體並建立數據製成的圖表，這對於傳統表格式數據有著更直觀的價值，有利於判斷，何種商品應該加強、或是該放棄、或是該促銷。

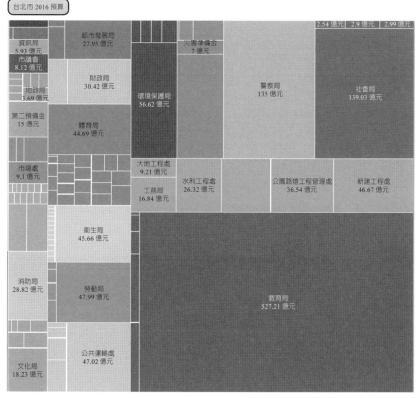

圖 3：來源：http://tpebudget.tonyq.org/view3

2-6 **平均經常是無用的統計量**

平均，正確的稱呼是算術平均數，以下介紹各種平均的統計量。

（一）算術平均數

數據總合除以數量，符號為 $\bar{x} = \dfrac{x_1 + x_2 + x_3 + ... + x_n}{n}$。在差不多的情形、無極端值時使用，48、48、49、49、50、50、51、51、52、52，平均 50 分，所以大家成績在 50 分附近。若在有極端值使用容易產生沒意義的情形，如：10、10、10、10、10、90、90、90、90、90，平均 50 分，所以大家成績在 50 分附近，顯然第二組的平均不能準確描述數據的情形。以長條圖來看可以清楚的知道平均再多數情況都是無用的，見圖1、2。

所以我們不可以濫用平均，之後會介紹除了平均外，還能利用其他數值來描述數據。

（二）幾何平均數

變化率的平均值，是以連乘積再開根號。如：20%、40%、80%，幾何平均數 $= \sqrt[3]{20\% \times 40\% \times 80\%} = 40\%$，為什麼變化率的平均不用總和除以數量？因為變化率用算術平均數會產生錯誤。

幾何平均數例題：討論營業額成長率，A 店第一個月為成長 80%、第二個月成長 40%、第三個月成長 20%、第四個月倒退 60%。B 店連續 4 個月都成長 20%。所以 A 店的平均成長率，以算術平均數計算 = 80% ÷ 4 = 20%。而 B 店的平均成長率，也是 20%。但真的是一樣嗎？假設兩店一開始都是 10 萬元，表 1 為資金成長變化。可以發現最後總額並不一樣，也可參考圖 3，所以平均成長率不能用算術平均數計算。

而平均成長率如何計算。我們先思考每個月的成長變化是如何？

A 店連續 4 個月的計算為 $10 \times (1 + 80\%) \times (1 + 40\%) \times (1 + 20\%) \times (1 - 60\%) = 12.096$
所以要找出一個平均成長率（$r\%$），應該是每個月的成長率一樣。

可設為 $10 \times (1 + 80\%) \times (1 + 40\%) \times (1 + 20\%) \times (1 - 60\%) = 10 \times (1 + r\%)^4$
所以 $1 + r\% = \sqrt[4]{(1+80\%) \times (1+40\%) \times (1+20\%) \times (1-60\%)} \Rightarrow r = 4.872$，
所以 A 店的每月平均成長率為 4.872%。

可看到開根號的方式才可以準確描述變化率的平均數，此平均數稱幾何平均數。

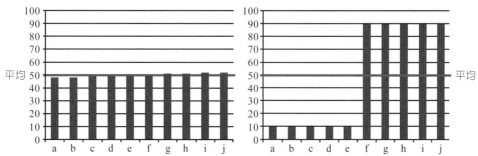

圖 1：各學生成績與平均的關係，第一組數據每個學生離 50 都很接近，第二組數據每個學生離 50 都很遠。

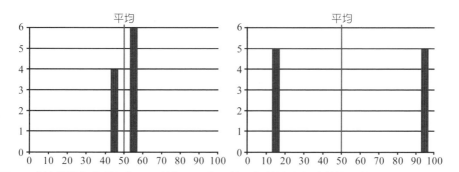

圖 2：成績與學生數量長條圖，並加入平均，第一組數據學生成績集中在 50 分，第二組數據學生成績離 50 都很遠。

表 1

	原本資金	第一個月	第二個月	第三個月	第四個月
A	10 萬	18 萬	25.2 萬	30.24 萬	12.096 萬
B	10 萬	12 萬	14.4 萬	17.28 萬	20.736 萬

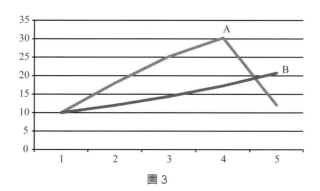

圖 3

2-7 認識不一樣的平均數：加權平均數

　　加權平均數是算術平均數的一個特例。乍聽之下加權似乎會改變平均的數值，但實際上不然。以例題來認識何謂加權平均數。

例題 1：賣出飲料 10 杯，大杯 30 元賣出 2 杯，中杯 20 元賣出 5 杯，小杯 10 元賣出 3 杯，賣出去平均一杯多少？

　　很明顯的，平均是將計算出銷售的總價格再除以總數量，總價格為 30＋30＋20＋20＋20＋20＋20＋10＋10＋10＝190，再除以總數量 10，得到平均一杯 19 元，記作：$\bar{x} = 19$。但此方法相當浪費時間，所以可直接列式：

$$\frac{\text{大杯數量} \times \text{大杯價格} + \text{中杯數量} \times \text{中杯價格} + \text{小杯價格}}{\text{大杯數量} + \text{中杯數量} + \text{小杯數量}} = \frac{2 \times 30 + 5 \times 20 + 3 \times 10}{2 + 5 + 3}$$，可快

速得到平均，記作：$\overline{x_w} = 19$。

　　這種針對價格根據次數再計算該部分總價的方式稱為加權，而各部分加總起來的總合數值在數學上稱為**加權總數**。加權總數再除以總數量就稱為加權平均數。所以加權平均其實還是平均。

　　而我們可以看到如果將加權平均數的分數拆開來看，

$$\frac{\text{大杯數量}}{\text{大杯數量} + \text{中杯數量} + \text{小杯數量}} \times \text{大杯價格}$$

$$+ \frac{\text{中杯數量}}{\text{大杯數量} + \text{中杯數量} + \text{小杯數量}} \times \text{中杯價格}$$

$$+ \frac{\text{小杯數量}}{\text{大杯數量} + \text{中杯數量} + \text{小杯數量}} \times \text{小杯價格}$$

　　可發現拆開後的分數部分就是該價格乘上它的銷售比例，此比例又稱權重。而此內容其實一點也不少見，學期成績就是以此方法來計算，第一次期中考 20%＋ 第二次期中考 20%＋ 第三次期中考 30%＋ 平時成績 15%＋ 作業成績 15%，我們一直默默的在用加權平均數。

　　當然還是有很多同學對於計算學期成績的方法感到疑問？為什麼要用那些比例，而不所有大小考算一個平均就好？舉個例子，如果 A 學生念一小時大考為 30 分，小考共念 3 小時為 100、100、100、100、100、100，這樣算起來平均 90 分，而 B 學生念 6 小時大考為 90 分，小考共念 2.5 小時為 90、90、90、90、90、90，平均 90 分，兩者唸書時間不同、平均一樣，這樣公平嗎？所以需要加權來計算才不會被小考拉高平均導致學期成績失去公平性，假設大考占 60%，小考平均占 40%，以新計算方式再次計算，得到結果 A 生為 58，B 生為 90，如此一來學期成績就能公正且有效判別學生的收穫程度。

　　並且加權的權重不一定會是在 1 以內，有時我們會超過 1，來增加鑑別度。例如：大學聯考，數學系對於數學的分數給予加重計分，將考生的數學成績乘上 2，以加大

差距，來獲得數學能力較好的學生。假設該數學系採計成績為國文、英文、數學、物理，A 學生考國文 80、英文 80、數學 80、物理 80，B 學生考國文 70、英文 80、數學 100、物理 70，兩者總分一樣，平均也一樣，那樣如何判別哪個數學能力比較好，當然可以用按順序比較，先從總分再從該科來比較。但也可以加權來加重計分，該數學系讓數學成績乘 2，A 學生得到總分為 80 + 80 + 80×2 + 80 = 400，B 學生得到總分為 70 + 80 + 100×2 + 70 = 420；所以利用加權可以很明顯的判別出哪一個是更適合念數學系的學生。

在生活上也可以利用加權的概念來幫助判斷事情，舉例：大家都喜歡吃美食，但是不可避免的是難吃食物多，而能真正判斷美食的人又太少，而且有時美食家也會失常。但是如果是用一人一票來投票的話，似乎又沒有強化美食家的話語權。所以可以利用加權的概念，比如說美食家的票數可以當三票來採計，而一般人就當一票，這樣要決定吃東西時，就可以相對容易找到好吃的東西，最重要的是美食家當然是那一群人自行公認。

並且權重也不一定是要用某數字，可以用投票來決定，如：A、B、C、D、E，5 個人，每人 2 票，其結果是 A：4 票、B：1 票、C：3 票、D：1 票、E：1 票，這樣可以調整 A 的權重為 4/10 = 0.4，B 為 0.1，C 為 0.3，D 為 0.1，E 為 0.1，之後就能以此權重來決定好吃的餐廳，如決定吃牛排、義大利麵、炒飯三者之一，其結果是牛排有 A = 0.4、義大利麵有 B + C + D = 0.1 + 0.3 + 0.1 = 0.5、炒飯有 E = 0.1，所以就可以決定吃義大利麵。

當然這種生活上利用加權的事情不只是吃美食，也有預測下雨、預測考題、預測賭骰子大小等等。

加權總數與加權平均數的數學意義：

若每個數值為 $x_1, x_2, x_3, ..., x_n$，其對應的數量為 $w_1, w_2, w_3, ..., w_n$。

則加權總數為 $w_1 x_1 + w_2 x_2 + w_3 x_3 + ... + w_n x_n = \sum_{i=1}^{n} w_i x_i$；

加權平均數為 $\overline{x_w} = \dfrac{w_1 x_1 + w_2 x_2 + w_3 x_3 + ... + w_n x_n}{w_1 + w_2 + w_3 + ... + w_n} = \dfrac{\sum_{i=1}^{n} w_i x_i}{\sum_{i=1}^{n} w_i}$。

2-8 濫用平均的實例 (1) —— 只看 PISA 的平均值：part 1

濫用平均的事情不只一件，在國際學生能力評量計畫（Programme for International Student Assessment, PISA）也能看到我們有濫用平均的情況。

什麼是 PISA？PISA 是經濟合作發展組織（OECD）應會員國之要求，設立一個定期且能準確評量各國學生的知識，技能及教育系統成效的機制。PISA 每 3 年舉辦一次，自 2000 年開始至今，共舉辦了 5 次（2000、2003、2006、2009、2012）迄今已有 70 多國參與，可見評量理念與執行品質已普遍獲得認同。評量的項目為語言，數學及科學，見圖 1，評量對象是 15 歲學生（相當於台灣國中三年級）。評量之樣本大小約為 4500 到 10000 學生 / 每個國家（或區域），之所以選擇十五歲學生，是因為多數 OECD 國家這個年齡的學生正處於義務教育完備的階段，此時的評量可以獲得各國教育系統在技能及態度方面近十年的成效。PISA 的重點目標是提供一個穩定的參考點用以監控教育系統的革新。從報告的分析數據中，可以了解到各國各科素養相對的優勢與劣勢，也為教育改進提供參考指標，給予下個世代新方向和多重思維。

同時 2000 年到 2009 年四次 PISA 評量結果令全世界教育界感到驚訝的地方是：「芬蘭學生在四次 PISA 各項目不僅名列前矛，而且成績分布的標準差（Standard Deviation）是最小的。」見表 1。換句話說，芬蘭學生在語言，數學，及科學的評量不但平均值很高，而且分布集中，顯示學生成績較好與較差者的差異比其它國家少很多。也因為如此，全球教育界掀起了一陣「芬蘭」熱，紛紛到芬蘭考察。為的就是想了解，芬蘭教育為什麼可以幾乎達到所有教育工作者的夢想，也就是為什麼學生具有全面性、普遍性的優秀。

我們可以觀察到 2006 年、2009 年、2012 年的數學排名，見表 2，可以發現雖然平均排得很前面，但實際上大家並沒有感覺台灣的學生數學有多好，而是普遍都不好。那麼我們實際情況到底是怎樣，見表格。我們可以看到台灣平均 543 但標準差有 105，而芬蘭平均 541 但標準差僅有 82，而這意味著台灣有 95% 的人分布在 333～753 之間，而芬蘭有 95% 的人分布在 377～705 之間，相比較之下就可以發現芬蘭比台灣集中，所以我們只用平均是不可以的，但由於大家對標準差太陌生，以至於只會用平均，但平均在很多情況都不適合說明，所以才會導致大家感覺平均這數字與現狀不符。

事實上平均本來就不足夠說明事情的情況，還需要加上標準差。好比說體重 80 公斤的人，乍聽之下好像很胖，但是如果它是身高 190 公分呢？BMI 是 22.1 的人是不是感覺上就不會很胖了，並且還是標準身材。而體重 80 公斤的人，身高 160 公分，BMI 是 31.25，代表真的很胖。所以我們在看事情不能單看一個部份，還要參考其他事情。

註：標準差與 95% 的範圍將在之後介紹。

Mathematics			Science			Reading		
1	Shanghai, China	613	1	Shanghai, China	580	1	Shanghai, China	570
2	Singapore	573	2	Hong Kong, China	555	2	Hong Kong, China	545
3	Hong Kong, China	561	3	Singapore	551	3	Singapore	542
4	Taiwan	560	4	Japan	547	4	Japan	538
5	South Korea	554	5	Finland	545	5	South Korea	536
6	Macau, China	538	6	Estonia	541	6	Finland	524
7	Japan	536	7	South Korea	538	7=	Taiwan	523
8	Liechtenstein	535	8	Vietnam	528	7=	Canada	523
9	Switzerland	531	9	Poland	526	7=	Ireland	523
10	Netherlands	523	10=	Liechtenstein	525	10	Poland	518
11	Estonia	521	10=	Canada	525	11=	Liechtenstein	516
12	Finland	519	12	Germany	524	11=	Estonia	516
13=	Canada	518	13	Taiwan	523	13=	Australia	512

圖 1：PISA 2012 年

表 1

2009 年 PISA	數學平均分數	標準差
上海	600	103
新加坡	562	104
香港	555	95
南韓	546	89
台灣	543	105
芬蘭	541	82

表 2

數學				
PISA 2000	PISA 2003	PISA2006	PISA 2009	PISA2012
1. 日本 (557)	1. 香港 (550)	1. 台灣 (549)	1. 上海 (600)	1. 上海 (613)
2. 韓國 (547)	2. 芬蘭 (544))	2. 芬蘭 (548)	2. 新加坡 (562)	2. 新加坡 (573)
3. 紐西蘭 (537)	3. 韓國 (542)	3. 香港 (547)	3. 香港 (555)	3. 香港 (561)
4. 芬蘭 (536)	4. 荷蘭 (538)	3. 韓國 (547)	4. 韓國 (546)	4. 臺灣 (560)
5. 澳大利亞 (533)	5. 列支敦士登 (536)	5. 荷蘭 (531)	5. 臺灣 (543)	5. 韓國 (554)
5. 加拿大 (533)	6. 日本 (534)	6. 瑞士 (530)	6. 芬蘭 (541)	6. 澳門 (538)
7. 瑞士 (529)	7. 加拿大 (533)	7. 加拿大 (527)	7. 列支敦斯登 (536)	6. 日本 (536)
7. 英國 (529)	8. 比利時 (529)	7. 澳門 (525)	8. 瑞士 (534)	7. 列支敦士登 (535)
9. 比利時 (520)	9. 澳門 (527)	9. 列支敦士登 (525)	9. 日本 (529)	9. 瑞士 (531)
10. 法國 (517)	9. 瑞士 (527)	10 日本 (523)	10. 加拿大 (527)	10. 荷蘭 (523)

2-9 濫用平均的實例 (2) —— 只看 PISA 的平均值：part 2

　　由上一小節已知台灣自 2006 年參加 PISA，2006 年數學評比第一名，與第二名芬蘭只差一分，但標準差卻差 23 分。而標準差是什麼意思？標準差愈大意味著好得很好、差的很差。我們可以參考圖 1 了解分布情形。

　　由圖可知芬蘭數學能力就集中並具有一定水準，而台灣較分散，也意味著大部分人對數學並不精通。所以**要了解平均在大多數情況都是沒有用的，必須加上標準差才更清楚**。如果用圖表及算數平均數、標準差，說明數據將可以有較清晰的感覺。值得一提的是，學生數學素養能力，並不等同於該時期學業成績能力，因為升學考試注重的是解題及計算速度，大部分不會與生活相結合。以數學為例，我們用到很少高中以後的數學，或是不知道該怎麼用？PISA 的題目主要是測試學生會不會學以致用，因此它的題目是相當生活化，絕大多數的題目並不是靠計算，而是需要學生思考與推理。

　　由 2009 年的 PISA 測驗排名與成績可以看到台灣的排名相當靠前，甚至看到中國大陸全部都是第一，事實上是因為大陸只有拿上海高知識地區的學生來參與測試，就好像說台灣只拿建中、北一女的學生去比賽也能拿到樣樣前幾名，但這樣的結果基本上對於全體性沒有任何參考價值，也就是不知道全國數學能力狀況，只是純粹好看而已。所以要知道 PISA 成績是否具有參考價值，作數據分析的抽樣相當重要。在過去好幾年，我們不時會聽到台灣的數學平均能力不錯，但卻沒聽到成績的標準差也很大，或是說不知道標準差的意思，也就是標準差很大。而這標準差很大是什麼意思？絕大多數人不知道標準差的意思，簡單來說就是講考生成績的分布情形，標準差大也就是分布拉的寬，也就是真正得高分人很少，說得直接點就是成績好得太好、壞得太壞。參考圖 2。

　　由圖 2 可知標準差大的分布較廣，標準差小的分布較集中。但相當無奈的是台灣多數人只認識「平均」這個名詞，就認為台灣的程度好，然後對於自己小孩數學成績不到平均，便加以苛責，這是不對的，「平均」其實意義並不大，除上圖是可能情況，台灣人的成績也可能是偏向左，假設為圖 3。

　　搞不好大家的成績可能絕大多數都在平均之後，但只是沒有看到成績 — 人數圖表而不知道真正情況，以及不理解標準差的意思，所以台灣人對數學成績認知好與壞，也有問題；需要看圖表與參考標準差，及更多的資料，才能知道狀況。

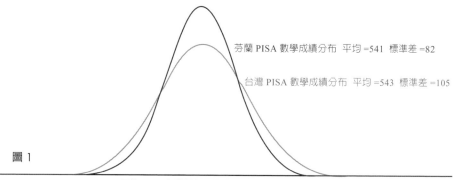

芬蘭 PISA 數學成績分布　平均 =541　標準差 =82

台灣 PISA 數學成績分布　平均 =543　標準差 =105

圖 1

PISA 平均 =491 台灣低於平均有 39%，芬蘭低於平均有 27%

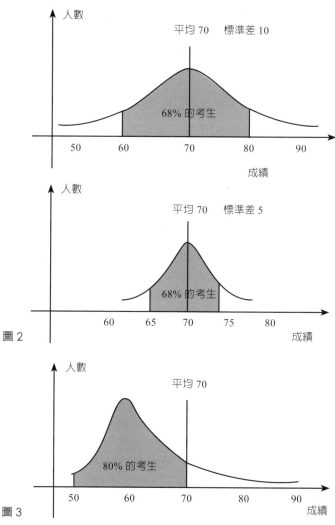

圖 2

圖 3

2-10 **標準差是什麼**

我們已經知道數據分析需要因應不同情況看不同的圖表，也知道不同的數據分布要用不同的參數，如：有時用算術平均數，有時要用幾何平均數。在大部分情形可以看到平均數並不適合描述數據的情形，必須用中位數，有時也需要用四分位數。而數據的分散程度如何判斷，我們必須利用標準差。**而討論中所有情況的標準差都是樣本標準差 s。而母體標準差 σ 是統計的理想狀態，由樣本標準差去推論得到；同理，平均也是一樣的概念，討論的所有情況的平均都是樣本平均 $\bar{x}$。而母體平均 μ 是統計的理想狀態，由樣本平均去推論得到。**

（一）樣本標準差

樣本標準差藉由每一筆數據 x_1、x_2、...、x_n 與樣本平均 $\bar{x} = \dfrac{x_1 + x_2 + ... + x_n}{n}$ 的差距來計算整體數據的**分散程度**，如果數據愈分散，代表每筆數距離平均愈遠，則 $x_i - \bar{x}$ 愈大，$x_i - \bar{x}$ 稱為**離差**。計算出每一筆離差，再平均，就能得到**平均誤差**。但因為距離是正數，$x_i - \bar{x}$ 有可能出現負數，導致總誤差變小，所以將每一筆離差平方，再加總，再除以總數量，再開根號，就能得到**平均誤差**，在統計上稱**樣本標準差**。樣本標準

差數學式：$s = \sqrt{\dfrac{\sum\limits_{i=1}^{n}(x_i - \bar{x})^2}{n-1}}$，**數據愈分散，樣本標準差愈大；數據愈緊密，樣本標**

準差愈小。為什麼用 $n-1$，在 n 很大時其值差異性不大，但在 n 較小時，容易產生誤差，所以必須用 $n-1$。

例題：觀察數據 A：5、5、5、5、5，與數據 B：3、4、5、6、7，與數據 C：1、3、5、7、9，三個數據的圖案分散情形，或可說是緊密度，見圖 1，以及計算標準差。觀察三筆數據與樣本標準差的關係。

數據 A：5、5、5、5、5

數據 A 的平均為 5，A 數據樣本標準差為

$$s = \sqrt{\dfrac{(5-5)^2 + (5-5)^2 + (5-5)^2 + (5-5)^2 + (5-5)^2}{5-1}} = 0$$

數據 B：4、5、5、6、7，參考圖 2

數據 B 的平均為 5.4，B 數據樣本標準差為

$$s = \sqrt{\dfrac{(4-5.4)^2 + (5-5.4)^2 + (5-5.4)^2 + (6-5.4)^2 + (7-5.4)^2}{5-1}} = \sqrt{\dfrac{5.2}{5-1}} = \sqrt{1.3}$$

數據 C：1、3、3、7、9，見圖 3

數據 C 的平均為 4.6，C 數據標準差為

$$s = \sqrt{\dfrac{(1-4.6)^2 + (3-4.6)^2 + (3-4.6)^2 + (7-4.6)^2 + (9-4.6)^2}{5-1}} = \sqrt{\dfrac{43.2}{5-1}} = \sqrt{10.8}$$

（二）結論

　　可以發現樣本標準差愈大，數據就愈分散，樣本標準差愈小，數據愈緊密。標準差是重要的統計數據，但太多人不明白其意義，而常濫用平均。

　　譬如說：最需要用標準差的數據分析，國民所得需要用標準差才可以讓人知道生活狀況。用標準差、圖表來說明，才能知道貧富差距及分散情形。

例題：觀察月所得 4.8 萬，標準差 1.5 萬的圖形，與觀察月所得 4.8 萬，標準差 3 萬的
　　　常態曲線圖形，圖 4、5。

　　可以發現如果只討論平均，根本不清楚社會的所得結構，所以我們必須加上標準差，才能更全面的知道情形。但這並非是台灣情況，常態曲線的內容下一小節介紹。

（三）為什麼計算標準差要用平方？

　　基本上用絕對值也可以，用四次方也可以，只要可以避免誤差彼此抵銷的情形就可以，因為標準差是一個相對數字，比較分散情形的指標，所以我們用平方可以方便計算。

（四）樣本變異數

　　有時討論數據分散程度不用標準差，而是用標準差的平方，而此數稱為變異數，樣本標準差的數學式：$s = \sqrt{\dfrac{\sum\limits_{i=1}^{n}(x_i - \overline{x})^2}{n-1}}$；樣本變異數的數學式：$s^2 = \dfrac{\sum\limits_{i=1}^{n}(x_i - \overline{x})^2}{n-1}$。

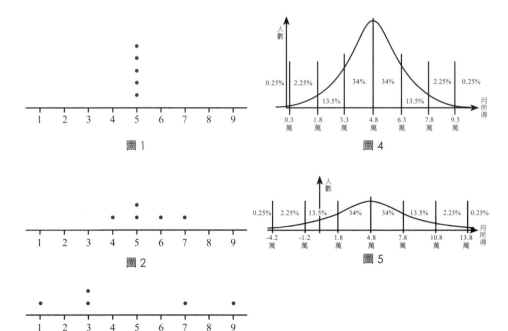

圖 1

圖 4

圖 2

圖 5

圖 3

2-11 常態分布

　　大自然中有很多數據，如身高－數量、體重－數量、成績－數量、走路時間－數量。將數據對應的值描繪到座標平面上，當數據夠多時，數據的點會密集在一條曲線上。觀察走路時間與數量關係，見表1，圖1；觀察考試成績與數量關係，見表2，圖2。

　　特別的是，各種情形都會吻合到同一種類的曲線，見圖3，這條特別的曲線稱作常態分布。常態分布由隸美弗（1667-1754，法國數學家）提出，最後由高斯（1777-1855，德國數學家）在統計上研究出更多相關性質，所以在統計上發現它的重要性，故常態分布又稱高斯分布。

常態分布的重要性質

　　常態分布與母體平均、母體標準差有關，母體標準差可決定該範圍的比例。下圖為68-95-99.7法則，分別對應，一個、兩個、三個標準差，其中涵蓋得比例，圖4。

　　所以數據若是呈現常態分布的情形，標準差可以幫助判斷該數據在整體的位置在哪裡，並且可以判斷數據分散程度。**而不是常態分布的數據則在之後介紹。**常態分布（Normal Distribution）的機率密度函數（Probability Density Function, PDF）為 $f(x)=\dfrac{e^{-\frac{(x-\mu)^2}{2}}}{\sigma\sqrt{2\pi}}$ ，若平均 $\mu=0$、標準差 $\sigma=1$，則 $f(x)=\dfrac{e^{-\frac{x^2}{2}}}{\sqrt{2\pi}}$，稱為標準常態分布（Standard Normal Distribution）的機率密度函數（Probability Density Function, PDF）。觀察各種平均與標準差帶來的常態分布，見圖5。

品質管理的 6σ

　　同時在品質管理說的 6σ，也就是六個標準差，屬於產品的品質管理範疇，何謂六個標準差？就是在六個標準差內部的數據，希望都是正確的，由表3可知，在第六個等級要 99.99966% 正確，就是一百萬個中，僅能有 3.4 個有錯誤，降低產品出現瑕疵品的機會，避免會給顧客帶來不好的感受。

表1

走一百公尺的時間（秒）	5	6	7	8	9	10	11	12	13	14	15	16	17
數量	1	5	6	16	16	20	9	3	1	1	1	0	1

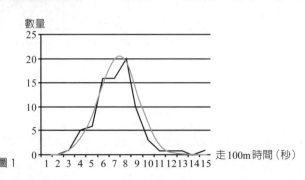

圖1

表 2

班上成績	數量
30～40	2
40～50	4
50～60	6
60～70	9
70～80	7
80～90	5
90～100	1

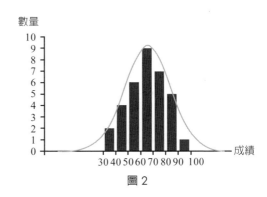

圖 2

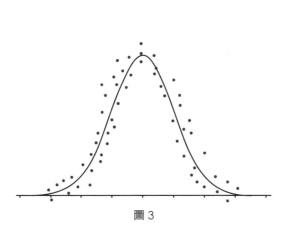

圖 3

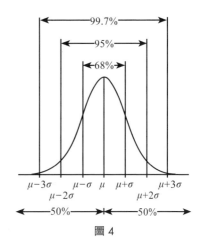

圖 4

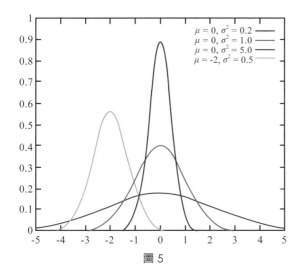

圖 5

表 3：常態分布與不同數量的
　　　標準差的關係

等級	所占的百分比（%）	
1	31	%
2	69	%
3	93.3	%
4	99.38	%
5	99.977	%
6	99.99966	%
7	99.9999981	%

2-12 偏態、眾數、中位數

（一）偏態

在上一小節已經認識常態分布，然而在生活上不只是只有常態曲線，還有偏到左側或是右側的情形，如公司薪資結構，見圖1。

此種異於常態曲線而偏向其中一側得稱為偏態，偏態的曲線不一定偏向左也會偏向右，見圖2。偏態不同於常態是對稱型，見圖2，除此之外還有雙峰形的曲線，見圖2。

而這些圖案各自代表怎樣的意義與性質？由圖可知常態就是平均的數值接近大多數人的數值，偏態的話平均的數值漸漸遠離大多數人的數值，而遠離的程度，可由偏態係數的大小來判斷，偏態係數愈大，曲線偏離程度愈大，使用平均來描述數據情形就愈不適合。

Pearson 偏態係數：$sk = \dfrac{3(樣本平均 - 樣本中位數)}{樣本標準差} = \dfrac{3(\bar{x} - 中位數)}{s}$

當我們的曲線數據偏態係數愈大時，我們愈不能用平均來描述，後面小節會介紹100～103年的國民所得，可以發現是偏向左側的曲線，已經不能用平均來加以描述，因為不夠貼近數據，那我們可以用什麼來加以描述國民所得，我們可以用中位數、或是用四分位數，或是可將人群切成5等份再將使用各範圍的平均。同時也可以知道GDP偏態的程度愈大，貧富不均愈嚴重。

而雙峰形態的曲線比較少見，如同各自為政，也就是雙邊都有大量的資料成為一個母體，或可說是 M 型曲線。M 型曲線用平均是非常不適合，所以必須用別的方法來加以討論該曲線。

由以上的內容，可以認識到更多的分布類型，有助於分析數據。並知道某些分布不適合用平均來描述，所以**不要濫用平均**，以避免造成更多人認為統計是無用。那我們應該如何作？先將數據視覺化，再觀察圖表，最後決定以何種**統計量**（平均、中位數、標準差……等等）來描述數據。

（二）常見的統計量

已知偏態的曲線不適合用平均，但除平均外還有哪些常見的統計量？我們還可以利用中位數與眾數來描述數據，可以更貼近大多數人的情形。

1. 眾數

數量最多的數值。用在品管，班上的年紀，但在大多數情形用不到此數據。數值或被觀察者沒有明顯次序（常發生於非數值性資料）時特別有用，由於可能無法良好定義算術平均數和中位數。例子：{蘋果，蘋果，香蕉，柳橙，柳橙，柳橙，桃}的眾數是柳橙。用眾數代表一組數據，適合於數據量較多時使用，且眾數不受極端數據的影響，並且求法簡便。

2. 中位數

在一組數據中，如果個別數據有很大的變動，選擇中位數表示這組數據的「集中趨勢」就比較適合。中位數是最中間的數字，或是數量是偶數時，取最中間兩個的

平均。常用在圖表有受到極端值影響時，如 M 形曲線，因爲此時平均值並不適合描述此組數據，但中位數卻可以較貼近實際情形，見圖 3。**而不同的曲線，平均、眾數、中位數的位置關係，見圖 4。**

　由圖可知，僅有常態分布適合用平均。而偏態時平均與大多數人不符合，比較適合用中位數。M 型化則平均跟中位數會很接近，並且也不符合大多數人，同時眾數可能有兩個、或是在左邊或是右邊，但都不足以代表大多數人，遇到 M 型化曲線，則適合分成左半邊與右邊拆開討論。

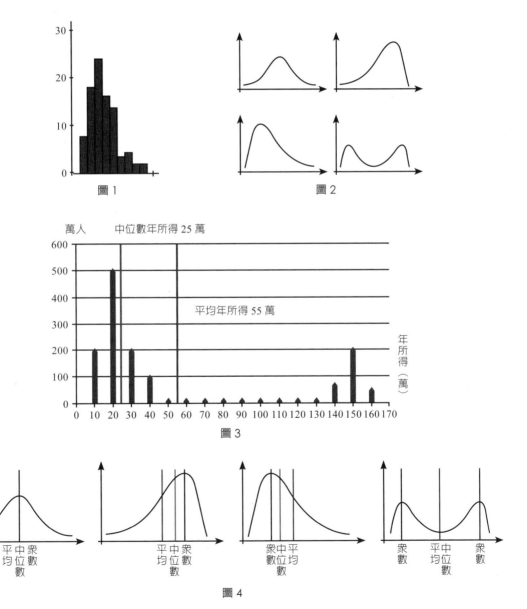

2-13 濫用平均的實例 (3) —— M 型社會

　　我們在前幾節內容已知平均的有效性很低，不能濫用，但濫用的情形還是很多，我們可以從很多新聞得知。我們常會聽到國民平均年所得是多少？但其實平均所得是沒意義的。在 M 型社會中平均年所得，對於大多數人該數值，並不貼近自己所得，這邊可以舉一個極端的例子，班上 50 人，25 人考 0 分、25 人考 90 分，全班平均是 45 分，此時平均無法描述同學的大概成績。

　　M 型社會是什麼？M 型社會是一個兩極化的社會，貧富差距很大的一個社會，但對於部分民眾也就僅此這樣的認識，真正的 M 型社會的實際意義並不明白，甚至來說哪邊跟 M 有關係，都不是很清楚，M 形社會為年所得與人數的長條圖作成曲線，其曲線呈現 M 的形狀，故因此得名，見圖 1。

　　兩個尖端的地方代表，領該薪水人數特別多的區塊，以本圖為例就是，年收入 30 萬與 80 萬最多。在 M 型社會討論平均所得也就失去意義，因為兩個人數多的部分彼此再拉平均，平均反而落在兩高峰的低谷之中，而低谷代表的意義是人數少的部分，所以如果是 M 型社會所報出來平均所得，大多數人都不會有感覺，因為跟自己的所得都差太遠，有錢人固然不會在意，但低於平均以下的人就會想說，這數字跟自己一點關係都沒有，或是想說自己認真工作還是所得在平均以下，由本圖可認知到貧富的分配其實並不公平，導致平均的數值作用不大，見圖 2。

　　要避免數據無感，需要畫出圖表，圖表上用曲線就可以清楚呈現，因為可以把兩個年度的曲線拿來作比較，並可看出變化，並進而發現貧富差距的變化情形。且能觀察社會是哪一種 M 型曲線，見圖 3。但其實不管是哪一種 M 型曲線都不能用平均來描述全體情況，應該要其他統計量來加以描述，或是切成 5 份各區塊描述平均，台灣雖然有做但未在新聞上提出，而是用全體平均，對民眾的薪水避重就輕，可說是亂用統計，在不該用平均的時候用平均這個統計量。**而對於所得應該用什麼統計量來描述比較接近事實，在先進國家，如：美國，都是採用中位數來描述所得（參考聯結** http://info.hibarn.com/2012/09/28/%E5%A4%A7%E5%AD%B8%E5%87%BA%E8%B7%AF%E6%9C%80%E5%B7%AE10%E7%A7%91%E7%B3%BB/）。節錄理財雜誌 Kiplinger 其中一句話「新畢業生薪水的中位數為 2 萬 8000 元」，可發現到是使用中位數。

　　公布曲線也可從兩個年度的曲線，發現資訊。假設：下列為兩個年度的曲線，見圖 4。看到圖左邊與中間，知道人往兩個高峰靠過去，也代表 M 型化的加劇，並且經計算後得到平均以下的人數百分比，得知貧富的分布，知道自己是屬於哪一個部分，並且思考現在經濟有多壞；再者我們可以知道失業的人收入很低，藉由圖表推算可以知道年收低於多少是屬於失業族群，進而判斷兩年度失業率的變化。將兩年度合併起來看，見右邊的圖，可以更明確的看到變化，雖然可以觀察到平均向右移，代表平均有所提升，但兩邊高峰的部分更往兩邊，代表貧者愈貧愈多、富者愈富，而造成這個現象的原因很多，有社會動盪、產業外流、全球經濟的影響等等，而 M 型曲線的結果帶來的是什麼？為了應付經濟不好，所以高學歷的人因經濟不好，為了給小孩更

好的生活，選擇晚婚、晚生、不婚、不生，接著低生育率帶來更多問題，不斷惡性循環，貧富差距就更大。一切都要依真正圖形來說明，單看平均一點意義都沒有。下一小節將提到台灣真正的所得的統計分析。

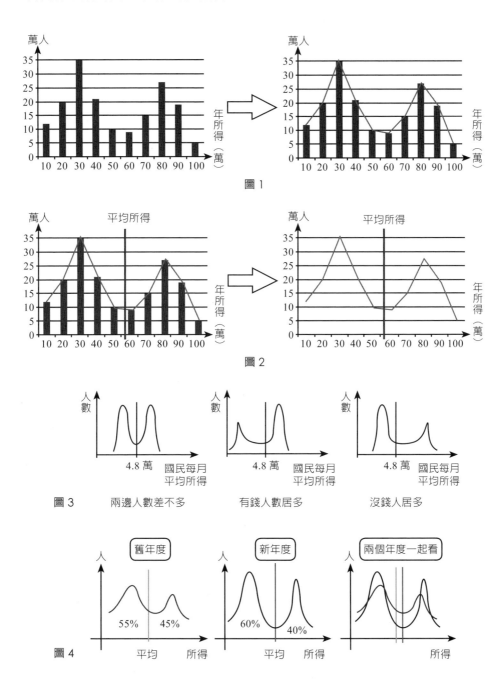

圖1

圖2

圖3　　兩邊人數差不多　　　　有錢人數居多　　　　沒錢人居多

圖4

2-14 濫用平均的實例 (4) ── 台灣的平均所得

　　我們常看到政府公布年平均所得，但也常聽父母說，政府又拿統計數據出來騙人。那麼到底是政府騙人，還是統計沒有用？先觀察民國 100～103 年可支配所得－人數折線圖，見圖 1，以及這四年的四分位數，見表 1、2，四分位數將在後面會介紹。

　　我們看到此折線圖，可以觀察出各可支配所得區間各自有多少人，並且可發現變化不大，也意味者經濟沒有成長。**並可以觀察出平均比中位數來的高。以及平均接近第三個四分位數（Q₃），代表偏態的程度很大，因此所得不宜用平均說明，應用中位數，才能使人民有感**，才能感覺到政府不是在騙人。並且薪水與可支配所得的折線圖應具一定程度的相似性，故討論薪水時，就不該用平均，而是用中位數。同時曲線幾乎沒變，並且 Q_1、Q_2、Q_3 這幾年也沒太大變化。但可由每年的新聞知道所得平均節節高升，2011 年平均薪資 4 萬 5749 元；2012 年平均薪資 4 萬 5888 元；2013 年平均薪資 4 萬 5965 元；2014 年平均薪資 4 萬 7000 元；這意味者窮人還是一樣窮，有錢人更有錢，可以思考為有錢人比較有錢可以拉高平均，所以這四年大多數窮人賺錢給少數有錢人。如果四分位數的內容不夠精細，可以看百分比的內容，2014 年的可支配所得數據分析經計算可知，分布如下，（來源可參考附錄 1）

```
　0～25% 的人：0      ～     25K    ，一年最多 30 萬；
 25～50% 的人：25     ～     36.7K  ，一年最多 44 萬；
 50～60% 的人：36.7   ～     41.7K  ，一年最多 50 萬；
 60～70% 的人：41.7   ～     48.3K  ，一年最多 58 萬；
 70～75% 的人：48.3   ～     53.3K  ，一年最多 64 萬；
 75～80% 的人：53.3   ～     60K    ，一年最多 72 萬；
 80～86% 的人：60     ～     70K    ，一年最多 84 萬；
 86～95% 的人：70     ～     100K   ，一年最多 120 萬。
```

　　再想想政府公布的平均所得月薪 4 萬 7，一年 56 萬 4，對大多數人距離遙遠，所以平均此統計量對大多數人有意義嗎？難怪大家不認同。並且依數據可估算 2015 年全台灣有 80% 的人最多每月可支配所得才 6 萬。

　　圖表有助於人民反過來督促政府，政府解決社會 M 型化的方法是否奏效，貧富差距有沒有因此縮短、不變，還是更加惡化。每年所公布的平均所得，對大多數人是沒有意義的，還不如圖表來的一目了然。**並且由圖可知台灣目前已經不是 M 型社會，都快變成 L 型，多數人都窮的社會。**

　　正常來說資本主義的社會，隨各種變化，而變成 M 型，U 型，讓少部分人掌握大部分的錢。但如果以台灣目前得曲線來判斷，是連有錢人都很少，但我們的發展與其他資本國家並沒有太大的差異性，所以我們也應該是 M 型社會，應該發展為圖 2。

　　但台灣卻消失了一部分，會發生這樣的情形，可能是因為逃漏稅，或是所得在國外。所以我們更不能相信平均這個統計量。所以數據分析要準確，取決於用完整且正確的資料，並用對的工具來分析，不可以濫用平均，要善用圖表與中位數，同時也發現到 M 型曲線用平均是非常沒有意義。先進國家已經都採用中位數，所以政府要公布大多數人所得應該用中位數。

表 1

年次	100	101	102	103
Q_1 的可支配所得	25K	25K	25K	25K
Q_2（中位數）的可支配所得	35K	36.7K	35K	36.7K
平均可支配所得	42.2K	42.9K	43.0K	43.7K
Q_3 的可支配所得	53.3K	53.3K	53.3K	53.3K

表 2

年次	100	101	102	103
總人數	13,373,356	13,537,786	13,972,736	14,143,360
人數 ≦ Q_1	3343339	3384446	3493184	3535840
人數 ≦ Q_2（中位數）	6686678	6768893	6986368	7071680
人數 ≦ Q_3	10030017	10153339.5	10479552	10607520

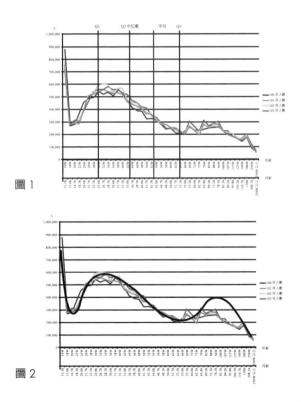

圖 1

圖 2

2-15 濫用平均的實例 (5) —— 不要再看平均所得，要看中位數所得

　　繼上一篇台灣的平均所得，這一篇介紹中位數所得。每年政府都會發布一個沒有感覺，並且令人感到憤怒的平均所得。我們已知平均根本沒有用，早在 10 年前其他先進國家（如：美國、歐洲等國）就已經不用平均來討論所得，並由圖 1 可知美國討論所得根本不用平均，而是用中位數。真正的統計學者都認為不可用平均來討論所得，因此我們應該看怎樣的統計內容來討論所得？答案就是直接看曲線圖，或是觀察中位數。

　　根據主計處個人所得資料可做出圖 2，但有部分人實際上擁有資產，卻沒報所得，這些人無法表現在圖表上，所以圖表只能呈現一部分的現況。可以發現平均大概是落在排序的 70～75% 位置，會讓 Q1 到 Q2 的人感覺此數值與自己的所得差距太大，而認為平均是個不切實際（沒用）的數值；而中位數（Q2）是在排序的 50% 位置，相對來說會讓人覺得是比較實際的數值。

　　同時我們可以看到圖 2 的台灣所得接近 L 型，也就是越右邊曲線拉得越長，代表所得差距加大。**這邊要注意的是**，圖 2 的水平刻度的最後的 25% 部分，**刻度被主計處調整過，這樣會造成誤判**，實際上若每一刻度一樣大應該呈現如圖 3（以年收入差兩萬作為間隔）。這樣才能直觀的感覺到有錢人與窮人的所得差距非常大，同時再參考圖 1 與圖 2 可以發現，「主計處的資料」與「美國的所得 — 人數分布圖」不一樣。為什麼台灣是 L 型，而不是 M 型，難道台灣已經從 M 型變成更糟糕的 L 型了嗎？

　　觀察依年薪差 2 萬為固定間隔刻度的圖 3，可發現每 25% 的人數作為色塊區隔，而最後 1% 顏色加深，並可以看到平均與中位數差距 12% 的人，以及「主計處的資料」與「美國的所得 — 人數分布圖」比較相似。

　　結論：

　　我們除了使用正確的統計量及圖表以外，**刻度也要正確**，才能有效觀察出問題。

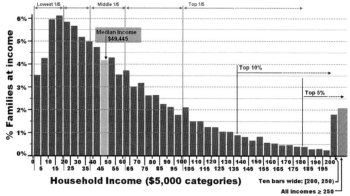

圖 1：美國所得 ─
　　　人數分布圖
來源：美國政府（Bureau of Census）
參考連結：http://juke-box.esc13.net/untdeveloper/RM/Stats_Module_1/Stats_Module_19.html

圖 2：Q1：
26.7k、Q2（中位數：Median）：
36.7k、平均：
53.0k、Q3：55k
資料來源：主計處，連結 http://www.stat.gov.tw/ct.asp?xItem=19882&CtNode=512&mp=4

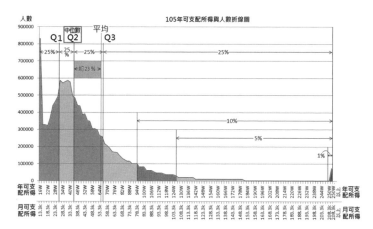

圖 3：105 年可知
　　　支配所得與
　　　人數折線圖

2-16 濫用平均的實例 (6) —— 不要再看平均所得，要看圖表

繼前兩篇「台灣的平均所得」，及「不要再看平均所得、要看中位數所得」，可以發現仍然不足以完整得到想要的資訊，建議大家要多利用圖表，本文將介紹如何利用圖表。由圖 1 可發現 94 到 105 年來，曲線結構差不多，也意味著這幾年沒有進步。**如果考量到物價、房價上漲，可以了解到生活是一年比一年難過。**

再參考表 1，了解自己是落在台灣可支配所得的哪一區間。105 年可支配所得各區間 - 人數表格化，以所得來討論區間，見表 1。**由表 1 可以清楚得知。**

近 1/4 (25%) 的人，月所得 25K 以下；近 1/3 (33.3%) 的人，月所得 30K 以下；近 1/2 (50%) 的人，月所得 40K 以下；近 70% 的人，月所得 50K 以下，(是在平均 53K 以下)；近 80% 的人，月所得是 60K 以下；近 90% 的人，月所得 80K 以下。 也可將 105 年可支配所得各區間，依人數切十份，見圖 2、表 2，可以更清楚自己的所得區間在哪。

主計處一直以來都有中位數的記錄，見圖 3，卻一直讓大家濫用平均。令人不解的是，現在是一個知識膨脹的時代，數據量大到令人無法直接利用，如果直接看數據，如同看亂碼。為何主計處不直接做出圖表讓人觀察，或是將數據直接公開，供人利用與分析。

主計處不該一直用平均所得讓民眾誤會所得水準夠高、生活很好。更導致讓 50 歲以上的人認為，如果年輕人（40 以下）錢不夠用，顯然是年輕人不夠努力。 我們由前文可以看到有 56% 的人都領 4 萬以下的可支配所得，生活大不易，所以**不要試圖用平均誤導民眾。民眾有知的權利，主計處不只應該公布有用的資料在網站上；更重要的是主動發布有用且正確的圖表到新聞上來讓民眾知道。**

「亂用統計比不用統計還要糟糕。」—— 波提思

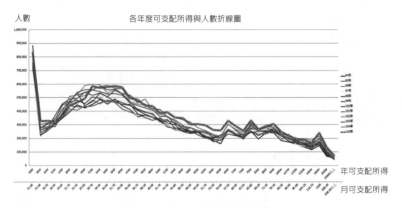

圖 1：94 到 105 年可支配所得

表1

月可支配 所得範圍	人數排序	此區間 人數約有
0～25k	0～24%	24%
25～30k	24～36%	12%
30～40k， Q2（中位數）	36～56%	20%
40～50k	56～70%	14%
50～60k	70～80%	10%
60～70k	80～86%	6%
70～78k	86～90%	4%
78～100k	90～95%	5%
100～200k	95～99%	4%
200k以上	99～100%	1%

Q1：26.7k、Q2（中位數：Median）：
36.7k、平均：53.0k、Q3：55k

表2

班別		人數排序 區間	月可支配 所得範圍	此區間 人數比例
10		0～10%	0～16.7k	10%
9		10～20%	16.7～23.3k	10%
8 (Q1)		20～30%	23.3～27.5k	10%
7		30～40%	27.5～31.7k	10%
6	Q2 中位數	40～50%	31.7～36.7k	10%
5		50～60%	36.7～42k	10%
4		60～70%	42～50k	10%
3 (Q3)		70～80%	50～60k	10%
2		80～90%	60～78k	10%
1	1C	90～95%	78～100k	5%
	1B	95～99%	100～200k	4%
	1A	99～100%	200 k以上	1%

圖2：依10%的
人數作為
色塊間隔

第20表　　所得收入者平均每人可支配所得及中位數所得按職業別分

	所得收入者平均每人可支配所得 Mean disposable income				所得收入者中位數可支配所得 Median disposable income			
	104年 2015		105年 2016		104年 2015		105年 2016	
	金額 （元） Value (NT$)	年增率 (%) Change (%)	金額 （元） Value (NT$)	年增率 (%) Change (%)	金額 （元） Value (NT$)	年增率 (%) Change (%)	金額 （元） Value (NT$)	年增率 (%) Change (%)
全體所得收入者： All income recipient	525,285	0.07	532,864	1.44	431,264	1.32	437,172	1.37

圖3

2-17 資料分散程度的數值

　　數據分析上，我們需要判斷數據的分散程度，主要用樣本標準差，但也可用四分位數大略看一下分散程度。

（一）四分位數

　　將排序後整體數據分成四份，故有三個等分點，稱爲第一個四分位數：Q_1、第二個四分位數：Q_2、第三個四分位數：Q_3，符號用 Q 是因爲是 1/4 的英文 Quarter 開頭，換句話說就是中位數爲分隔點，前半段取一個中位數，後半段取一個中位數。但爲了方便計算與尋找數據，$Q_1 = \frac{1}{4}n$、$Q_2 = \frac{2}{4}n$、$Q_3 = \frac{3}{4}n$，n 爲全體數據的數量。如：10000 筆資料，Q_1 爲第 2500 筆資料、Q_2 爲第 5000 筆資料、Q_3 爲第 7500 筆資料。

（二）全距

　　全距是全體資料中最大減最小的數值，但不見得有意義，如果出現極端值時，將不能代表距離性，換句話說就是不能代表大致上的差距。如數據 A：0、49、51、51、52、54、56、56、56、100，如果用全距就是 100-0=100，但並不能代表大致上的情形。因爲實際上是密集在中間，參考圖 1

　　但數據 B：0、10、20、30、40、50、60、70、80、90、100 同樣的全距，卻均勻分布在每個位置，參考圖 2。所以全距在大多數情況並不適用，那應該用何種數值來衡量分散程度，可用四分位距。

（三）四分位距（QD）

　　使用四分位數來判斷數據的差距性，用 $Q_3 - Q_1$ 稱爲四分位距，相較全距容易受極端值影響，四分位距得對於大致上的差距比較接近。如數據 A：0、49、51、51、52、54、56、56、56、100，參考圖 3。全距爲 $100 - 0 = 100$，$Q_1 = \frac{1}{4} \times 10 = 2.5$，選第 3 筆資料：51，$Q_3 = \frac{3}{4} \times 10 = 7.5$，選第 8 筆資料：56，四分位距就是 $56 - 51 = 5$，差距較全距準確。

（四）盒狀圖

　　盒狀圖是利用四分位數做出來的圖表，可直接觀察到第一個四分位數：Q_1、第二個四分位數（中位數）：Q_2、第三個四分位數：Q_3、全距、四分位距，以及四個部分的比例關係，見圖 4、5。由圖 A、B 可以知道全距一樣，四分位距一樣，但各部分的比例也不見得一樣，所以只看單一的數值，並不全面，需要連同圖表一起看才能更全面。同時盒狀圖也有直立型，圖 6。

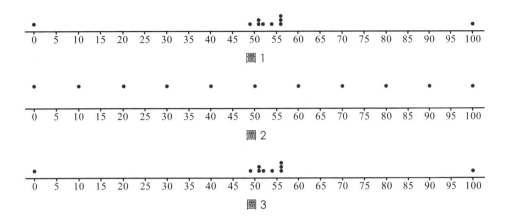

圖 1

圖 2

圖 3

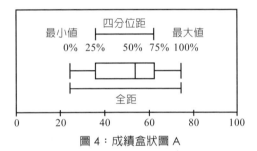

圖 4：成績盒狀圖 A

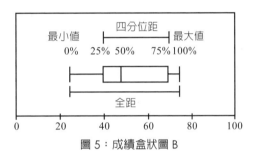

圖 5：成績盒狀圖 B

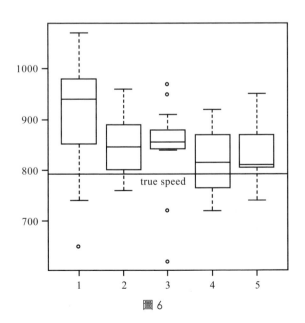

圖 6

2-18 升學用到的統計：百分位數與偏差值

（一）百分位數

除了四分位數外，還有百分位數。百分位數的應用，比較廣為人知就是台灣國中升高中的基測評比的方式 PR 值，但只實施過幾年，後來因實施 12 年國教而產生新的配套升學方案，而不再使用 PR 值。什麼是百分位數呢？就是類似四分位數將人數分成四等份，進而產生 Q_1、Q_2、Q_3，而百分位數就是分成一百份，進而產生 P_1、P_2、……、P_{99}。所以很直觀的就是有部分幾個數值會重疊，中位數 $= Q_2 = P_{50}$，見圖 1。

然而我們為什麼要這樣區分成百分位數，利用百分位數有著類似百分比的概念，可以比四分位數，更清楚落在哪一區塊，有助於排序與分發學校。如：如兩個人的成績，A 學生是 100 份之中的第 90 份，B 學生是 100 份之中的第 95 份，如果是用四分位數的話，則會很模糊的都是 4 份中的第 4 份，見圖 2。

同樣的這也是公平的一個象徵，如果成績不同，但因分數無法有效鑑別等級，這也會造成問題。好比說同一批人考試，滿分用 300 分與 600 分，鑑別能力一定是 600 分可以比較精細。

（二）偏差值

同時與我們鄰近的國家，日本則是利用另一種方式來升學，日本的高中升大學採用偏差值的方法，而偏差值的公式：$\dfrac{成績-平均}{標準差}\times 10+50$，其中我們可以發現 $\dfrac{成績-平均}{標準差}$ 這個計算，其實就是標準化動作（標準化將在後面有更完整的介紹），因為理想狀態下的考生成績分布應該為常態分布，看自己的成績與平均差幾個標準差，有助於判斷個人成績在全體的排序是在哪裡，因為我們可以知道比平均多一個標準差是約在 84% 位置，其他同理可推，見圖 3。

而日本的升學分數可能是為了讓分數可以避開小數的問題所以將成績進行線性換算，也就是標準化後乘 10 後，再加 50 分。如：平均 60，標準差 12，考了 78 分，僅用標準化後的數值是 $\dfrac{成績-平均}{標準差}=\dfrac{78-60}{12}=1.5$，可以發現如果是用小數來比較似乎不是那麼習慣；如果是經過調整後可以發現 $\dfrac{成績-平均}{標準差}\times 10+50=\dfrac{78-60}{12}\times 10+50=65$，如果是這樣的成績數字則比較熟悉，見圖 4。

那一定有部分的人會問經過線性換算會不會改變排序？班上成績大家考不好，將原始成績開根號乘以 10，其排序也不會改變。所以偏差值可以有效將數字美化。利用偏差值的方法有助於閱讀，也不致於帶來普通人的閱讀不便。同時我們可以知道超過 50 分的人是贏過 50% 的人，超過 60 分的人是平均加上一個標準差，也就是贏過 84% 的人；而超過 70 分的人是平均加上兩個標準差，也就是贏過 97.5% 的人，而超過 80 分

的人是平均加上三個標準差,也就是贏過 99.85% 的人。

(三) 結論

升學不論是用百分位數,還是用偏差值或是直接用成績,似乎都各有各的優缺點。但是用成績如果考太難或是考太簡單時,或是滿分分數數值太低,鑑別率不高時,難以判斷學生彼此間的差距。而偏差值的方法會得到新成績,但要自行換算大概落在哪個位置,相對來說比直接拿成績更能判斷自己是贏過多少人,而百分位數就相當客觀可以知道自己是落在哪一個範圍,進而去看可以念的學校,這也就是**落點分析的概念**。

但是單看偏差值或是百分位數只能知道自己落在全體考生的位置,而不能知道自己考幾分,搞不好是全體都考很好、或是都考很爛。所以作者認為要看原始成績也要看百分位數,這樣比較可以知道自己的進步空間還有多少,以及在這一次的考生整體來說是在哪一個範圍。

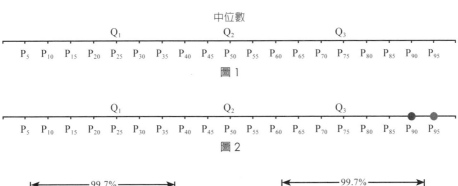

圖 1

圖 2

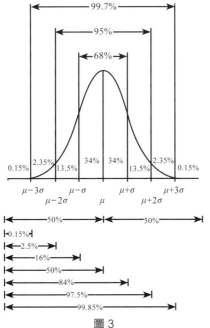

圖 3

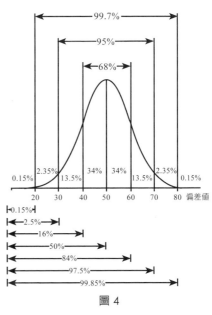

圖 4

2-19 **濫用平均的實例 (7) ── 85% 的人有屋、幸福指數**

　　2015 年馬英九總統提到 85% 的人有屋，這句話合理嗎？由主計處的資料調查得知 102 年，擁有自有住宅家庭占全體家庭 85.3%，不住在一起的配偶、父母或子女所擁有占 3.4%，租賃或押租者占 8.5%，配住及借用占 2.8%；平均每戶住宅建坪 43.5 坪，每人可居住 13.5 坪。而自有住宅由的定義為「**戶內經常居住成員所擁有**」，見圖 1，也就是說一個屋子內住了 6 個人這 6 人都算有屋子。但相當奇怪的是屋子的所有權卻只有一人。姑且不討論所有權問題，會將住在一起的人當作有屋一族的人，來將平均後的比率衝高，本身就相當詭異，定義文字上有問題，**這也算濫用統計的一種。**

幸福指數

　　不丹是最早使用幸福指數，來**替代**國民生產毛額（GDP）以衡量當地人民的生活，由不丹第四代國王吉格梅・辛格・旺楚克所創立，**作為穩定政權**、維持區域穩定的一項政策工具。

　　台灣的幸福指數由 2013 年 8 月行政院主計總處首次公布官方版本的幸福指數調查，台灣國民幸福指數國際指標綜合指數為 6.64 分，與 OECD 的 34 個會員國及 2 個夥伴國相較，在 37 國中排名第 19 名，也是亞洲最幸福的國家。其幸福程度由新聞（https: //www.youtube.com/watch?v=6fbqGauS6F4）可知，台灣受雇者平均一個月可以月入 10 萬，但查表實際平均是 4.3 萬元，並且一個人平均擁有 1.6 間房子。2014 年主計部宣布台灣保持亞洲最幸福，而且所得財富是全球第二名。顯而易見的台灣人民一點都不能認可。台灣怎麼計算幸福指數？利用圖 2、3 的內容做出**各領域的各指標數（0～10 分），共 11 領域 64 項目，最後算出平均就得到幸福指數。**

　　目前並沒有一套可以完整描述人民觀感的幸福指標，因為不管怎麼計算都有些許瑕疵，無法使大多數人都接受，台灣的幸福指數在亞洲許多國家中靠前，並且說是亞洲最幸福國家，這是大家所不認同。可發現**參考國民所得平均、平均房數**，就感覺相當不合理，因為由前面章節已知單看平均完全沒有意義。同時主計總處有設計針對大家在乎的事情不同，設計可自行調整指標權重觀察各國的幸福指數排名（http:// happyindex.dgbas.gov.tw/nations.htm?y=201506）。想要更全面性的分析出人民觀感，需要用人民及統計學家更可以接受的統計方法、數據來計算。否則亂用統計量與亂計算，只能說是**濫用統計**。

　　參考資料：

https://www.dgbas.gov.tw/ct_view.asp?xItem=36399&ctNode=2858

http://happyindex.dgbas.gov.tw/data/ 國際指標 .pdf?y=201506

http://happyindex.dgbas.gov.tw/data/ 在地指標 .pdf?y=201506

http://happyindex.dgbas.gov.tw/data/20150901news.pdf?y=201506

單位：%

年別	彩色電視機	電話機	冷暖氣機	除濕機	有線電視頻道設備	家用汽車	行動電話	數位相機	家用電腦	連網比率	自有住宅比率	平均每戶住宅坪數(坪)
85	99.3	97.5	71.7	18.8	59.6	51.2	-	-	22.6	-	84.5	38.1
86	99.5	97.5	73.8	20.1	66.0	53.8	-	-	28.4	-	84.6	39.2
87	99.2	97.6	76.2	21.9	68.1	54.5	-	-	32.3	-	84.6	39.8
88	99.3	98.0	78.9	22.7	67.9	54.3	60.0	-	38.9	19.6	84.9	39.6
89	99.5	98.0	79.5	24.9	72.0	55.6	76.0	-	46.5	33.9	85.4	40.4
90	99.3	97.8	80.5	26.0	72.3	55.6	79.5	-	50.9	38.8	85.6	41.0
91	99.6	97.9	83.1	25.4	74.8	58.2	83.6	-	56.8	45.9	85.4	41.7
92	99.5	97.8	84.5	24.8	76.1	57.4	84.6	-	58.7	48.3	85.1	41.9
93	99.5	97.6	85.7	26.8	78.5	58.0	85.7	30.2	62.4	53.1	86.8	42.4
94	99.5	97.6	85.7	29.0	79.0	58.4	86.2	36.5	63.2	55.8	87.3	42.2
95	99.6	97.4	87.5	30.2	79.8	59.1	88.0	40.2	66.1	59.7	87.8	42.8
96	99.4	96.7	87.6	30.6	79.9	58.7	88.9	46.5	67.1	61.6	88.1	43.3
97	99.4	96.0	87.5	30.0	81.7	58.4	89.8	48.5	69.3	64.4	87.4	43.2
98	99.6	95.9	88.3	29.8	82.0	59.2	90.6	50.0	70.5	66.2	87.9	44.0
99	99.4	95.7	89.1	30.1	83.0	57.8	90.6	50.5	71.3	67.9	84.9	43.1
100	99.2	96.1	88.8	30.9	82.9	59.1	91.7	51.7	71.9	69.0	84.6	44.0
101	99.3	94.8	89.9	32.4	83.2	58.4	92.3	50.4	72.3	70.5	85.8	43.6
102	99.3	94.7	90.0	32.4	84.4	58.4	92.6	46.0	72.2	73.9	85.3	43.5
低所得組	98.3	88.7	74.0	13.4	69.7	22.4	72.7	13.9	28.5	28.4	77.9	36.0
高所得組	99.6	98.2	97.8	52.4	91.0	84.6	99.7	74.2	95.0	97.0	93.3	51.6

說明：1.97 年起有線電視頻道設備含多媒體隨選視訊設備。
　　　2.連網比率自 97 年起為使用電腦或其他設備連網，97 年以前為僅使用電腦連網之普及率。
　　　3.99 年起「自有住宅」由「房屋所有權屬戶內成員之任何一人或其直系親屬者」修訂為「戶內經常居住成員所擁有」。

圖 1　家庭設備普及率及住宅狀況

參考連結：http://news.housefun.com.tw/news/article/94342593128.html

http://www.stat.gov.tw/ct.asp?xItem=19882&CtNode=512&mp=4

領域		指標	領域		指標	領域		指標
居住條件	客觀	平均每人房廳數（含客、餐廳）	就業與收入	客觀	就業率	公民參與及政府治理	客觀	投票率
	客觀	居住消費支出占家庭可支配所得比率		客觀	長期失業率		客觀	法規制訂諮商指數
	客觀	無基本衛生設備的比率		客觀	全時受僱者平均年收入（PPP）	健康狀況	客觀	零歲平均餘命
所得與財富	客觀	每人可支配所得（PPP）		客觀	工作保障性不足之比率		主觀	自評健康狀態
			社會聯繫	主觀	社會網路支持			
			教育與技能	客觀	教育程度	主觀幸福感	主觀	自評生活狀況
				客觀	預期受教育年數			
	客觀	每人金融性財富（PPP）		客觀	學生認知能力	人身安全	客觀	加害（他殺）標準死亡率
			環境品質	客觀	空氣污染		主觀	自述暴力受害比率
				主觀	水質滿意度	工作與生活平衡	客觀	受僱者工時過長比率
							客觀	每日休閒及生活起居時間

圖 2

領域	指標	主/客觀
人身安全	家庭暴力被害人口率	客觀
	住宅竊盜發生率	客觀
	事故傷害死亡率	客觀
	安全感	主觀
工作與生活平衡	通勤時間	客觀
	時間分配滿意度	主觀

領域	指標	主/客觀
健康狀況	自述日常生活功能受限	主觀
	失能者對主要照顧者的負擔程度	主觀
	健康平均餘命	客觀
	食品衛生查驗不符規定比率	客觀
	食品中毒患者比率	客觀
主觀幸福感	生活滿意度	主觀
	臺灣幸福特色	主觀

領域	指標	主/客觀
教育與技能	終身學習	客觀
環境品質	接近綠地	客觀
公民參與及政府治理	參與政治活動比率	客觀
	對政府的信任	主觀
	對法院的信任	主觀
	對媒體的信任	主觀
	民主生活滿意度	主觀
	言論自由滿意度	主觀

領域	指標	主/客觀
就業與收入	部分工時、臨時性或或派遣工作者比率	客觀
	青年（15～24歲）失業率	客觀
	工作滿意度	主觀
	實質薪資	客觀
社會聯繫	與朋友接觸頻率	客觀
	與親人接觸頻率	客觀
	志工服務時間	客觀
	對他人的信任	主觀
	家庭關係滿意度	主觀

領域	指標	主/客觀
居住條件	平均每人居住坪數	客觀
	房價所得比	客觀
	房租所得比	客觀
	居住房屋滿意度	主觀
	住宅週遭環境滿意度	主觀
所得與財富	每人可支配所得中位數年增率	客觀
	每人消費金額	客觀
	家庭可支配所得五等分位倍數	客觀
	家庭收入不夠日常開銷的比率	主觀
	相對貧窮率	客觀

圖 3

2-20 難以察覺的圖表錯誤 —— 非洲比你想像的大很多

在 1569 年法蘭提斯的地理學家傑拉杜斯・麥卡托（Gerardus Mercator）繪製世界地圖，見圖 1，稱麥卡托投影法，又稱正軸等角圓柱投影，是一種等角的圓柱形地圖投影法。以此方式繪製的世界地圖，長 202 公分、寬 124 公分，經緯線於任何位置皆垂直相交，使世界地圖在一個長方形上，見圖 2。

此地圖可顯示任兩點間的正確方位，航海用途的海圖、航路圖大都以此方式繪製。在該投影中線型比例尺在圖中任意一點周圍都保持不變，從而可以保持大陸輪廓投影後的角度和形狀不變（即等角）；**但麥卡托投影會使面積產生變形，極點的比例甚至達到了無窮大。而靠近赤道的部分又被壓縮的很嚴重。看圖 3 理解原因。**很簡單的可看到高緯度地區被放大，低緯度地區縮小。這不是差一點點，其實非洲比你想像的還要大很多，它占了世界將近 30% 的陸地，它甚至可以裝下其他國家。非洲面積比下述國家面積總和還要大：中國、北美洲、印度、歐洲、日本。見圖 4，也可參考表 1：各國面積。

由表格中發現到即便面積用數據表示，非洲面積會大於許多國家的面積總和，但我們仍會認為非洲很小，因為我們已經習慣錯誤的世界地圖，所以在統計面積的數字正確，而圖案錯誤時，我們仍會被錯誤的圖片影響。雖說圖片可以幫助說明統計數據的狀況，但圖案比例也應該正確，以免造成誤會。早在中世紀時，有非矩形結構的地圖，雖說與現在地圖不同，但是非洲與歐洲的部分比麥卡托的地圖相對正確，見圖 5。而同樣的不只是只有非洲，在高緯度地區的國家都會有同樣的問題，如加拿大。

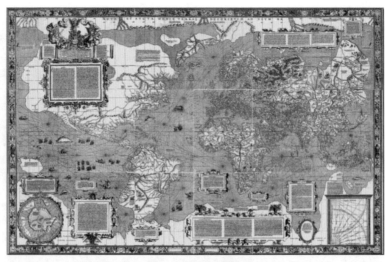

圖 1：麥卡托地圖

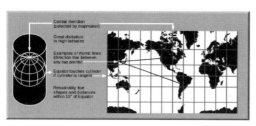

圖 2

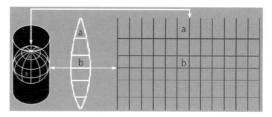

圖 3

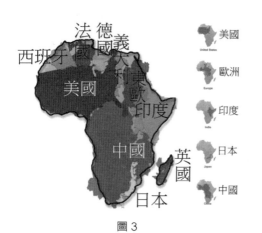

圖 3

圖 5：中世紀歐洲的地圖

表 1

國家	中國	美國	印度	墨西哥	祕魯
面積（1000km²）	9597	9629	3287	1964	1285
國家	法國	西班牙	新幾內亞	瑞典	日本
面積（1000km²）	633	506	462	441	378
國家	德國	挪威	義大利	紐西蘭	英國
面積（1000km²）	357	324	301	270	243
國家	尼泊爾	孟加拉	希臘	總合	非洲
面積（1000km²）	147	144	132	30102	30221

二、
推論統計的基礎機率

在統計學中不可避免的是會利用到機率的概念,所以必須先學會基礎機率。

有三種謊言:謊言、糟糕透頂的謊言和濫用統計。

本傑明·迪斯雷利 (Benjamin. Disraeli, 1804-1881)
英國首相

2-21 **機率的意義**

　　機率的最佳代言人莫過於賭博，從猜拳、骰子、撲克、麻將、一直到樂透，這些遊戲玩的都是一種不確定性，但這些東西還是有分別的，有機率高但是獎金低，也有機率低但是獎金高，比如說是樂透，那這些所說的機率，到底與小學的機率有什麼分別？基本上並沒有分別，機率是 $\frac{希望的情況}{全部的情況}$，下一小節會有更清楚的分類。

　　機率低的莊家會給高一點的賠率或獎金，以吸引賭徒來玩；機率高的莊家會給低一點的賠率或獎金，以免一直賠錢。這似乎是一個理所當然的事情，但是如何去計算這件事情的機率高低，就變得很重要，難道一直不斷的反覆測試，去觀察哪個機率高、機率低嗎？計算機率需要用到高中所學的排列組合，來幫助計算出各種情形的機率高低，以骰子為例，丟兩顆骰子以數字和作為下注號碼，但如何算出號碼和的機率？參考表 1、2。

　　可以很明顯看到在號碼和是 7 的組合最多，同時在玩 2 個骰子的時候，的確是 7 附近的數字和最容易出現。將每一種情形都找出來，機率高設定低賠率，機率低設定高賠率，這就是賭博與機率之間的關係。

　　但這在兩個骰子的時候可以使用畫表的，在三個的時候怎麼辦，就要用排列組合來幫忙計算。三個骰子全部的情形為 $6 \times 6 \times 6 = 216$ 種，號碼和最小到最大為 3～18，找出各骰子和的組合，數字組合為（骰子 a，骰子 b，骰子 c）：

骰子和是 3：(1, 1, 1)；

骰子和是 4：(2, 1, 1)；

骰子和是 5：(3, 1, 1)、(2, 2, 1)；

骰子和是 6：(4, 1, 1)、(3, 2, 1)、(2, 2, 2)，…，

骰子和是 18，(6, 6, 6)。

以此類推，需要注意的是各組抓出組合後，還要再看排列有幾種，才是正確的數量。以兩個骰子為例，(1, 2) 與 (2, 1) 是不同的情形，所以還要考慮順序。

例題：擲三個公正骰子，數字和是 6 的機率為何？

方法 1：

已知數字和是 6 有 (4, 1, 1)、(3, 2, 1)、(2, 2, 2) 的組合，

(4, 1, 1) 可以有 (4, 1, 1)、(1, 4, 1)、(1, 1, 4)，有 3 種排列。

(3, 2, 1) 可以有 (1, 2, 3)、(1, 3, 2)、(2, 1, 3)、(2, 3, 1)、(3, 1, 2)、(3, 2, 1)，有 6 種排列。

(2, 2, 2) 只有一種排列。

一共有 10 種，所以要骰出號碼和為 6 的組合，有 10 種方法，機率為 $\frac{10}{216}$。

方法 2：

從組合中計算出排列次數。

(4, 1, 1) 的排列為 $\frac{3!}{2!} = \frac{3 \times 2 \times 1}{2 \times 1} = 3$。

(3, 2, 1) 的排列為 $3! = 3 \times 2 \times 1 = 6$。

(2, 2, 2) 的排列為 1。

所以 3 + 6 + 1 = 10 是 10 種，用計算的方式，可以快速得到答案，也避免數錯，

接著回到問題，這個問題要我們自己去找出數字和的排列方式還是很麻煩，那有沒有解決方法，小數字和比如說 6，還可以找出來 (4, 1, 1)、(3, 2, 1)、(2, 2, 2)，那 10 呢？(6, 3, 1) (6, 2, 2) (5, 4, 1) (5, 3, 2) (4, 4, 2) (4, 3, 3)，要找的時候就怕重複或漏找，那有沒有好方法解決？

方法 3：

已知骰子至少有一點，所以三個骰子已經用去 3 點。剩下三點分給 3 個骰子就可以得到排列結果，骰子用＋號區隔開來，原先已經有一點在內，所以考慮 ‧‧‧ ＋＋ 的排列有幾種就可以（說明：加號內不放代表骰子為 1 點，如有 1 點在內代表該骰子號碼加 1， ・・・＋＋ 代表 (4, 1, 1)、 ・＋・・＋ 代表 (2, 3, 1)）。

所以計算 ‧‧‧ ＋＋的排列有多少種，答案為 $\frac{5!}{3!\,2!} = 10$，機率為 $\frac{10}{216}$。

結論：

根據這幾個方法我們可以有效的找出想要的情形，近而精確的算出機率，但機率畢竟來說只是一個理想狀態的可能性，並不是說一個骰子丟六次，就會 1、2、3、4、5、6 各出現一次，而是骰很多次後，會接近的一個數值。最後可以看到機率離不開排列組合，離不開數學的計算。

隨機的意義：

我們知道生活中有很多是固定的事情，如太陽東邊升起，但也知道有很多東西是不可控制，如擲骰子，會出現哪一面是不一定的，樂透抽球，會出現怎樣的情況都是不一定的，而這些情況就稱為**隨機**。但我們總希望它們出現情況是均勻的。如：丟骰子，骰子有 6 面，各面點數為 1、2、3、4、5、6，丟 120 次，希望每個點數都能出現 20 次，呈現均勻的、公平的現象，而我們就說每個每個點數的機率就是 $\frac{20}{120} = \frac{1}{6}$。

表 1

數字和 1		骰子 A 號碼					
		2	3	4	5	6	
骰子 B 號碼	1	2	3	4	5	6	7
	2	3	4	5	6	7	8
	3	4	5	6	7	8	9
	4	5	6	7	8	9	10
	5	6	7	8	9	10	11
	6	7	8	9	10	11	12

表 2

號碼和	2	3	4	5	6	7	8	9	10	11	12
次數	1	2	3	4	5	6	5	4	3	2	1
機率	$\frac{1}{36}$	$\frac{2}{36}$	$\frac{3}{36}$	$\frac{4}{36}$	$\frac{5}{36}$	$\frac{6}{36}$	$\frac{5}{36}$	$\frac{4}{36}$	$\frac{3}{36}$	$\frac{2}{36}$	$\frac{1}{36}$

2-22 **機率的分類**

　　我們在上一小節認識隨機與機率的基本意義，但兩者不僅僅是如此，機率更是推論統計的靈魂。因為我們不可能做出全部的情況，只能就現有手上的數據來進行分析，加以敘述，再做推論，而推論存在著不確定性，所以需要一個科學化的評估方式來協助推論，而機率理論就是一個很有用的工具，也被稱為不確定性科學（Science of Uncertainty），推論統計的結果會以機率的呈現，所以機率更是推論統計的靈魂。機率理論的關係圖可參考圖 1。

（一）認識各種機率的涵義

　　1. **主觀機率（Subjective Probability）**：就手上獲得的資訊，以個人經驗認知或是沒有經驗做判斷，如：A 學生全校 1000 人，校排名在前 30 內，有很大機率考上明星學校。如：風濕的病患，病痛發作，主觀的認為明天會下雨。如：看到一個食物，認為應該很好吃。

> 主觀機率：依據可獲得的資訊判斷事件的機率

　　2. **客觀機率（Objective Probability）中的古典機率（Classical Probability）**：意指所有可能發生的情況，發生的機率都當作相同。如：剪刀、石頭、布，出何種手勢的機率都為 $\frac{1}{3}$，骰子各點數的機率都為 $\frac{1}{6}$。

> 古典機率：該事件的機率 $= \dfrac{該事件的數量}{全部事件的數量}$

　　3. **客觀機率中的經驗機率（Empirical Probability）或是相對次數**：意指該事件的機率，由過去觀察到的該事件發生數量除以觀察到的所有數量。如：當氣溫超過 32 度時，當日賣冰淇淋數量會比氣溫 30℃時多出 2 成，而這機率是 80%。如：打棒球的打擊率，原本是揮棒 10 次打擊出去 4 次，總打擊率 40%；下一場揮 8 次打擊出去 5 次，所以總揮棒 18 次總打擊出去 9 次，總打擊率變 50%。由此可知經驗機率與古典機率不同，他的母群體是變動的，隨觀察總次數不斷增加。同時經驗機率基於數學理論的**大數法則**（Law of Large Numbers），數量愈多，其機率愈精準。

> 經驗機率：該事件的機率 $= \dfrac{該事件的觀察數量}{觀察總數量}$

（二）三種機率的分別

　　1. **主觀機率**：憑個人主觀，容易造成誤差。

　　2. **客觀機率的古典機率**：由各種情況分析所得的固定機率。在大數量的情況下，理論上實驗機率接近該機率。可參考圖 2：擲公正骰子 300 次出現六點趨近 $\frac{1}{6}$ 的機率。

3. **客觀機率的經驗機率**：觀察得來的機率。與古典機率比較，是不固定的機率。在大數量的情況下，因大數法則理論上實驗機率最後會接近一個機率值。見圖3。

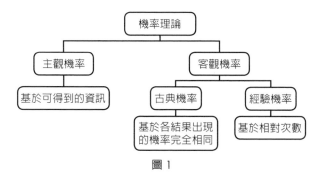

圖1

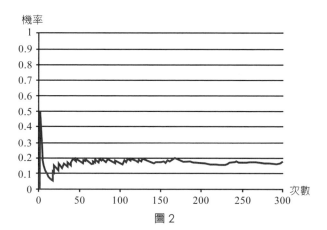

圖2

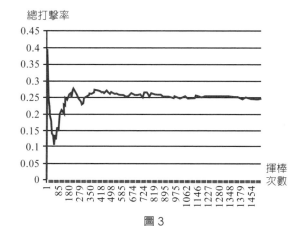

圖3

2-23 **隨機取樣的方法** (1)

　　與統計及機率有相關的事情，莫過於隨機取樣，隨機取樣的方法有哪些？如：抽籤、翻頁碼、EXCEL 的隨機亂數、亂數表等都是，以下介紹如何操作。

（一）亂數表如何使用

　　一張隨機數字的表，可幫助抽取隨機數字，見圖 1。如由第三列第二行開始，抽取 1～50 的數字十個，選後間隔 3 個數字，見圖 2。可抽出 88、38、79、23、36、25、47、84、16、64、04、57、58、71、68、43、97、43、87、65、81、24。刪去不要的號碼 88、38、79、23、36、25、47、84、16、64、04、57、58、71、68、43、97、43、87、65、81、24，剩下的就是隨機抽取出來的號碼 38、23、36、25、47、16、04、43、43、24。

（二）EXCEL 的隨機亂數

　　如何使用電腦來做隨機亂數，在電腦中打上 "=RANDBETWEEN(0, 10)" 就能做出 0 到 10 的隨機數字，再點選欄位下拉，就能做出一排 0 到 10 的亂數。並且在很大的數量下，各個數字的機率會趨近相同，見圖 3。

（三）籤筒抽籤

　　圖 4 為廟宇的籤筒與籤詩，從籤筒抽籤後，籤上有號碼，再由號碼找出對應的籤，班級也會設置籤筒，由飲料罐與免洗筷就能簡單製作。

73735	45963	78134	63873
02965	58303	90708	20025
98859	23851	27965	62394
33666	62570	64775	78428
81666	26440	20422	05720
15838	47174	76866	14330
89793	34378	08730	56522
78155	22466	81978	57323
16381	66207	11698	99314
75002	80827	53867	37797
99982	27601	62686	44711
84543	87442	50033	14021
77757	54043	46176	42391
80871	32792	87989	72248
30500	28220	12444	71840

圖 1

73735	45963	78134	63873
02965	58303	90708	20025
98859	23851	27965	62394
33666	62570	64775	78428
81666	26440	20422	05720
15838	47174	76866	14330
89793	34378	08730	56522
78155	22466	81978	57323
16381	66207	11698	99314
75002	80827	53867	37797
99982	27601	62686	44711
84543	87442	50033	14021
77757	54043	46176	42391
80871	32792	87989	72248
30500	28220	12444	71840

圖 2

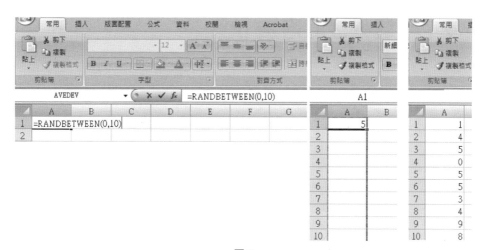

圖 3

圖 4

2-24 **隨機取樣的方法** (2)

　　我們已知一些簡單的隨機抽樣的方法，不管是用 EXCEL、籤筒、翻頁、亂數表，這些都是比較基礎的方法。這些方法有時候並不夠迅速，因為我們需要先替抽樣的物品先做編號，再進行抽樣。而我們可以改變方法來做更快的抽樣。

（一）系統化隨機抽樣

　　隨機選擇一個起始點，接著從母體的每第 k 個資料取一個，樣本依序抽取。舉例：1000 個學生，要抽出 20 名來做體能測驗，評估學生狀況。而學生的編號，由 1 號排到 1000 號，直接依班級座號接排，如 1 年 1 班有 43 人，占據 1 到 43 號，而 2 年 2 班有 45 人，占據 44 到 88 號，以此類推。而抽取的號碼就是以 1000÷20=50 作為 k，每 50 個號碼抽一個；再隨機抽取一個號碼，假設是 4 號；所以抽取 4 號、54 號、104 號、154 號、…、954 號。最後就可以得到 20 個樣本。

（二）分層隨機抽樣

　　母體被歸類為一些子群體，或稱為層，再從各層抽出樣本。舉例：如果我們要討論身高體重的關係，有 1000 筆資料，要如何抽取 50 筆資料，才能有效的代表母體，見表 1。可以發現有些子群體（層）的樣本機率非常低，有可能會沒抽到。那我們要如何處理，可以利用分層隨機抽樣的方式來決定各子群體（層）的數量，見表 2。

　　這樣一來就可以知道，各子群體（層）應該要隨機抽幾個樣本，此方法較能有效代表母體情形，以免某些數量太少的子群體（層）而沒有被抽取到。

（三）叢式抽樣

　　依據自然地理位置，或其它界限，將母體區分為許多叢體，接著隨機選取幾個叢體，並在挑選出來的叢體中，再進行隨機抽樣。舉例：想要了解台灣本島對於排放廢水的意見，但要對全台灣做隨機抽樣，顯得太花費成本以及時間，而且可能做的結果不足以代表大多數人的意見。所以我們可以依各縣市，做區隔，標上編號，隨機選擇 5 個區域，再依區域做隨機抽樣及訪問排放廢水的意見，見圖 1。

　　以上就是我們常用的抽樣方式，另外如果想從是行銷、財務、會計、或是其他領域的研究，可自行研讀有關抽樣理論的書籍。

（四）補充說明

　　台灣選舉經常會做出各縣市民調，最後會整合全台灣的民調做出總支持率，那麼是怎麼做的呢？總支持率會是各個支持率加起來平均嗎？答案是錯的。假如：50%、40%，平均是 (50% + 40%)/2 = 45%。這樣的計算是錯的，因為你並不知道人數是多少，有可能 50% 是 10 人中 5 人支持、40% 是 100 人 40 人支持，所以總共 110 人有 45 人支持，總支持率 45/110 = 40.9%。所以不可以兩支持率直接相加除以 2，必須算出總人數與總支持人數。

　　而我們由這個案例可以看到不可以用比率去計算，也發現人數不同會影響總支持率，所以我們在做全國性的民調時，不可以每個縣市都取一樣人數，這樣將會造成人

數較少的縣市大幅影響眞正支持率。如 A 市 1 萬人，B 市 2 萬人，C 市 1.5 萬人，各抽 1000 人得到，A 是 20%，B 是 15%，C 是 60%，而計算總支持率時是對 1000 人來換算，得到 A 是 200 人支持，B 是 150 人，C 是 600 人，最後說總支持率是 (200 + 150 + 600)/3000 = 31.6%，這樣是錯的。因爲 A 市有 1 萬人可說有 2000 人支持，B 市有 2 萬人可說有 3000 人支持，C 市有 1.5 萬人可說有 9000 人支持，最後說總支持率是 (2000 + 3000 + 9000)/45000 = 31.1%。

　　然而這樣的方法其實都不夠方便，可利用分層隨機抽樣做出抽樣的樣本數，見表 3。然後就可以利用樣本支持人數 / 總樣本數 = 31.1%，可以發現與眞實比率相同。所以在計算全國民調時，必須利用分層隨機抽樣做出抽樣的樣本數，才能與樣本數算出眞實的支持率。

表 1

	人數	機率
140 到 150	21	2%
150 到 160	181	18%
160 到 170	562	56%
180 到 190	221	22%
190 到 200	15	2%

表 2

	人數	比例	50× 比例	樣本數
140 到 150	21	2%	1.05	1
150 到 160	181	18%	9.05	9
160 到 170	562	56%	28.1	28
180 到 190	221	22%	11.05	11
190 到 200	15	2%	0.75	1
總計	1000	100%	50	50

表 3

	人數	比例	3000× 比例	樣本數	支持率	樣本支持人數
A	1 萬	22.2%	666.6	667	20%	133
B	2 萬	44.4%	1333.3	1333	15%	200
C	1.5 萬	33.3%	1000	1000	60%	600
總計	4.5 萬	100%	3000	3000		933

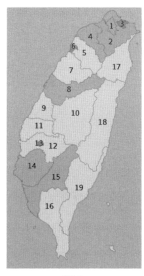

圖 1

2-25 **獨立事件的機率**

　　獨立事件的機率，大家第一次聽到這名詞一定會想說，機率有分獨立不獨立，依賴不依賴嗎？數學中的獨立一詞意義是指不受其它因素影響，與一般我們說的「他個性很獨立，不依賴別人，不受別人幫或不幫忙的影響」，重點放在「不受別人幫或不幫忙的影響」，而不是「依賴」。而獨立事件的機率有什麼特別的地方呢？

　　計算獨立事件的機率如同選路線，見圖 1。如果選甲到乙的路線不影響選乙到丙的路線，可以發現從甲地經乙地到丙地的路線，有 a1、a2、b1、b2、c1、c2 六種走法，每個走法是互相獨立，故我們的走法總數量是乘法，$3 \times 2 = 6$，每一條的方法的機率都是 $\frac{1}{6}$，選 a 又選 1 的機率，就是「a 路線」的機率：$\frac{1}{3}$ 乘上「1 路線」的機率：$\frac{1}{2}$，最後得到 $\frac{1}{6}$。

例題 1：小明投籃的命中率是 70%（事件 A），小華投籃的命中率 60%（事件 B），兩人的命中率彼此是互不影響的。也就是說小明命中時，小華投籃的命中率是60%；小明沒中時，小華投籃的命中率還是 60%。所以可以發現兩人都命中的機率就是重疊的部分，也就是交集的部分，見圖 2。

　　用數學的講法，若兩事件獨立時，存在「事件 A 與事件 B 同時發生的機率（也就是交集）」等於「事件 A 的機率」乘上「事件 B 的機率」，記作：$P(A \cap B) = P(A) \times P(B)$。

結論：

　　兩事件 A、B 彼此獨立時，存在 $P(A \cap B) = P(A) \times P(B)$；也可延伸為三事件 A、B、C 彼此獨立時，存在 $P(A \cap B \cap C) = P(A) \times P(B) \times P(C)$。

例題 2：一公正骰子丟出事件 A：1,3,5 的機率為 $\frac{1}{2}$，見圖 3；丟出事件 B：4,5,6 的機率為 $\frac{1}{2}$，見圖 4；而丟出事件 A 又是事件 B 只有 5 的機率為 $\frac{1}{6}$，見圖 5；可以發現事件 A 與事件 B 的機率相乘為 $\frac{1}{2} \times \frac{1}{2} = \frac{1}{4}$，可以發現不是交集的機率 $\frac{1}{6}$，所以這兩事件不是獨立事件，而是互相影響的不獨立事件，又稱相依事件。

　　再次觀察相依事件的圖案，可以發現事件 B 在事件 A 的條件發生時的機率為 $\frac{1}{6}$，以及可發現事件 B 在事件 A 的條件沒發生時的機率為 $\frac{2}{6}$，很顯然的不一樣，事件 B 在事件 A 的條件沒發生時的機率比較大，所以不是獨立。

　　用數學的講法，若兩事件不獨立時，存在「事件 A 與事件 B 交集的機率」不等於

事件 A 的機率」乘上「事件 B 的機率」，記作：$P(A \cap B) \neq P(A) \times P(B)$。

例題 3： 一張靶被兩個射手（小明、小華）用弓箭射，但他們各只有一箭，小明命中率 40%，小華獵人命中率 70%，兩人射箭是獨立的，請問一起射與輪流射哪個命中率較高？

一起射： 假設小明射中的機率為 $P(A) = 0.4$；小華射中的機率為 $P(B) = 0.7$；小明、小華都射中，因為是獨立事件，機率為 $P(A \cap B) = P(A) \times P(B) = 0.28$。所以一起射被射到的機率為 $P(A) + P(B) - P(A \cap B) = 0.4 + 0.7 - 0.28 = 0.82$，故沒中機率為 $1 - 0.82 = 0.18$，也可見圖 6。

輪流射： 沒中機率為第一箭小明沒中，第二箭小華也沒中，$0.6 \times 0.3 = 0.18$，見樹狀圖 7。

結論：

不管是一起射還是輪流射，機率都是一樣的。並可以發現樹狀圖與獨立事件的計算方式兩者之間的關係。

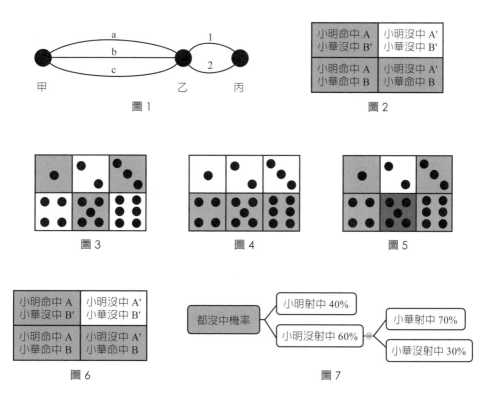

圖 1　　　　圖 2

圖 3　　　　圖 4　　　　圖 5

圖 6　　　　圖 7

2-26 條件機率

　　在有些情況時，我們需要討論在某些條件中的機率，如：發生火災時的致死率，如果我們單看火災死亡人數對於各種死亡人數來說，火災死亡率會變相當低，但如果是討論在該條件下發生的機率，也就是如果發生火災時，因火災死亡的死亡率，這樣子就會變成很高。假設：本月因火災死亡人數是 2 人，本月因天災人禍死亡人數是 400 人，以整體來看是 5%。但如果以該戶發生火災來看該戶有 5 人因火災死亡了 2 人，可以發現是 40%。所以有必要認識對於什麼時候要用整體機率，什麼時候要用有條件的機率，而有條件的機率，稱為條件機率，意思是發生在某下條件下的機率。

例如：骰子在擲出偶數的條件下，並且要大於等於 3 的機率為多少？偶數有 2、4、6，再大於等於 3 有 4、6，機率是 $\frac{2}{3}$，見圖 1。並且條件與問題交換後，得到的結果也會不同。又如果骰子點數大於等於 3 的情況下，點數是偶數的機率為多少？大於等於 3 有 3、4、5、6，點數要偶數有 4、6，機率是 $\frac{1}{2}$，見圖 2。

　　可以發現同時前後順序不同，會導致機率不同。這好比說，考試考不好了，先去給爸爸看，由爸爸給媽媽看過，再討論要怎麼處罰；跟先給媽媽看，由媽媽給爸爸看過，再討論要怎麼處罰，兩者必定是不同的。所以在數學的世界先後順序是非常重要的，只有在少數情況順序不影響結果。

　　A 在 B 條件下的發生機率，A 是在從 B 條件中找出需要的情況，所以數量較少，故分子部分是同時有 A 與 B 的情況，分母部分是 B 的情況，並為了將條件機率明確表達出來，被記作：$P(A \mid B)$。A 與 B 中間的 | 可以想成是分數的一槓，條件機率 $P(A \mid B)$ 是 $\boxed{A \text{ 與 } B \text{ 的交集情況機率}}$ 除以 $\boxed{B \text{ 情況機率}}$。

　　數學式：$P(A \mid B) = \dfrac{n(A \cap B)}{n(B)} = \dfrac{\frac{n(A \cap B)}{n(S)}}{\frac{n(B)}{n(S)}} = \dfrac{P(A \cap B)}{P(B)}$。

連續生九個男孩後，第十胎是女孩的機率會變高嗎？

　　大家都知道生男生女的機率都是二分之一，同時也知道全生男或是全生女的機率很小，那麼一定會想連續生九個男孩後，第十胎是女孩的機率會變高嗎？其實大家將單一胎與全部的情況的機率搞混。

　　先觀察樹狀圖，見圖 3，並且已知每一胎男女的機率都是二分之一。而前 9 胎是男生且第 10 胎還是男生的機率為 $\frac{1}{1024}$，所以就會有部分的人會以為前 9 胎是男生且第 10 胎是女生的機率為 $1 - \frac{1}{1024} = \frac{1023}{1024}$，但這是錯誤的，因為沒考量前 9 胎是男生這個

條件。實際上第十胎生男生女的機率，還是二分之一。順帶一提，十胎是九男一女的機率為 $\frac{10}{2^{10}} = \frac{10}{1024}$。十胎是前九胎是男，第十胎是女的機率為 $\frac{1}{1024}$。

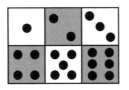

圖 1

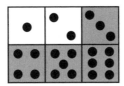
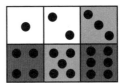

圖 2

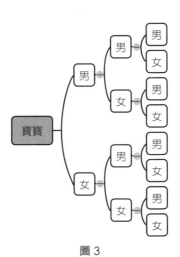

圖 3

2-27 利用樹狀圖計算機率

樹狀圖（Tree Diagram）協助我們判斷事件發生的機率，但是有些事情是連鎖的，那我們要怎麼算？如果直接用「該事件除以全部事件數」計算機率會出問題。

如：a 與 b 猜拳（剪刀、石頭、布），規定在一次遊戲中 a 猜贏的機率是 $\frac{1}{3}$，除此之外都是輸（出一樣也算輸），輸的機率爲 $\frac{2}{3}$。遊戲需要猜拳兩次，a 需要兩把都猜贏才是獲勝，否則失敗。也就是第一次 a 猜輸了，遊戲結束，a 失敗，如果 a 猜贏了第一次，還需要猜第二次，第二次也猜贏了才是獲勝此遊戲。所以我們可以很直覺得畫出樹狀圖，圖 1。

部分的人認爲，根據最後的情況，a 獲勝的情況有 1 個，a 失敗的情況有 2 個，所以 a 獲勝的機率是 $\frac{1}{3}$，a 失敗的機率爲 $\frac{2}{3}$。但這樣的計算方法是錯的，我們可以思考在第一次猜拳，a 輸的機率就已經爲 $\frac{2}{3}$，猜第二次拳，也有輸的情況發生，那麼失敗的機率應該會超過 $\frac{2}{3}$。所以在這種題目之下不可以直接用數量來計算，因爲樹狀圖必須考量各事件發生的機率，見圖 2。由樹狀圖可知第一次贏的 $\frac{1}{3}$ 中，內部有 $\frac{1}{3}$ 是贏，有 $\frac{2}{3}$ 是輸，並參考圖可更清楚比例關係，見圖 3。所以 a 獲勝的機率是 $\frac{1}{3} \times \frac{1}{3} = \frac{1}{9}$，a 失敗的機率爲 $\frac{1}{3} \times \frac{2}{3} + \frac{2}{3} = \frac{8}{9}$，或是用補集的概念來計算 a 失敗的機率：1 − a 獲勝的機率 = $1 - \frac{1}{9} = \frac{8}{9}$。

所以事件有樹狀圖的關係時，需要考慮之前的條件，不能單以獲勝失敗來直接計算機率，而計算的方法是由圖可知是比例問題，所以是乘法。同時畫樹狀圖也是我們觀察整體或是條件機率的好方法，如：醫生誤診問題，有某地區實際生病的人有 20%，沒生病的有 80%；生病的人被醫生診斷成生病的機率是 95%，沒生病的 5%；沒生病的人被醫生診斷成生病的機率是 10%，沒生病的 90%。請問樹狀圖怎麼做？正確及誤診的機率爲何？有生病的人被誤診爲沒生病的機率爲多少人口數？誤診的條件下是眞的有病的機率爲何？

由樹狀圖（圖 4）可知，可以發現診斷正確率 19%+72%=91%，誤診率 1%+8%=9%。有生病被誤診爲沒生病的機率爲 1% 人口數。

誤診的條件下是眞的有病的機率爲

$$\frac{\text{有病說沒病機率}}{\text{誤診機率}} = \frac{\text{有病說沒病機率}}{\text{有病說沒病機率}+\text{沒病說有病機率}} = \frac{1\%}{1\%+8\%} = \frac{1}{9}$$

由樹狀圖就可以簡單的解決問題，並可以發現正確與誤診，全部加起來是 100%，所以利用樹狀圖可以幫助判斷機率問題。

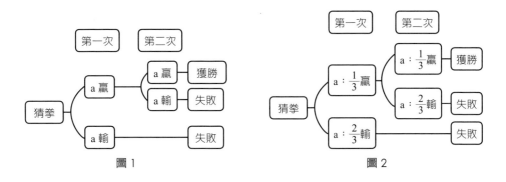

圖 1

圖 2

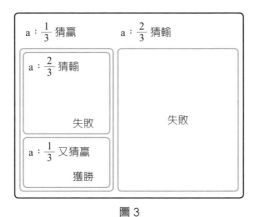

圖 3

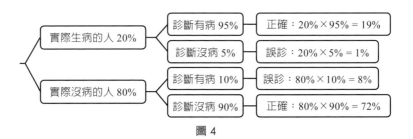

圖 4

2-28 **貝氏定理**

　　統計最重要的功能就是希望由現有的資料，去推論出將來各種情況發生的機率。而我們此時可以利用貝氏定理（Bayes' Theorem），貝氏定理是統計推論的基礎，由已知的事前機率的資料爲基礎，推論事後機率。何爲貝氏定理？先看圖 1 理解分割的原理。

　　由圖可知全部事件可分成 A_1、A_2、A_3，而事件 E 在 A_1、A_2、A_3 各有一部分。所以可知 A_1、A_2、A_3 彼此互不影響，是兩兩互斥，並且可看到樣本空間 S 被分割成 A_1、A_2、A_3，可記作 $A_1 \cup A_2 \cup A_3 = S$。而事件 E 在 A_1、A_2、A_3 各有一部分，所以 $E = (E \cap A_1) \cup (E \cap A_2) \cup (E \cap A_3)$。並已知 A_1、A_2、A_3 兩兩互斥。所以 E 在全體的機率爲 $P(E) = P(E \cap A_1) + P(E \cap A_2) + P(E \cap A_3)$。

　　我們可以簡單的舉例：A_1、A_2、A_3 是三家工廠各自生產的燈泡，E 爲故障率，見表 1。

已知條件機率定義是：若 A 事件在 B 事件上發生的機率爲 $P(A \mid B) = \dfrac{P(A \cap B)}{P(B)}$，

　　移項可得到 $P(A \cap B) = P(A \mid B) \times P(B)$，

　　將條件機率概念套入到 $P(E) = P(E \cap A_1) + P(E \cap A_2) + P(E \cap A_3)$，

　　得到 $P(E) = P(E \mid A_1) \times P(A_1) + P(E \mid A_2) \times P(A_2) + P(E \mid A_3) \times P(A_3)$。

　　此數學式太過抽象，但我們可以用樹狀圖（圖 2）來解釋，就能一目了然。

　　所以可推廣到被切成任意數量 A_1、A_2、A_3、$\cdots$、A_n 的情形，

　　得到 $P(E) = P(E \mid A_1)P(A_1) + P(E \mid A_2)P(A_2) + P(E \mid A_3)P(A_3) + \ldots + P(E \mid A_n)P(A_n)$，

　　也記作：$P(E) = \sum\limits_{k=1}^{n} P(E \mid A_k)P(A_k) \cdots (*)$。

貝氏定理是什麼？

　　已知條件機率 $P(A \mid B) = \dfrac{P(A \cap B)}{P(B)}$，所以 $P(A_1 \mid E) = \dfrac{P(A_1 \cap E)}{P(E)} \cdots (**)$，以及 $P(A \cap B) = P(B \cap A) = P(B \mid A)P(A)$，得到 $P(A_1 \cap E) = P(E \cap A_1) = P(E \mid A_1)P(A_1) \cdots (***)$，將 $(*)$ 與 $(***)$ 代入式子 $(**)$，得到 $P(A_1 \mid E) = \dfrac{P(E \mid A_1)P(A_1)}{\sum\limits_{k=1}^{n} P(E \mid A_k)P(A_k)}$，

　　推廣到全部的情形：$\boxed{P(A_i \mid E) = \dfrac{P(E \mid A_i)P(A_i)}{\sum\limits_{k=1}^{n} P(E \mid A_k)P(A_k)} \, , \; i = 1, 2, 3, \ldots, n \, \text{。}}$

　　此數學式就是貝氏定理。可以利用它來計算出 $P(A_i \mid E)$，也就是利用事前機率推論出事後機率。並可知貝氏定理建構在條件機率的基礎上。用數學式使用上或許太複雜與抽象，但我們如果利用樹狀圖就能夠一目了然。

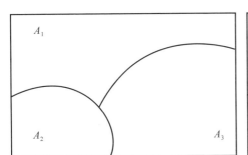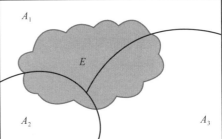

圖1

表1

	A_1	A_2	A_3	總共
製作的燈泡	150	150	200	500
故障數	3	6	10	19
在全體的故障機率	$3 \div 500 = 0.6\%$	$6 \div 500 = 1.2\%$	$10 \div 500 = 2\%$	3.8%

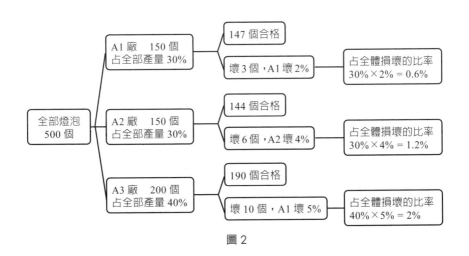

圖2

例題 1：假設某地區生病的母體實際機率為 20%，某醫院將有病診斷正確有病是
　　　　95%，將沒病診斷正確沒病的機率為 90%，請問被診斷沒病的人之中真
　　　　的有病的機率為何？
　　　　以貝氏定理計算：

P（有病｜診斷沒病）$=$

$$\frac{P（診斷沒病｜有病）P（有病）}{P（診斷沒病｜有病）P（有病）+P（診斷沒病｜有病）P（沒病）}$$

$$=\frac{5\%\times20\%}{5\%\times20\%+90\%\times80\%}=\frac{0.01}{0.01+0.72}=\frac{1}{73}=1.37\%$$

以樹狀圖（圖 3）理解後再計算：

被診斷沒病的人之中真的有病的機率為 $\dfrac{1\%}{1\%+72\%}=\dfrac{1}{73}=1.37\%$

可以發現貝氏定理比較快速，但利用樹狀圖更清晰。

結論：
我們可以由事前的機率，去計算出事後的機率，以發現潛在問題。

例題 2：假設某地區遇到真愛的實際機率為 40%，遇到真愛的人有 30% 結婚，
　　　　沒遇到真愛的人也有 60% 結婚，請問結婚的人之中真的遇到真愛的機率
　　　　為何？
　　　　以貝氏定理計算：

P（遇真愛｜結婚）$=$

$$\frac{P（結婚｜遇真愛）P（遇真愛）}{P（結婚｜遇真愛）P（遇真愛）+P（結婚｜沒遇真愛）P（沒遇真愛）}$$

$$=\frac{30\%\times40\%}{30\%\times40\%+60\%\times60\%}=\frac{0.12}{0.12+0.36}=\frac{12}{48}=25\%$$

由此可知
1. 遇到真愛且結婚的人是 40%×30% = 12%。
2. 結婚的人之中有 25% 是遇到真愛。

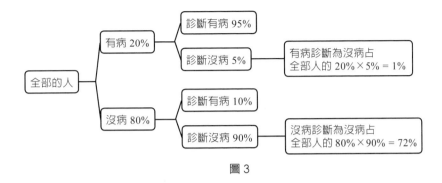

圖3

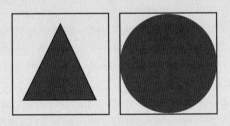

2-29 排列與組合 (1)

　　由先前小節我們已經知道機率的實用性，而計算機率必須知道發生的情況數量有多少，那要如何來計算數量，我們要利用排列組合。認識排列組合可以生活上來認識，我們可知到處都可以看見密碼與數字組合的物品，如：車牌號碼、提款卡密碼、學號、身分證號碼、電話等等，這些數字的組合到底有多少？會不會重複？同時樂透的組合到底有多少，中獎機率到底有多低？這些都是大家所好奇的，但卻不知如何計算。

　　我們從數字號碼看起，

　　一個格子的密碼可以放數字 0、1 到 9，所以可以有 1 + 9 = 10 種情形。

　　二個格子的密碼可以放數字 00、1 到 99，所以可以有 1 + 99 = 100 種情形。

　　三個格子的密碼可以放數字 000、1 到 999，所以可以有 1 + 999 = 1000 種情形。

　　這邊可以發現數量，可看到：一格 =10、兩格 =10×10、三格 =10×10×10。

　　如果說一格只能放兩種英文並且可重複，如果有 2 格情形有幾種，

　　例如：a 與 b。那就有 aa、ab、ba、bb，四種情形。

　　如果說一格只能放兩種英文並且可重複，如果有 3 格情形有幾種，

　　例如：a 與 b。那就有 aaa、aab、aba、abb、baa、bab、bba、bbb，八種情形。

　　討論二位數有幾種，見表 1。

　　可以很明白的看出每一欄位，都是 10 個變化，一共有 10 組，所以一共 10×10 = 100 組。所以車牌上，我們可以看到是 6 格位置，而一共有 0、1～9、a～z 這些符號，每一格一共是 1 + 9 + 26 = 36 的可能，車牌可以有 36×36×36×36×36×36 這麼多情形，其數量為 2,176,782,336，約 21.7 億多種車牌。但由於車種關係，彼此間的英文代號有所限制，不會全部都是數字或全都是英文，以及有幾個英文與數字很像，例如：0 與 O，所以實際上不會那麼多。手機與市內電話也可以用此方法計算，可以算出台灣最多可有幾組電話。早在 10 年前電話還是七碼，隨著人口成長，已經開始有部分地區開始變成八碼。

　　上述所介紹的是，符號可重複使用的排列方式，其中的數量計算方法；

　　接下來介紹符號不重複使用的排列方式，其中的數量計算方法。

　　比如說是大樂透，49 球選 6 球出來，那麼全部的開球方式有哪些？

　　第一球有 49 種選擇，第二球有 48 種選擇，第三球有 47 種選擇，

　　第四球有 46 種選擇，第五球有 45 種選擇，第六球有 44 種選擇，

　　逐球下降選擇的數，所以開球方式為 49×48×47×46×45×44 這麼多種的情形，

　　一共是 10,068,347,520，約 100 億種的開球方式。

　　這邊要注意約 100 億種不是開獎真正次數，裡面的內容將 {1、2、3、4、5、6} 與 {3、5、2、4、1、6} 視為不同，但我們都知道樂透開獎會按照數字順序排大小，也就是說它會將 {1、2、3、4、5、6} 與 {3、5、2、4、1、6} 視為相同，所以我們要計算出樂透的全部開獎情況，還需要除以「6!」，使得答案變成 13,983,816，所以是約

1400 萬種情形。所以想要中頭獎，就是約 1400 萬分之一的機率。

※ 同時有關不可重複使用的排列問題，還有撲克牌等等。
※ 爲什麼要除以「6!」下一小節將會再提到。

何謂「6!」，6 與驚嘆號，放一起的意思是什麼？

　　6!，唸作六階，6! 代表的是一個連續乘法，1 乘到 6 的意思，6! = $1 \times 2 \times 3 \times 4 \times 5 \times 6$

以此類推　　5! = $1 \times 2 \times 3 \times 4 \times 5$

4! = $1 \times 2 \times 3 \times 4$

3! = $1 \times 2 \times 3$

2! = 1×2

1! = 1

同時數學家規定 0! = 1，因爲可以觀察到左邊少 1，右邊就收縮一層，

可以想成

6!　　 = $1 \times 2 \times 3 \times 4 \times 5 \times 6$

6! ÷ 6 = $1 \times 2 \times 3 \times 4 \times 5$

6! ÷ 6 = 5!

以此類推

1!　　 = 1

1! ÷ 1 = 0!

類似指數律中的零次方想法。

表 1

0 0	1 0	2 0	3 0	4 0	5 0	6 0	7 0	8 0	9 0
0 1	1 1	2 1	3 1	4 1	5 1	6 1	7 1	8 1	9 1
0 2	1 2	2 2	3 2	4 2	5 2	6 2	7 2	8 2	9 2
0 3	1 3	2 3	3 3	4 3	5 3	6 3	7 3	8 3	9 3
0 4	1 4	2 4	3 4	4 4	5 4	6 4	7 4	8 4	9 4
0 5	1 5	2 5	3 5	4 5	5 5	6 5	7 5	8 5	9 5
0 6	1 6	2 6	3 6	4 6	5 6	6 6	7 6	8 6	9 6
0 7	1 7	2 7	3 7	4 7	5 7	6 7	7 7	8 7	9 7
0 8	1 8	2 8	3 8	4 8	5 8	6 8	7 8	8 8	9 8
0 9	1 9	2 9	3 9	4 9	5 9	6 9	7 9	8 9	9 9

2-30 **排列與組合** (2)

　　排列組合跟統計有什麼關係，我們在討論統計的二項分布時，會利用排列組合的計算：$C_n^m = \dfrac{m!}{(m-n)!n!}$，所以我們有必要先了解到計算的小工具。已經了解到在計算樂透的開獎組合數量約 1400 萬，但為什麼要除以「6!」？

　　舉一個簡單案例，字母為 abcd 的球，4 球取 3 球，球排列方式為 $4×3×2$，列出全部來看，見表 1。我們可以發現其實如果只看字母的組合的話其實只有 abc、abd、acd、bcd。如果要將排列數變組合數，要將「排列數」除以「取球數量的階乘」：$\dfrac{4×3×2}{3!} = 4$。

　　同理字母為 abcd 的球，4 球取 2 球，球排列方式為 $4×3$，列出全部來看，表 2。我們可以發現其實如果只看字母的組合的話其實只有 ab、ac、ad、bc、bd、cd。如果要將排列數變組合數，要將「排列數」除以「取球數量的階乘」：$\dfrac{4×3}{2!} = 6$。

> 所以可知：組合數＝排列數 ÷ 抓球數量的階乘
> 　　　　　排列數＝組合數 × 抓球數量的階乘

　　而樂透是 49 球取 6 球，開獎是組合數，所以開獎結果是 $\dfrac{49×48×47×46×45×44}{6!} \approx$ 1400 萬種。為了方便起見，必須將排列數與組合數定義一個符號。

排列 P

　　要考量順序，稱為排列，給它的符號為 P，取自於英文的 Permutation 縮寫。舉例：{1,2,3}、{3,2,1} 是不同順序。接著認識排列 P 的記法與計算方式：

例題：0 到 9 共十個數字，抓三個求排列數，其排列數為 $10×9×8$，記作 P_3^{10}。

　　推廣為 m 個數字，抓 n 個排列，其排列數為 $\underbrace{\dfrac{m×(m-1)×(m-2)×\cdots×(m-n+1)}{}}_{n\,個}$，記作 P_n^m。但這公式在利用上，不好使用，所以利用階乘將它簡化

$$
\begin{aligned}
P_n^m &= m×(m-1)×(m-2)×\cdots×(m-n+1) \\
&= \frac{m×(m-1)×(m-2)×\cdots×(m-n+1)}{1} × \frac{(m-n)×(m-n-1)×\cdots×2×1}{(m-n)×(m-n-1)×\cdots×2×1} \\
&= \frac{m!}{(m-n)!}
\end{aligned}
$$

　　變成一個容易去作算式與算式之間的推導的公式。所以排列 P 的公式為

$$P_n^m = \frac{m!}{(m-n)!}$$

利用公式計算，0 到 9 共十個數字，抓三個排列，可得到相同的答案。

$$P_3^{10} = \frac{10!}{(10-3)!} = \frac{10!}{7!} = \frac{10 \times 9 \times 8 \times \overline{7 \times 6 \times \cdots \times 1}}{\overline{7 \times 6 \times \cdots \times 1}} = 10 \times 9 \times 8 = 720$$

組合 C

不管順序，稱爲組合，給他的代號爲 C，取自於英文的 Combination 縮寫。

舉例：{1,2,3}、{3,2,1} 是同一種組合。接著認識組合 C 的記法與計算方式：

例題：0 到 9 共十個數字，抓三個求組合數，其組合數爲 $\dfrac{10 \times 9 \times 8}{3 \times 2 \times 1}$，記作 C_3^{10}。

推廣爲 m 個數字，抓 n 個排列，其排列數爲 $\dfrac{\overbrace{m \times (m-1) \times (m-2) \times \cdots \times (m-n+1)}^{n\,個}}{\underbrace{n \times (n-1) \times (n-2) \times \cdots \times 1}_{n\,個}}$，記

作 C_n^m。但這公式在利用上，不好使用，所以利用階乘將它簡化

$$\begin{aligned}
C_n^m &= \frac{m \times (m-1) \times (m-2) \times \cdots \times (m-n+1)}{n \times (n-1) \times (n-2) \times \cdots \times 1} \\
&= \frac{m \times (m-1) \times (m-2) \times \cdots \times (m-n+1)}{n \times (n-1) \times (n-2) \times \cdots \times 1} \times \frac{(m-n) \times (m-n-1) \times \cdots \times 2 \times 1}{(m-n) \times (m-n-1) \times \cdots \times 2 \times 1} \\
&= \frac{m!}{(m-n)!\,n!}
\end{aligned}$$

變成一個容易去作算式與算式之間的推導的公式。所以組合 C 的公式爲

$$\boxed{C_n^m = \frac{m!}{(m-n)!\,n!}}$$

利用公式計算，0 到 9 共十個數字，抓三個求組合數，可得到相同的答案。

$$C_3^{10} = \frac{10!}{(10-3)!3!} = \frac{10!}{7!3!} = \frac{10 \times 9 \times 8 \times \overline{7 \times 6 \times \cdots \times 1}}{(\overline{7 \times 6 \times \cdots \times 1}) \times (3 \times 2 \times 1)} = \frac{10 \times 9 \times 8}{3 \times 2 \times 1} = 120$$

當我們認識排列組合的計算後，在統計上遇到 C_n^m 及階乘「n!」才不會感到太陌生。

表 1

abc	bac	cab	dac
abd	bad	cad	dab
acb	bca	cba	dba
acd	bcd	cbd	dbc
adb	bda	cda	dca
adc	bdc	cdb	dcb

表 2

ab	ba	ca	da
ac	bc	cb	db
ad	bd	cd	dc

2-31 核電真的安全嗎？保險費怎麼來？

　　我們有各式各樣的保險費，如：健保、勞保、意外險。而這些費用是如何出來的，這些費用就是以統計中的期望值而來。例如：一年一期的意外險賠償 100 萬元，統計資料顯示出意外的機率為 0.1%，則保險公司每一份保單的最低應該大於多少才不會虧損？最低要是 100 萬 ×0.1% = 1000，所以要收 1000 以上，保險公司才不會賠本。而**價值乘以機率**，就是統計中的期望值概念。

　　保險到底值不值得去保，這是一個令人去思考的問題。主要問題有兩個，保險的期間，這個保險公司會不會倒閉。第二個是值不值得這麼高額的保險。第一個問題是自己要夠聰明不要選到不好的，但更多時後是政府強迫的，但政府的財政危機令人擔憂勞保或是健保的永續性。第二個問題我們可以參考歷史有名的「帕斯卡賭注」（Pascal's Wager），帕斯卡思考「上帝存在」和「上帝不存在」。說了以下這一段話。

　　「究竟上帝存不存在？我們應該怎麼做？在這裡無法用理性判斷。有一個無限的混沌世界將我們分隔。在無窮遠處，投擲錢幣的遊戲最後將開出正面還是反面，你會是哪一面？當你必須做出選擇時，就要兩害取其輕。讓我們衡量上帝存在的得與失，思考兩者機率的大小。如果你贏了，贏得一切；如果輸了，也沒什麼損失。那麼不必猶豫，就賭上帝存在吧！既然贏與輸有相同的風險，贏的機會相較於有限的失敗機會，贏了可以獲得無窮的快樂生活，但你所押的賭注是有限的。」

　　原文 "God is, or He is not." But to which side shall we incline? Reason can decide nothing here. There is an infinite chaos which separated us. A game is being played at the extremity of this infinite distance where heads or tails will turn up. What will you wager? Since you must choose, let us see which interests you least . Let us weigh the gain and the loss in wagering that God is. Let us estimate these two chances. If you gain, you gain all; if you lose, you lose nothing. Wager, then, without hesitation that He is. Since there is an equal risk of gain and of loss ,But there is here an infinity of an infinitely happy life to gain, a chance of gain against a finite number of chances of loss, and what you stake is finite.

　　這是巴斯卡在《沉思錄》（Pensée）中的論述。巴斯卡知道機率乘以報酬成為期望值報酬，他將數學想法發揮在信仰上帝的問題上。其意義是，相信上帝存在將得到無窮的美好生活。你賭上帝存在。以期望值來看，如果贏了，你所得到的是無窮的一半，如果輸了，你所損失的是一個有限賭注的一半，兩者合併起來，期望值仍是無限大，那麼何不就相信呢。

什麼是期望值？

　　期望值其實就是平均。我們以例題來說明可以快速的理解。有 6 個球，1 號球一個、2 號球兩個、3 號球三個，抽到 1 號給 6 元，2 號給 12 元，3 號給 18 元。那麼平均抽一次會拿到多少錢？假設抽 6 次，取後放回情形，1 號、2 號、2 號、3 號、3 號、

3 號，就是每個球都抽出來，每個球機率都一樣的情形。

平均抽一次獲得的錢：$(6 + 12 + 12 + 18 + 18 + 18) \div 6 = 14$。

以分數方式思考：

$$\frac{6+12+12+18+18+18}{6} = \frac{6}{6} + \frac{12+12}{6} + \frac{18+18+18}{6} = 6 \times \frac{1}{6} + 12 \times \frac{2}{6} + 18 \times \frac{3}{6}$$

分數就是該球的機率，期望值就是該球的價值乘上該球的機率，所以期望值就是平均。那麼既然平均的彩金是 14 元，那麼主辦方只要將彩券金額設定在 14 元以上就不會賠錢。

以期望值方式來計算保險理賠。一年一期的意外險賠償 100 萬元，統計資料顯示出意外的機率為 0.1%，則保險公司每一份保單的最低應該大於多少才不會虧損？參考表 1

保險公司對於保險費的期望值至少要是 0，才不會賠錢，

$$期望值 \geq 0$$
$$99.9\%x + 0.1\%(x - 100\ 萬) \geq 0$$
$$99.9\%x + 0.1\%x - 0.1\% \times 100\ 萬 \geq 0$$
$$x \geq 0.1\% \times 100\ 萬$$
$$x \geq 1000$$

所以保險費＝賠償金額 × 意外的機率，而超過的部分就是保險公司的利潤。當我們了解期望值與保險費用的計算原理後，就可以知道你買的保險其中有多少是被保險業抽走當利潤。

核四的安全性

在台灣贊同蓋核四的官員有著荒謬的言論，核電發生災害會死很多人，但機率低，所以很安全。我們來思考此問題要看期望值還是看機率，機率很低，假設是 0.001%，但是發生問題卻是近半個台灣受災，至少 500 萬人死亡，期望值是 500 萬 ×0.001%=500，並且不只是這一代的人受影響，還有下一代。所以我們還可以認為核四安全嗎？可以用一個簡單例子來反駁這段話。被雷打到會死，但只有 1 個人，並且發生被雷打到的機率更低，假設是 0.0001%，所以期望值 $1 \times 0.0001\% = 0.000001$ 小於 1。但大家會認為打雷時外出是不安全。那核電相較打雷產生的死亡更多、機率更大，期望值更大，為什麼認為核四安全？所以我們要知道核四的安全性不是看機率而是看期望值。

表 1

	保險公司得到的金額金額	機率	期望值
沒發生意外	x	99.9%	$99.9\%x$
有發生意外	x － 100 萬	0.1%	$0.1\% (x - 100\ 萬)$

2-32 **樂透 1：各獎項的機率為多少**

　　大樂透是一個合法行為，以 50 元買彩券（見圖 1）來博得大大的彩金，大樂透必須從 01～49 中任選 6 個號碼進行投注。開獎時，開獎單位將隨機開出六個號碼加一個特別號，這一組號碼就是該期大樂透的中獎號碼。

　　而此七個號碼將會有不同組合作為獎項，見表 1。

　　但我們都知道樂透很難中獎，那到底有多難呢？各獎項機率是多少？先計算 49 球中任選 6 球有幾種組合，$C_6^{49} = \dfrac{49 \times 48 \times 47 \times 46 \times 45 \times 44}{6 \times 5 \times 4 \times 3 \times 2 \times 1} = 13,983,816$，約 1400 萬種組合。

・頭獎：很明顯的頭獎只有 1 種組合，所以機率為 $1 \div 13983816 = 0.00000715\%$。

・貳獎：從開出的 6 球選 5 球是 C_5^6，配特別號是 1，所以次數為 $C_5^6 \times 1 = 6$，機率為 $6 \div 13983816 = 0.00004290\%$。

・參獎：從開出的 6 球選 5 球是 C_5^6，配一個沒中的號碼是 C_1^{42}，所以次數為 $C_5^6 \times C_1^{42} = 252$，機率為 $252 \div 13983816 = 0.00180208\%$。

・肆獎：從開出的 6 球選 4 球是 C_4^6，配特別號是 1，配一個沒中的號碼是 C_1^{42}，所以次數為 $C_4^6 \times 1 \times C_1^{42} = 630$，機率為 $630 \div 13983816 = 0.00450520\%$。

・伍獎：從開出的 6 球選 4 球是 C_4^6，配兩個沒中的號碼是 C_2^{42}，所以次數為 $C_4^6 \times C_2^{42} = 12915$，機率為 $12915 \div 13983816 = 0.09235676\%$。

・陸獎：從開出的 6 球選 3 球是 C_3^6，配特別號是 1，配兩個沒中的號碼是 C_2^{42}，所以次數為 $C_3^6 \times 1 \times C_2^{42} = 12770$，機率為 $12770 \div 13983816 = 0.09131985\%$。

・普獎：從開出的 6 球選 3 球是 C_3^6，配三個沒中的號碼是 C_3^{42}，所以次數為 $C_3^6 \times C_3^{42} = 229600$，機率為 $229600 \div 13983816 = 1.64189803\%$。

・柒獎：從開出的 6 球選 2 球是 C_2^6，配特別號是 1，配三個沒中的號碼是 C_3^{42}，$C_2^6 \times 1 \times C_3^{42} = 172200$，機率為 $172200 \div 13983816 = 1.23142352\%$。

・會中獎的機率為上述總合，所以中獎機率為 3.06335552%

・沒中獎的機率為 100% 減掉上述，所以沒中獎機率為 96.93664447%

參考連結：http://www.taiwanlottery.com.tw/Lotto649/index.asp

　　在先前小節已經認識期望值，那麼在機率這麼低的情況下，以前常聽到有人包牌（包牌：所有組合都買），那麼包牌的期望值各是怎麼樣。已知各獎項的獎金配額，見表 2。

　　假設彩金是 10 億，則頭獎 73% 是 7 億 3 千萬分給 1 組號碼，

　　則貳獎 6% 是 6 千萬分給 6 組號碼，也就是每組號碼得 1 千萬元；

　　參獎 6% 是 6 千萬分給 252 組號碼，也就是每組號碼得 23 萬 8095 元；

　　肆獎 4% 是 4 千萬分給 630 組號碼，也就是每組號碼得 6 萬 3492 元；

　　伍獎 11% 是 1 億 1 千萬分給 12915 組號碼，也就是每組號碼得 8517 元。

　　陸獎 1,000 有 12770 組號碼；柒獎 400 有 229600 組號碼；普獎 400 有 172200 組號碼。

1. 如果全部的牌都買，總期望值為何？

樂透全ных 13983816 組牌，成本為 13983816×50 = 6 億 9919 萬 8 百，
囊括前五獎項 10 億元＋陸獎 1277 萬＋柒獎 9184 萬＋普獎 6888 萬 = 11 億 7349 萬，
全買可賺得約 4.74 億元，但前提是沒人跟你搶頭獎，以及要拿出一大筆資金。

2. 如果集資 1 億元，總期望值為何？

1 億元就是 200 萬組，頭獎機率為 0.00000715%×200 萬 = 14.3%，
頭獎期望值為 7 億 3 千萬 ×14.3% = 1 億 439 萬，
貳獎機率 0.0000429%×200 萬 = 85.8%，貳獎期望值：6 千萬 ×85.8% = 858 萬，
參獎機率 0.00180208%×200 萬 = 3604%，參獎期望值：23 萬 8×3604% = 857 萬，
肆獎機率 0.00450520%×200 萬 = 9010%，肆獎期望值：63492×9010% = 572 萬，
伍獎機率 0.09235676%×200 萬 = 184713%，伍獎期望值：8517×184713% = 1573 萬，
陸獎機率 0.09131985%×200 萬 = 182640%，陸獎期望值：1000×182640% = 182 萬，
柒獎機率 1.23142352%×200 萬 = 2462847%，柒獎期望值：400×2462847% = 985 萬，
普獎機率 1.64189803%×200 萬 = 3283796%，普獎期望值：400×3283796% = 1313 萬，
　　所以總期望值為 1 億 6779 萬。但前提是沒人跟你搶頭獎，或是 14.3% 的頭獎機率
有中，不然幾乎沒利潤，以及要拿出一大筆資金。

3. 如果集資 1000 萬元，總期望值為何？

　　同樣的算法，各獎項期望值加總後約為 1 億 521 萬，但前提是沒人跟你搶頭獎，或
是 7.15% 的頭獎機率有中，不然幾乎沒利潤，以及要拿出一大筆資金。

4. 如果集資 100 萬元，總期望值為何？

　　同樣的算法，各獎項期望值加總後約為 1052 萬，但前提是沒人跟你搶頭獎，或是
3.075% 的頭獎機率有中，不然幾乎沒利潤，以及要拿出一大筆資金。

圖 1：彩券示意圖，一
　　　券在手，希望無
　　　窮，但機率很低。

表 1

中獎方式	中獎方式圖示	獎項
當期六個獎號完全相同者	⚫⚫⚫⚫⚫⚫	頭獎
當期獎號之任五碼＋特別號	⚫⚫⚫⚫⚫🔘	貳獎
當期獎號之任五碼	⚫⚫⚫⚫⚫	參獎
當期獎號之任四碼＋特別號	⚫⚫⚫⚫🔘	肆獎
當期獎號之任四碼	⚫⚫⚫⚫	伍獎
當期獎號之任三碼＋特別號	⚫⚫⚫🔘	陸獎 NT$1,000
當期獎號之任三碼	⚫⚫⚫	普獎 NT$400
當期獎號之任兩碼＋特別號	⚫⚫🔘	柒獎 NT$400

表 2

獎項	頭獎	貳獎	參獎	肆獎	伍獎	合計
獎金分配比率	73%	6%	6%	4%	11%	100%

2-33 樂透2：多久會開出一次頭獎

　　可以發現在台灣開出頭獎的頻率似乎蠻高的，每過 10 到 30 期之間就會開出一次，但眞的有這麼容易開出頭獎嗎？假設每人買一張，中頭獎機率爲 a%。

- ・一人中頭獎機率爲 10%，也就是 100%－(a%)，可參考樹狀圖，見圖 1。
- ・兩人至少一人中頭獎機率爲 100% 減去都沒中獎情形，也就是 100%－(a%)^2，可參考樹狀圖，見圖 2。
- ・三人至少一人中頭獎機率爲 100% 減去都沒中獎情形，也就是 100%－(a%)^3，可參考樹狀圖，見圖 3。
- ・n 人至少一人中頭獎機率爲 100% 減去都沒中獎情形，也就是 100%－(a%)^n。
- ・要計算幾人至少有一人中樂透頭獎機率，爲 100%－(樂透不中獎機率)^n。

　　已知樂透頭獎的機率爲 1 ÷ 13983816 = 0.00000715%。樂透不中獎機率爲 99.99999285%，n 人至少有一人中頭獎機率爲 100% 減去都沒中獎情形，也就是 100%－(99.99999285%)n。我們先以簡單的情形推論，假設以每次彩金累積到達 2 億計算，代表每次都會賣出 400 萬張彩券，假設一人買一張，所以一期的至少一人中獎機率爲 100%－(99.99999285%)^{4000000} = 24.87%。

　　註：目前每期銷售的金額在 1～3 億之間，相當於 200 萬張到 600 萬張。

　　同理 n 期至少一期開出頭獎機率爲 100% 減去都沒開出頭獎情形，也就是 100%－(100%－24.87%)^n，可參考樹狀圖，見圖 4。

　　以下列出表格觀察各期數至少有一期開出頭獎的機率，見表 1。

　　由表可以發現，如果每次都賣 200 萬張，10 期中至少有一期開出頭獎機率高達 76.0%；30 期中至少有一期開出頭獎機率高達 98.6%。而如果每次都賣 400 萬張，10 期中至少有一期開出頭獎機率高達 94.2%；30 期中至少有一期開出頭獎機率高達 99.9%。所以如果彩券每期賣的數量在 200～400 萬張間，10～30 期開出頭獎的機率在 51～98% 之間。如果眞實生活每過 10 到 30 期之間就會開出一次頭獎是可被接受的。

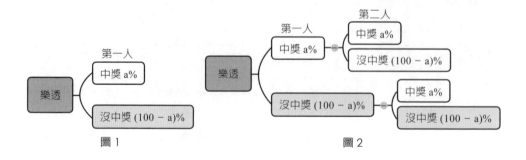

圖 1　　　　　　　　　　　　　　　　圖 2

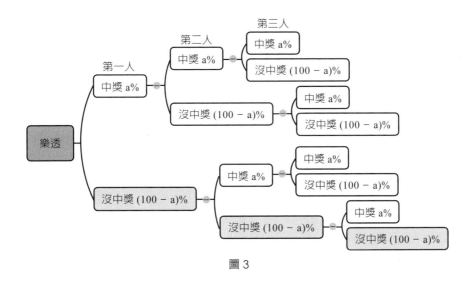

圖 3

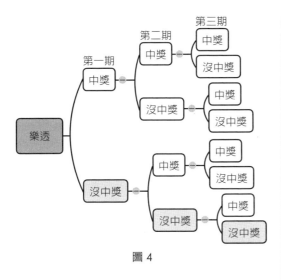

圖 4

表 1

期數	每期賣 200 萬張，至少有一期開出頭獎	每期賣 400 萬張，至少有一期開出頭獎
1	13.32%	24.87%
2	24.87%	43.56%
3	34.88%	57.60%
4	43.56%	68.15%
5	51.08%	76.07%
6	57.59%	82.02%
7	63.24%	86.49%
8	68.14%	89.85%
9	72.39%	92.38%
10	76.06%	94.27%
15	88.29%	98.63%
20	94.27%	99.67%
25	97.19%	99.92%
30	98.62%	99.98%

2-34 撲克牌遊戲中，梭哈的牌面大小

　　撲克牌中梭哈，為什麼葫蘆（三條加一對，如：AAKKK）比順子（如：34567）大？這跟生活一樣，愈稀少的東西愈珍貴，愈難出現的牌組，牌面就該比較大。各牌面請參考圖1，比較令人納悶的是順子跟葫蘆的機率到底差多少？

　　1. 葫蘆（Full house）的數量，先決定三條是哪一個號碼是 C_1^{13}，4 個花色中要選 3 個花色 C_3^4；再來是一對從剩的號碼選是 C_1^{12}，4 個花色中要選 2 個花色 C_2^4；所以葫蘆的數量是 $C_1^{13}C_3^4C_1^{12}C_2^4 = 13 \times \dfrac{4!}{(4-3)!3!} \times 12 \times \dfrac{4!}{(4-2)!2!} = 13 \times 4 \times 12 \times 6 = 3744$

　　2. 順子的數量，A2345、23456～10JQKA，一共有 10 組，每張牌都有 4 個花色可以隨便搭配，所以是 $4 \times 4 \times 4 \times 4 \times 4$，但 4 個花色會有 4 組同花順，所以每一組都要再減 4。所以順子（不含同花順）的數量是，每一組有 $4 \times 4 \times 4 \times 4 \times 4 - 4$ 的順子，一共有 10 組，所以是 $10 \times (4 \times 4 \times 4 \times 4 \times 4 - 4) = 10 \times (1024 - 4) = 10 \times 1020 = 10200$。

　　所以「順子的數量」約為「葫蘆的數量」的 2.72 倍，所以葫蘆比順子少，所以葫蘆牌面比較大。

　　我們也可以用機率的方法來說明，各情況除以全部情形。

　　1. 全部情形為 52 張取 5 張 $= C_5^{52} = 2,598,960$，計算該牌面的機率。

　　2. 葫蘆的機率為 $3744 \div 2,598,960 = \dfrac{3744}{2598960} = 0.14\%$。

　　3. 順子的機率為 $10200 \div 2,598,960 = \dfrac{3744}{2598960} = 0.39\%$。

　　所以順子機率比葫蘆大，故順子比葫蘆小。生活中還有很多類似的遊戲，機率一樣可以經由計算去算出來。

補充說明：

　　為什麼三條加一對稱為葫蘆，這其實是音譯，原本應該念作 Full House，那為什麼稱做 Full House，因為 AAKKK，好比 2 個大人 3 個小孩。

各種牌面的次數與機率

　　1. 無（Zilch、No Pair）：次數：總數減掉下列 = 1,302,540，機率為 50.12%。

　　2. 一對 (One Pair)：先決定一對是哪一個號碼是 C_1^{13}，4 個花色中要選 2 個花色 C_2^4；再從剩的號碼選 3 個是 C_3^{12}，這三張各有 4 個花色是 4^3；所以一對的數量是 $C_1^{13}C_2^4C_3^{12}4^3 = 1,098,240$，次數：1,098,240，機率為 42.26%。

　　3. 兩對（Two Pairs）：先決定兩對是哪兩個號碼是 C_2^{13}，兩個號碼都 4 個花色中要選 2 個花色 $C_2^4C_2^4$；再從剩的號碼選 1 個是 C_1^{11}，這張有 4 個花色是 4；所以兩對的數量是 $C_2^{13}C_2^4C_2^4C_1^{11} \times 4 = 123,552$，次數：123,552，機率為 4.75%。

　　4. 三條（Three of A Kind）：先決定三條是哪一個號碼是 C_1^{13}，4 個花色中要選 3 個花色 C_3^4；再從剩的號碼選 2 個是 C_2^{12}，這兩張各有 4 個花色是 4^2；所以三條的數量是 $C_1^{13}C_3^4C_2^{12}4^2 = 54,912$，次數：54,912，機率為 2.11%。

　　5. 順子（Straight）：次數：10,200，機率為 0.392%。

6. **同花（Flush）**：先決定同花是 4 個花色中哪個花色是 C_1^4，該花色 13 張選 5 張 C_5^{13}，所以同花的數量是 $C_1^4 C_5^{13} = 5,418$，次數：5,108，機率爲 0.197%。

7. **葫蘆（Full House）**：次數：3,744，機率爲 0.144%。

8. **四枚、四條、鐵支（Four of A Kind）**：先決定鐵支是哪個號碼是 C_1^{13}，再從剩的號碼選 1 個是 C_1^{12}，這張有 4 個花色是 4；所以鐵支的數量是 $C_1^{13} C_1^{12} \times 4 = 624$，次數：624，機率爲 0.0240%。

9. **同花順（Straight Flush）**：各花色的 A2345、23456～910JQK，4×9 = 36，次數：36，機率爲 0.00139%。

10. **同花大順（Royal Flush）**：各花色的 10JQKA，次數：4，機率爲 0.000154%。

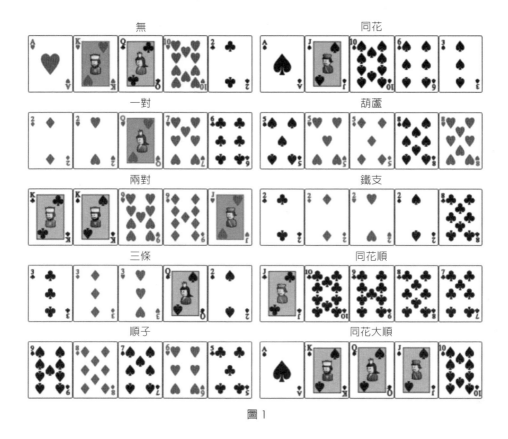

圖 1

參考連結

http://zh.wikipedia.org/wiki/%E6%92%B2%E5%85%8B%E7%89%8C%E5%9E%8B

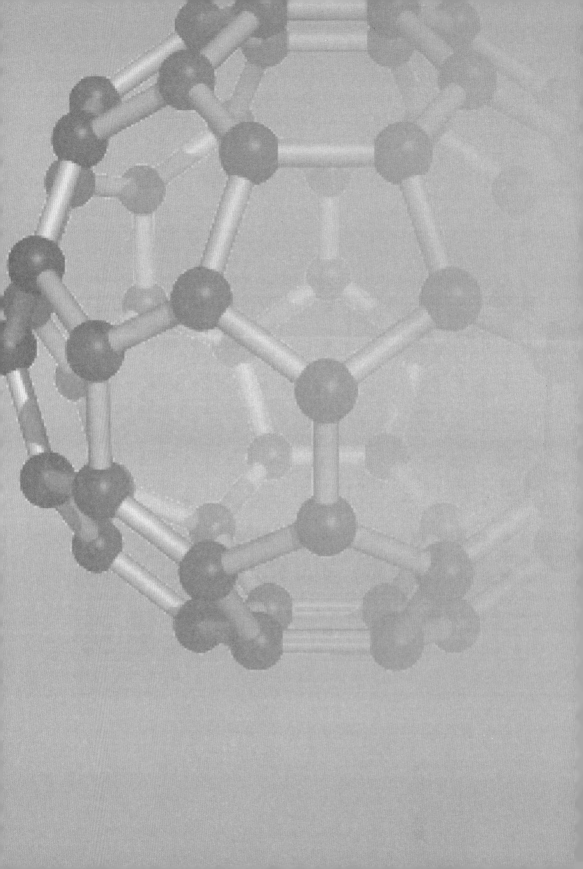

三、
推論統計

　　統計最重要的重點就是由樣本推論母體，所以本章會介紹如何估計、假設、檢定，以及認識重要的統計分布及工具，還有從數據中做出預估線，也就是迴歸線。

　　統計數據本身不會說謊，但說謊者卻需要統計數據。

格羅夫納 (C.H.Grosvenor, 1833-1917)

美國政治家

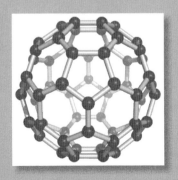

2-35 **認識二項分布、卜瓦松分布**

我們已經認識了常態分布，那麼還有哪些分布呢？統計上還常用二項分布、卜瓦松分布（Possion），而這些分布又有怎樣的特性及用在何時呢？

（一）二項分布（Binominal Probability Distribution）

二項分布是常發生的分布，主要特性是只有兩種結果，如：成功或是失敗、正面或反面。另一個特性是隨機變數來自於計算出現次數，如丟銅板 5 次，計算正面的次數，1 次的機率，2 次的機率、…、5 次的機率。

舉例：針對擲幾次銅板做正面次數的二項分布，令擲一次正面的機率為 p，而二項分布中擲 n 次銅板出現 k 次正面的機率為 $B(k) = C_k^n p^k (1-p)^{n-k}$。而期望值為 np，變異數為 $np(1-p)$。所以因此我們可以做出不同情況的二項分布的機率函數圖，見圖 1。

因此我們可以知道令擲一次正面的機率 p 為 $\frac{1}{2}$，而二項分布中擲 20 次銅板出現 15 次正面的機率為 $B(15) = C_{15}^{20} (\frac{1}{2})^{15} (1-\frac{1}{2})^{20-15} = 0.0148 = 1.48\%$。

要如何利用二項分布？舉例：已知警察抓沒繫安全帶成功的機率 10%，請問抓 100 次，抓到 5 次的機率為何？ $B(5) = C_5^{100} (0.1)^5 (1-0.1)^{100-5} = 0.02681 = 2.681\%$。

（二）卜瓦松分布（Possion Probability Distribution）

卜瓦松分布在資訊工程上常會用到的分布，用來討論特定區間內某事件初現的次數，此區間可以是時間、距離、區域、數量。如：故障率或是等待隊伍。卜瓦松分布一般人比較少用到。卜瓦松分布是指一個事件隨機發生，但只知每單位時間平均會發生 μ 次的分布，用在很少發生的時候，也就是機率 p 很小的時候。其機率函數為 $P(k) = \frac{\mu^k}{k!} e^{-\mu}$，$k$ 為單位時間發生的次數，見不同平均的機率函數圖 2。

而卜瓦松分布每單位時間平均會發生 μ 次，所以母體平均為 μ；並且很特別是卜瓦松分布的母體變異數也是 μ。

要如何利用卜瓦松分布？舉例：已知工廠麵包的出錯的情況為平均一小時 4 個麵包有問題，但這並不代表每小時都有 4 個麵包有問題，所以有可能一小時會有 1、2、3、4、… 個麵包出錯的可能。所以已知平均一小時 4 個麵包有問題，即 $\mu = 4$，$P(k) = \frac{\mu^k}{k!} e^{-\mu} \Rightarrow P(k) = \frac{4^k}{k!} e^{-4}$，所以出現一小時 3 個麵包有問題的機率為何？ $P(3) = \frac{4^3}{3!} e^{-4} = 19.54\%$，見圖 3。可以看到是 19.54%。

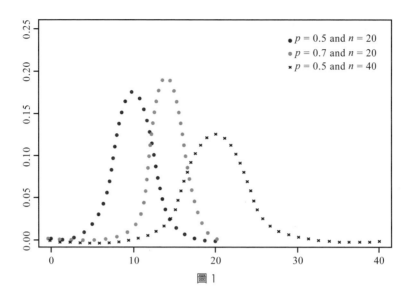

圖 1

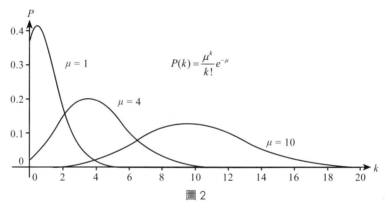

$$P(k) = \frac{\mu^k}{k!}e^{-\mu}$$

圖 2

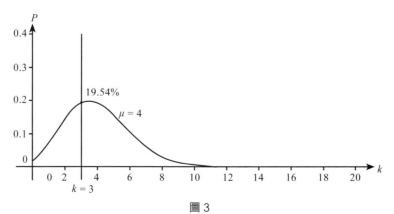

圖 3

2-36 **大數法則**

在統計學中我們會不斷的聽到常態分布（Normal Distribution）、大數法則（Law of Large Numbers）、中央極限定理（Central Limit Theorem），而這三個在統計學中占有舉足輕重的地位。而什麼是大數法則？由非常多次重複實驗結果可發現，**樣本數量愈多，則其樣本平均就愈趨近母體平均**，此意義就稱大數法則。而為什麼大自然會存在這個現象？這正是大自然奧妙的地方，不管是怎樣的情況，只要樣本數量愈多，則其樣本平均就愈趨近母體平均。見圖1，擲出骰子1000次的數字平均值，也就是樣本平均接近母體平均，母體平均：$\mu = \dfrac{1+2+3+4+5+6}{6} = 3.5$。

大數法則的重要性，在於它確定了隨機事件平均值的逼近數值。在重複試驗中發現，隨著試驗次數的增加，事件發生的機率趨於一個穩定值，見圖2，可知擲一顆骰子600次，各數字出現的機率都接近$\dfrac{1}{6} \approx 0.1667$；以及擲硬幣是正面或是反面，而機率各自是1/2，但在實驗的過程正反面比例可能在前期有很大的差異，但逐漸接近50%，見圖3，擲硬幣200次是正面的機率圖。

> 大數法則主要有兩種表現形式，弱大數法則和強大數法則，這邊不多加討論。但兩種形式的大數法則都肯定的表示，樣本的平均值$\overline{x_n} = \dfrac{x_1 + x_2 + ... + x_n}{n}$會逼近於母群體平均：$\overline{x_n} \to \mu$，當 $n \to \infty$。

結論：

大數法則是一個大自然中常常達成的狀態，但對於實際操作是一個理想狀態，因為$n \to \infty$這個要求太過嚴苛，現實上是不可能達成，我們只能取一個夠大的數量。而數量如何決定？當發現機率或平均數接近穩定時，也就是數量取夠多的時候。但實際上不一定都是這樣的方法，之後會介紹在各情況要怎樣的數量才會夠大。

由以上說明我們便可以知道大數法則的意義，在大自然中存在神奇的法則，所有事情都會符合大數法則，也就是**樣本數量愈多，且事件彼此獨立（Independent and Identical Distributed：i. i. d.），則其樣本平均就愈趨近母體期望值，也就是讓事件發生的機率趨於一個穩定值。**

補充說明：

弱大數法則（辛欽定理）（Weak Law）：

弱大數法則的意義為：樣本平均值依機率收斂於期望值。樣本的平均值$\overline{x_n} \overset{P}{\longrightarrow} \mu$，當 $n \to \infty$。也就是說對於任意正數 ε，$\lim\limits_{n \to \infty} P(|\overline{x_n} - \mu| > \varepsilon) = 0$。

強大數法則（Strong Law）：

強大數法則的意義則是說，當樣本數趨近於無限大時，樣本平均值等於母體平均數μ的機率為1，也就是樣本平均值100%會等於母體平均數μ，即$P(\lim\limits_{n \to \infty} |\overline{x_n} = \mu|) = 1$。

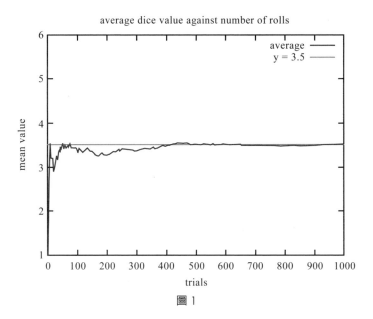

average dice value against number of rolls

圖 1

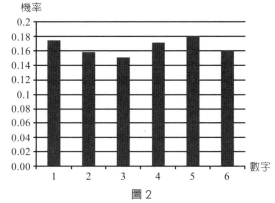

圖 2

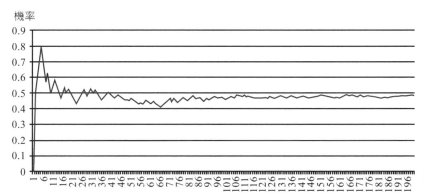

圖 3

2-37 **中央極限定理**

　　統計學家發現對於任何母體情況，取樣本數很大的隨機樣本，其樣本平均數的分布形狀將會很接近常態機率分布，而這樣的情況稱中央極限定理（Central Limit Theorem, CLT），此定理是機率論中的最重要的定理之一，此定理也是數理統計學和誤差分析的理論基礎。

中央極限定理的意涵

　　從母體隨機抽取夠大的樣本數 n，其樣本是 $x_1, x_2, ..., x_n$，其樣本平均數是 $\bar{x} = \dfrac{x_1 + x_2 + ... + x_n}{n}$，而每次隨機抽樣的 $\bar{x}$ 都會不一樣，$\bar{x}$ 會是一個隨機變數。若以 $\bar{x}$ 為橫軸，機率為縱軸，當 n 趨近無窮大，其曲線圖案會接近母體平均數為 μ、母體標準差為 σ 的常態分布。

舉例 1：丟硬幣 200 次，記錄正面機率為何，這樣為一組試驗，記錄非常多組的情況，樣本平均數就是正面的機率，參考圖 1 其樣本平均數（正面機率）與該機率的次數（組數）圖，呈現常態分布。而這試驗因為只有正面與反面，所以每一次的機率會服從二項分布，並且可發現其樣本平均數的機率函數分布圖案會接近常態分布。

舉例 2：參考圖 2，擲不同骰子數觀察數字和的分布會接近常態分布。

　　圖案說明，$n = 2$，代表 2 個骰子，該圖的縱軸為機率，橫軸為數字和。以 $n = 2$ 圖案為例，其數字和 7 的機率為 1/6。而 $n = 4$ 圖案為例，其數字和 14 的機率為 73/648。

　　同時統計學家已經證明出**從任何母體中選取特定樣本數**，其樣本平均數的分布會逼近常態分布，參考圖 3。

　　所以我們可以了解到，**當樣本數夠大時，就不需要知道母體的原始分布形狀**。也就是說，中央極限定理可以應用在所有的母體分布。而中央極限定理的特定樣本數的數量到底要多大，才會使得樣本平均數的分布接近常態分布？統計學家發現，如果母體分布對稱，只要樣本數 10 以上，就會接近常態分布；而如果母體是偏態分布，只要樣本數 30 以上，就會接近常態分布。

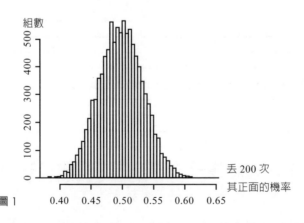

圖 1

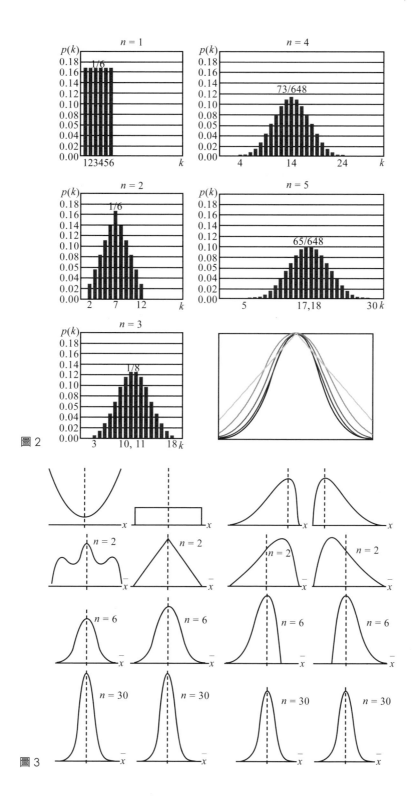

圖 2

圖 3

2-38 **中央極限定理的歷史**

　　在 1733 年中央極限定理被法國數學家隸美弗發現，他發表的論文中就已經使用常態分布去估計大量拋擲硬幣出現正面次數的分布。在 1812 年法國數學家拉普拉斯發表的巨著《Theorie Analytique des Probabilités》中也常用**中央極限定理**。拉普拉斯擴展了隸美弗的理論，並指出二項分布逼近常態分布。但隸美弗與拉普拉斯發現的**中央極限定理**，並沒引起大家的反應。直到 19 世紀末中央極限定理的重要性才被世人所知。到 1901 年俄國數學家**里雅普諾夫**（Aleksandr Mikhailovich Lyapunov）用隨機變量定義中央極限定理，使得容易被人所理解。至今中央極限定理被認為是機率論中的最重要的定理之一。

　　隸美弗－拉普拉斯（de Movire - Laplace）定理是中央極限定理的最初版本。發現數量 n、機率 p 的二項分布，當數量夠多時，分布會逼近常態分布，並會得到平均值 = np、及變異數 = $np(1-p)$、標準差為 $\sqrt{np(1-p)}$，證明見註解。

　　同時白努利也提出了實驗的方法，其中可以參考高爾頓板了解實驗模型，高爾頓板類似彈珠檯。如果將小球碰到釘子視為一次選擇左右，左或右的機率都是 1/2，即 $p = 1/2$ 的一次白努利試驗。小球從頂端到底層共需要經過 n 排釘子，相當於一個 n 次白努利試驗。小球的高度曲線也就可以看作二項分布隨機變量的機率密度函數。因此高密頓板小球累積高度曲線可解釋中央極限定理為什麼是常態分布的鐘形曲線，見圖1。

　　由以上的說明，我們就可以了解中央極限定理的意義，及中央極限定理與常態分布的關係。

註解：

　　令成功機率為 p，失敗機率為 $q = 1 - p$，而白努利進行 n 次的二項試驗，若隨機變數 X 為 n 次試驗中成功的次數，則隨機變數 X 的期望值為 $\mu = E(x) = np$。

　　證明：

$$E(x) = \sum_{k=0}^{n} k \times f(k) = \sum_{k=0}^{n} k \times C_k^n p^k q^{n-k} = \sum_{k=0}^{n} k \times \frac{n!}{k!(n-k)!} \times p^k q^{n-k}$$

$$= \sum_{k=0}^{n} k \times \frac{n!}{k \times (k-1)!(n-k)!} \times p^k q^{n-k} = \sum_{k=0}^{n} \frac{n \times (n-1)!}{(k-1)!(n-k)!} \times p^k q^{n-k}$$

$$= np \sum_{k=0}^{n} \frac{(n-1)!}{(k-1)!(n-k)!} \times p^{k-1} q^{n-k} = np \sum_{k=0}^{n} C_k^{n-1} \frac{(n-1)!}{(k-1)!(n-k)!} \times p^{k-1} q^{n-k}$$

$$= np(p+q)^{n-1}$$

因 $q = 1 - p$，所以 $p + q = 1$，故 $E(x) = np(1)^{n-1} = np$

隨機變數 X 的變異數為 $\text{Var}(x) = np(1 - p)$

證明：

第一步：$Var(x) = E[(x-\mu)^2] = E[(x-\mu)^2]$

$\qquad\qquad = E[x^2 - 2\mu x + \mu^2] = E(x^2) - 2\mu E(x) + E(\mu^2)$

$\qquad\qquad = E(x^2) - 2\mu \times \mu + \mu^2 = E(x^2) - \mu^2$

第二步：$E(x^2) = \sum\limits_{k=0}^{n} k^2 \times C_k^n p^k q^{n-k} = \sum\limits_{k=0}^{n} k \times C_k^n p^k q^{n-k} + \sum\limits_{k=0}^{n} (k^2-k) \times C_k^n p^k q^{n-k}$

$\qquad$ 已知$E(x) = \sum\limits_{k=0}^{n} k \times C_k^n p^k q^{n-k} = np$

$\qquad\qquad = np + \sum\limits_{k=0}^{n} k(k-1) \times C_k^n p^k q^{n-k}$

$\qquad\qquad = np + \sum\limits_{k=0}^{n} k(k-1) \times \dfrac{n!}{k!(n-k)!} p^k q^{n-k}$

$\qquad\qquad = np + \sum\limits_{k=0}^{n} k(k-1) \times \dfrac{n(n-1) \times (n-2)!}{k(k-1) \times (k-2)!(n-k)!} p^k q^{n-k}$

$\qquad\qquad = np + n(n-1) \sum\limits_{k=0}^{n} \dfrac{(n-2)!}{(k-2)!(n-k)!} p^k q^{n-k}$

$\qquad\qquad = np + n(n-1)p^2 \sum\limits_{k=0}^{n} \dfrac{(n-2)!}{(k-2)!(n-k)!} p^{k-2} q^{n-k}$

$\qquad\qquad = np + n(n-1)p^2 (p+q)^{n-2} = np + n(n-1)p^2 (1)^{n-2}$

$\qquad\qquad = np + n^2 p^2 - np^2$

第三步：$Var(x) = E(x^2) - \mu^2 = np + n^2 p^2 - np^2 - (np)^2 = np - np^2 = np(1-p)$

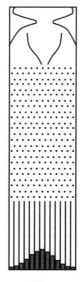

圖 1

2-39 標準化

回顧之前說明的敘述統計中的常態分布，見圖 1。已知常態分布與標準差的關係，是具有 68-95-99.7 的比例關係，見圖 2。在數學上標準化是計算出數據與平均的差距幾個標準差，有助於判斷數據在整體統計量的位置，也有助於判斷分散程度。見圖 3。同時標準化是基本統計中都會用到的方法。標準化分兩種：

1. 母體標準化：$z = \dfrac{x_i - \mu}{\sigma}$。標準化的數據又稱標準分數（Standard Score），又稱 z 分數（z-score），其中 μ 是母體平均數，σ 是母體標準差。在常態分布時，標準化有助於判斷位置，見圖 3。

• 樣本平均數的標準化：$z = \dfrac{\bar{x} - \mu}{\sigma / \sqrt{n}}$。在先前已知以樣本平均數 $\bar{x}$ 為隨機變數的分布是常態分布，其推導的母體標準差為 $\dfrac{\sigma}{\sqrt{n}}$，根據中央極限定理樣本平均會等於母體平均，及樣本平均數的抽樣分布會接近常態分布。所以可以把樣本平均數的數據代入母體標準化 $z = \dfrac{x_i - \mu}{\sigma} \Rightarrow z = \dfrac{\bar{x} - \mu}{\sigma / \sqrt{n}}$。

2. 樣本標準化：$t = \dfrac{x_i - \bar{x}}{s}$。其中 $\bar{x}$ 是樣本平均數，s 是樣本標準差 $s = \sqrt{\dfrac{\sum\limits_{i=1}^{n}(x_i - \bar{x})^2}{n-1}}$。

但樣本不一定會接近常態分布，所以會用 t 分布，並參考樣本數，來決定使用哪一張 t 分布，再由該圖來判斷標準化後的位置。以下是不同數量時的 t 分布與常態分布的比較。並可發現當數量變大時，t 分布也會接近標準常態分布。所以在不同情況時，不可混用，以免母體與樣本搞混而導致得到錯誤的統計數值。

我們可以發現樣本標準差用 $n - 1$ 是因與自由度有關，如果不用 $n - 1$ 而用 n，在 n 值很小的時候容易產生誤差。所以有時在醫療統計上的實驗，因為 n 太小（如：開刀數量），都會用到 t 分布，而不用常態分布。

如何利用標準化判斷位置

全校 1000 人，該次期中考英文平均 75 分，標準差 5 分，紹華考 80 分；期末考英文平均 80 分，標準差 2 分，紹華考 84 分，假設兩次數據分布都接近常態分布，請問紹華期末考在全校排名進步還是退步？

假設數據分布都接近常態分布，故用常態分布的圖來判斷落在哪位置。將期中考成績標準化，可得到 $z = \dfrac{80-75}{5} = 1$，也就是成績距離平均 1 個標準差；將期末考成績標準化，可得到 $z = \dfrac{84-80}{2} = 2$，也就是成績距離平均 2 個標準差，所以校排名進步了。以圖案來看就是第一次是 50% + 34% = 84% 的位置，第二次就到了 50% + 47.5% = 97.5% 的位置，圖 4。

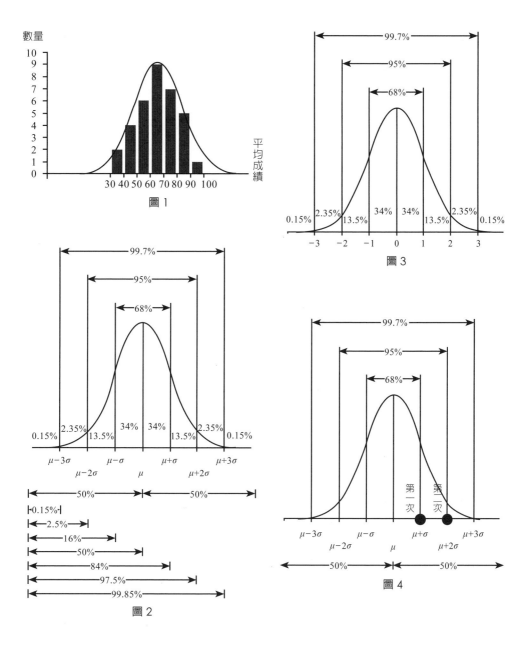

圖1

圖2

圖3

圖4

2-40 常態分布的歷史與標準常態分布

在前面的小節認識到常態分布，而常態分布到底是怎麼被發現的？先認識常態分布的方程式：$f(x) = \dfrac{e^{\frac{(x-\mu)^2}{2}}}{\sigma\sqrt{2\pi}}$、或是說 $f(x) = \dfrac{e^{\frac{x^2}{2}}}{\sqrt{2\pi}}$？一般來說二項分布 $B(k) = C_k^n p^k (1-p)^{n-k}$ 的由來比較好理解，直接從圖案上來觀察就可以發現二項分布的圖案，見圖 1。而此圖我們知道當 n 夠大時（$n = 40$，圓點），會逼近常態分布。

但對於不同國家的數學家，推導出常態分布的方法及原因不盡相同。在 17 世紀伽利略指出天文觀測取得的數據，因為不完美的儀器和不完美的觀察員導致發生誤差，但他也發現這些誤差是對稱的，出現的小誤差多於較大的誤差。導致他做出幾種假設的誤差分布。最後在 1809 年高斯制定了誤差分布的函數，表明誤差的產生情況會符合現在的所稱的常態分布。而此分布在工程上被稱為 Gaussian Noise（或 Gaussian Function），用來處理通訊中產生的雜訊，因為雜訊會呈現常態分布。

而到底如何找出誤差的分布，比如說：一支筆作成 17 公分，但不同人去量會有不同長度，如 17.10、16.98、17.03、…、16.85，反覆做五百次後，可以發現點分布在某個曲線附近，見圖 2。

而高斯經常測量天文，它對這樣的曲線相當有感覺，直覺上就是與此函數 $f(x) = a^{-x^2}$ 有關，最後為了配合不同數據的平均與標準差，以及讓形狀更貼近數據，所以最後得到 $f(x) = \dfrac{e^{\frac{(x-\mu)^2}{2}}}{\sigma\sqrt{2\pi}}$ 的形式。而這種常態分布記作：$N(\mu, \sigma^2)$。

但每一種常態分布都呈現不同形狀，將難以利用，見圖 1。先前已介紹每一個常態分布內部的面積比例都是一樣的，如 1σ、2σ、3σ 對應的面積是 68%、95%、99.7%，所以我們可以利用標準化將各種常態分布化成標準常態分布。

在 2.3.39 學過標準化，標準化是為了了解各數據所在的位置，以及了解範圍內的曲線面積占全體比例，比如說，標準化後，-1 到 1 的占全部的 68%。可參考圖 2。而我們為了更好利用常態分布來進行統計，都是利用母體平均數 $\mu = 0$、母體標準差 $\sigma = 1$ 的常態分布，稱標準常態分布（z Score），記作 $N(0, 1)$。以下為常利用的 z 分數，也稱 z 表，見表 1，完整 z 表及如何使用請見第四章。而 z 表的意義就是給 z 值，得到 0 到 z 的區間面積，如 $z = 1.65$，也就是 0 到 1.65 的區間面積是 0.4505，更清楚的說：平均值到 1.65 個標準差的位置占全部面積的 0.4505 = 45.05%。而這些內容對於我們在進行估計時，將會經常用到。

補充說明：

不管母體是怎樣的分布，在 n 夠大時，樣本平均數的分布都會因中央極限定理接近常態分布，所以可記作：$\displaystyle\lim_{n\to\infty} \dfrac{\bar{x} - \mu}{\sigma / \sqrt{n}} \to N(0,1)$。

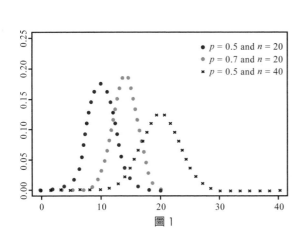

圖 1

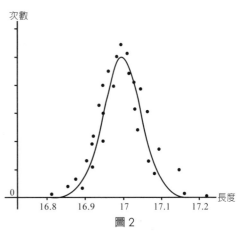

圖 2

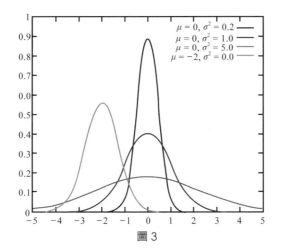

圖 3

表 1

z	α
1.00	0.3413
1.65	0.4505
1.96	0.475
2.00	0.4772
2.58	0.4951
3.00	0.4987

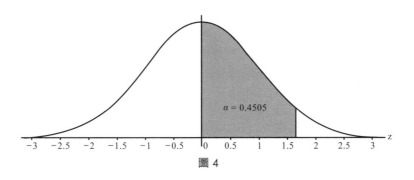

圖 4

2-41 t 分布與自由度

在先前內容提到常態分布，但不是任何時候都能用常態分布，只有在樣本數非常大的時候才可以。而樣本數少的時候應該用什麼分布？要用 t 分布（t-Distribution），t 分布用於當樣本數少於 30 的時候。

t 分布是應用在估計呈常態分布的母群體之平均數。它是對兩個樣本均值差異進行顯著性測試的 t 檢定的基礎。t 檢定改進了 z 檢定（z-Test），因為 z 檢定以母體標準差已知為前提。雖然在樣本數量大（超過 30 個）時，可以應用 z 檢定來求得近似值，但 z 檢定用在小樣本會產生很大的誤差，因此必須改用 t 檢定以求準確。

在母體標準差未知的情況下，不論樣本數量大或小皆可應用 t 檢定。在比較的數據有三組以上時，因為誤差無法壓低，此時可以用變異數分析（ANOVA）代替 t 檢定，而 ANOVA 將在之後小節提到。

常態分布與 t 分布，兩者的差異是樣本數不同時，要用不同的分布，樣本數很多的時候可用常態分布，樣本數少的時候必須要 t 分布，否則在進行統計分析時將會誤差非常大，見圖，可知在樣本數少的時候差異很大。但在樣本數夠大時，會接近常態分布。見圖 1。

統計的目標是為了從樣本去推論母體，當抽取數據的數量夠多，方法夠隨機，樣本的統計數值就會更貼近母體情形。所以當不能用常態分布時，將會利用到 t 分布，再由樣本平均數來預測母體平均數時，而 t 分布的特色是形狀與**自由度**有關，而自由度由樣本數決定。而**在醫療統計中因為病患樣本數不易取得夠多的數量，所以都必須使用 t 分布。**

統計學上的自由度（英語：degree of freedom，記作：df），是指當以樣本的統計量來估計母體的參數時，樣本中獨立或能自由變化的數據的個數，稱為該統計量的自由度。

舉例 1：估計母體的平均數 μ 時，由於樣本中的 n 個數都是相互獨立的，任一個尚未抽出的數都不受已抽出任何數值的影響，所以自由度為 n。

舉例 2：使用樣本的標準差 s 去推論母體的標準差 σ 時，s 必須用到樣本平均數 $\bar{x}$ 來計算。$\bar{x}$ 在抽樣完成後已確定，所以樣本數為 n 時只要 $n-1$ 個數確定了，第 n 個數就只有一個數字能使樣本符合 $\bar{x}$ 的數值。舉例：已知三數平均是 8，我們只要知道兩個數字為 6、7，就可以推論第三個數字為 11。或是兩個數字為 11、12，就可以推論第三個數字為 1。

所以在已知平均的情況下，樣本數為 n 時，只有 $n-1$ 個數樣本可以自由變化，只要確定了這 $n-1$ 個數，標準差也就確定了。所以樣本標準差 s 的自由度為 $n-1$。

舉例 3：統計模型的自由度等於可自由取值的自變數的個數。如在回歸方程中，如果共有 p 個參數需要估計，則其中包括了 $p-1$ 個自變數，因此該回歸方程的自由度為 $p-1$。

　　到底何時可用標準常態分布或是 t 分布，而兩者的的使用取決於數量的多寡。一開始都是先假設母體為常態分布，但樣本數量的不同用不一樣的分布。當數量多時，我們用標準常態分布；當數量少時，我們用 t 分布。若假設母體不是常態，就要利用中央極限定理，並抽取數量夠大的樣本，才能保證樣本平均數分布逼近常態分布。見圖 2。

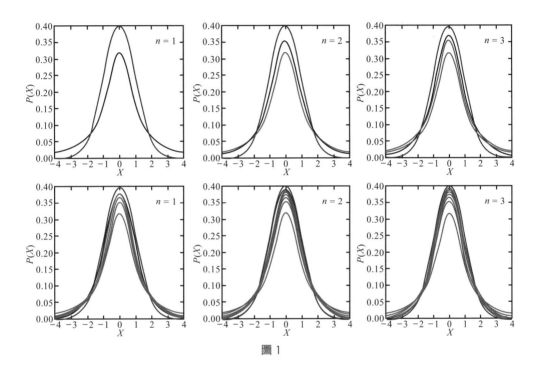

圖 1

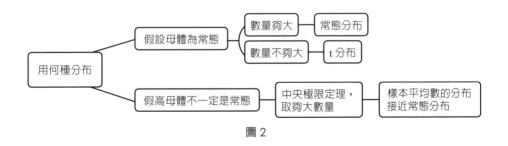

圖 2

2-42 t 分布歷史與 t 分布表

　　1908 年英國人威廉 · 戈塞（Willam S. Gosset）首先發表 t 分布，當時他在愛爾蘭都柏林的釀酒廠工作。酒廠禁止員工發表與釀酒有關的內容，但在不提到釀酒的前提下，允許他以 Student 的名稱發表 t 分布的論文。之後相關理論由羅納德 · 費雪（Sir Ronald Aylmer Fisher）的發揚光大，費雪為了感謝戈塞特的功勞，將此分布命名為 Student's t 分布（Student's t-Distribution）。先認識常用的 t 分布表（t 表），參考表 1。

　　使用的類形如下：

　　在表 1 可看到雙尾 Two Sided，就是圖 1 的原點向左右兩側計算面積，此圖意味著自由度 20，面積 95% 其 t 值是 2.086，也就是樣本平均左右 2.086 個標準差的位置涵蓋 95% 面積，與 z 表不同的是，z 表是給 z 值求面積比例，而 t 表是給自由度與面積求 t 值。

　　在上表可看到單尾（One Sided），就是圖 2 的左側向右側計算面積，此圖意味著自由度 10，面積 85% 其 t 值是 1.093，也就是樣本左側到右側 1.093 個標準差的位置涵蓋 85% 面積。而圖案不一定是左到右，也可以右到左。見圖 3。

　　單尾也可以是圖 3 右側向左側計算面積，此圖意味著自由度 30，面積 99.9% 其 t 值是 −3.385，也就是樣本右側到左側 3.385 個標準差的位置涵蓋 99.9% 面積。為什麼會需要單尾或是雙尾，這將在假設檢定的時候會用到。並且我們可以看到 t 分布表可發現自由度愈小，要涵蓋大範圍需要的標準差個數就愈多，也意味著自由度愈不準。並且也發現到自由度 =30，已經很接近常態分布。

　　由以上說明可知數量少時要用 t 分布，並且樣本數量愈少，準確性愈差，所以我們要能收集多一點樣本，如果不行就必須利用 t 分布表。

表 1

One Sided	75%	80%	85%	90%	95%	97.50%	99%	99.50%	99.75%	99.90%	99.95%
Two Sided	50%	60%	70%	80%	90%	95%	98%	99%	99.50%	99.80%	99.90%
1	1	1.376	1.963	3.078	6.314	12.71	31.82	63.66	127.3	318.3	636.6
2	0.816	1.08	1.386	1.886	2.92	4.303	6.965	9.925	14.09	22.33	31.6
3	0.765	0.978	1.25	1.638	2.353	3.182	4.541	5.841	7.453	10.21	12.92
4	0.741	0.941	1.19	1.533	2.132	2.776	3.747	4.604	5.598	7.173	8.61
5	0.727	0.92	1.156	1.476	2.015	2.571	3.365	4.032	4.773	5.893	6.869
6	0.718	0.906	1.134	1.44	1.943	2.447	3.143	3.707	4.317	5.208	5.959
7	0.711	0.896	1.119	1.415	1.895	2.365	2.998	3.499	4.029	4.785	5.408
8	0.706	0.889	1.108	1.397	1.86	2.306	2.896	3.355	3.833	4.501	5.041

9	0.703	0.883	1.1	1.383	1.833	2.262	2.821	3.25	3.69	4.297	4.781
10	0.7	0.879	1.093	1.372	1.812	2.228	2.764	3.169	3.581	4.144	4.587
15	0.691	0.866	1.074	1.341	1.753	2.131	2.602	2.947	3.286	3.733	4.073
20	0.687	0.86	1.064	1.325	1.725	2.086	2.528	2.845	3.153	3.552	3.85
30	0.683	0.854	1.055	1.31	1.697	2.042	2.457	2.75	3.03	3.385	3.646
50	0.679	0.849	1.047	1.299	1.676	2.009	2.403	2.678	2.937	3.261	3.496
100	0.677	0.845	1.042	1.29	1.66	1.984	2.364	2.626	2.871	3.174	3.39
120	0.677	0.845	1.041	1.289	1.658	1.98	2.358	2.617	2.86	3.16	3.373
∞	0.674	0.842	1.036	1.282	1.645	1.96	2.326	2.576	2.807	3.09	3.291

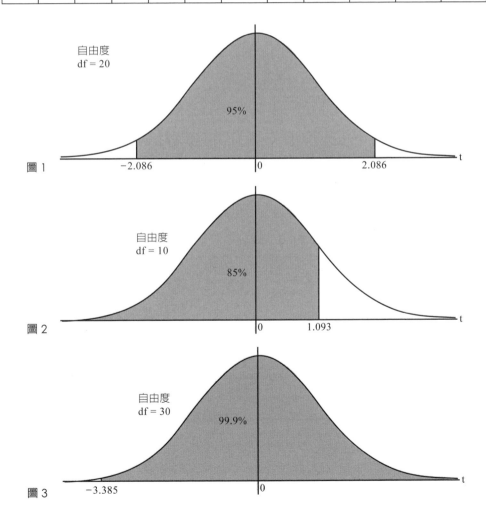

自由度
df = 20

95%

−2.086　0　2.086　t

圖 1

自由度
df = 10

85%

0　1.093　t

圖 2

自由度
df = 30

99.9%

−3.385　0　t

圖 3

2-43 **卡方分布與 F 分布**

（一）卡方分布

卡方分布（χ^2 分布，Chi-squared Distribution，χ^2-Distribution，χ 念 Chi，音標為 /kaɪ/）是統計常用的一種機率分布，若 k 個隨機變量 z_1、z_2、z_3……、z_k 是相互獨立，並符合標準常態分布，也就是數學期望值為 0、變異數為 1。則稱隨機變量的平方和服從自由度為 k 的卡方分布，記作 $X \sim \chi^2(k)$ 或 $X \sim \chi_k^{~2}$。卡方分布的形成相當複雜，但統計學家已經做出卡方分布的特性，卡方分布的機率函數為 $f(x) = \dfrac{1}{2^{\frac{k}{2}}\Gamma(\frac{k}{2})} x^{\frac{k}{2}-1} e^{-\frac{x}{2}}$，

k 為自由度，Γ 代表 Gamma 函數。而卡方分布的期望值＝自由度、卡方分布的變異數＝兩倍自由度。

卡方分布是計算變異數的分布，用樣本變異數檢定母體變異數時需要用到的分布，卡方分布也與自由度有關，見圖 1。在本書不介紹卡方分布的推導，我們只要會利用卡方表及圖來做假設、檢定即可。常用的卡方分布表，見表 1。

（二）F- 分布

在機率論和統計學裡，F- 分布（F-Distribution）也是一個常用的分布。它是一種連續機率分布，廣泛應用於比率的檢定，特別在變異數分析 ANOVA 中。而一個 F- 分布的隨機變量是兩個卡方分布變量的比率。在本書不做 F 分布的推導，只要會利用 F-分布的圖表來做檢定，圖表請參考，圖 2、表 2。

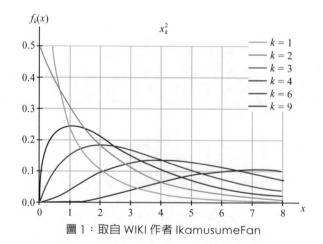

圖 1：取自 WIKI 作者 IkamusumeFan

表 1

機率 自由度 k	0.95	0.9	0.8	0.7	0.5	0.3	0.2	0.1	0.05	0.01	0.001
1	0.004	0.02	0.06	0.15	0.46	1.07	1.64	2.71	3.84	6.64	10.83
2	0.1	0.21	0.45	0.71	1.39	2.41	3.22	4.60	5.99	9.21	13.82
3	0.35	0.58	1.01	1.42	2.37	3.66	4.64	6.25	7.82	11.34	16.27
4	0.71	1.06	1.65	2.20	3.36	4.88	5.99	7.78	9.49	13.28	18.47
5	1.14	1.61	2.34	3.00	4.35	6.06	7.29	9.24	11.07	15.09	20.52
6	1.63	2.2	3.07	3.83	5.35	7.23	8.56	10.64	12.59	16.81	22.46
7	2.17	2.83	3.82	4.67	6.35	8.38	9.80	12.02	14.07	18.48	24.32
8	2.73	3.49	4.59	5.53	7.34	9.52	11.03	13.36	15.51	20.09	26.12
9	3.32	4.17	5.38	6.39	8.34	10.66	12.24	14.68	16.92	21.67	27.88
10	3.94	4.86	6.18	7.27	9.34	11.78	13.44	15.99	18.31	23.21	29.59

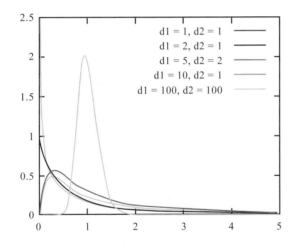

圖 2

表 2

α = 0.05		分子自由度									
		1	2	3	4	5	6	7	8	9	10
分母自由度	1	161	199	216	225	230	234	237	239	241	242
	2	18.5	19	19.2	19.2	19.3	19.3	19.4	19.4	19.4	19.4
	3	10.13	9.55	9.28	9.12	9.01	8.94	8.89	8.85	8.81	8.79
	4	7.71	6.94	6.59	6.39	6.26	6.16	6.09	6.04	6	5.96
	5	6.61	5.79	5.41	5.19	5.05	4.95	4.88	4.82	4.77	4.74
	6	5.99	5.14	4.76	4.53	4.39	4.28	4.21	4.15	4.1	4.06
	7	5.59	4.74	4.35	4.12	3.97	3.87	3.79	3.73	3.68	3.64
	8	5.32	4.46	4.07	3.84	3.69	3.58	3.5	3.44	3.39	3.35
	9	5.12	4.26	3.86	3.63	3.48	3.37	3.29	3.23	3.18	3.14
	10	4.96	4.1	3.71	3.48	3.33	3.22	3.14	3.07	3.02	2.98

2-44 估計 (1)

在本書第一章有提到，統計的分類，見圖 1。而敘述統計及一些基礎機率、常用的分布、計算的小工具都已經認識，接著介紹如何利用統計的資料來進行估計。什麼是估計？估計就是由樣本推論母體的性質。

（一）點估計

先前已經認識根據資料求出平均數、標準差、變異數。而什麼是點估計，舉例：要估計台灣 20 歲成年人的體重，隨機找 5 人，得到 56、67、72、82、87 kg，平均為 72.8kg，所以可估計台灣 20 歲成年人的體重是 72.8 kg。

這種算出一個數值的估計方法就稱**點估計**。但是在先前已經知道平均是很容易失真的，所以我們需要知道分散程度才是更妥當的描述，常用的分散程度是標準差。

（二）區間估計

利用點估計，我們可以說台灣 20 歲成年人的體重約是 72.8 kg，但實際上 20 歲成年人的體重是 72.8 kg 的機率為何？沒有人知道是多少？如果我們可以有一個可信賴的機率，並找出一個區間，那麼就可以更容易知道 20 歲成年人的體重情形。

我們應該要怎麼找出一個信賴的機率及區間？總不能說 100% 的機率可以相信台灣 20 歲成年人的體重在 0 到 400kg。找最大範圍的方法，感覺一點意義都沒有。那麼要如何利用統計來進行區間估計？

區間估計是要找出一個可信賴的區間，而**信賴區間的定義是從樣本資料得到的數值範圍。估計母體參數可能落在此數值範圍等於某特定機率，此特定機率稱為信賴水準（Level of Confidence）**。所以要利用標準常態分布的z表便可知分布，見圖2。

統計一般的方法都是利用 95% 的信賴度，去找出一個範圍。比如說我們可以假設全體 20 歲人，平均 70 kg，母體標準差為 10，我們可以說有 95% 的信賴度，可以接受台灣 20 歲成年人的體重在 70-10 到 70+10kg，也就是 60 到 80 kg 之間，也就是用平均與標準差來建構估計的範圍，一般來說是用 2 個標準差。換句話說，區間估計包括點估計及分散程度（標準差）。這種算出一個範圍的估計方法就稱**區間估計（Confidence Interval），而大多數是選擇 95% 信心水準求出來的區間，稱 95% 信賴區間；或選擇 99% 的信賴區間。**相對點估計而言，區間估計比點估計來的更容易被人接受。因為僅有點估計是不夠的，需要用區間估計才容易被人接受。

但我們一般而言是無法知道母體情況，所以要用樣本來推論母體情況，所以此時要利用不管任意母體時，在 n 很大，因中央極限定理，樣本平均數的抽樣分布會接近常態分布。所以樣本標準差會接近母體標準差，就可假設母體標準差已知，而樣本平均數的標準差是 $\dfrac{\sigma}{\sqrt{n}}$，所以區間估計可估計為以樣本平均為中心點，以樣本平均數的標準差為誤差，並利用信心水準查出 z 值。

$$母體平均數信賴區間（\sigma 已知）：\bar{x} - z\frac{\sigma}{\sqrt{n}} < \mu < \bar{x} + z\frac{\sigma}{\sqrt{n}}$$

例題：500 c.c. 的啤酒，要求出容量的可能範圍。而目前抽出 50 瓶做爲樣本，得到樣本平均爲 499 c.c.，樣本標準差爲 10c.c.，請以 95% 信心水準、說明 95% 的信賴區間，也就是容量的可能範圍。查信心水準 95% 的 z 值爲 2。

$$\bar{x} - z\frac{\sigma}{\sqrt{n}} < \mu < \bar{x} + z\frac{\sigma}{\sqrt{n}} \Rightarrow 499 - 2 \times \frac{10}{\sqrt{50}} < \mu < 499 + 2 \times \frac{10}{\sqrt{50}} \Rightarrow$$

$$499 - 2.83 < \mu < 499 + 2.83 \Rightarrow 496.17 < \mu < 501.83$$

故可以說 500 c.c. 的啤酒，可估計 95% 的信賴區間爲 496.17 c.c. 到 501.83 c.c. 之間。

結論：

在本節討論的是數值的估計，稱爲母體平均數的區間估計。生活中還會見到其他估計應用，如：當候選人提出自己的支持率 46%，此時他說的是點估計。也聽過當候選人提出自己的支持率 46%，上下誤差 3 個百分點，也就是他的支持率是 43% 到 49%，此時是區間估計。由以上的說明我們就更能理解統計的估計內容。而比例的估計，稱爲母體比例的區間估計。

而區間估計做出來的信賴區間，需要抽樣的數量夠大，範圍才會縮小，也就是具有參考意義（其數量將在下一節說明）。**若數量如果不夠大，也就是無法讓樣本標準差接近母體標準差，所以母體標準差爲未知時該如何處理，也在之後內容說明。**

補充說明：

查信心水準 95% 的 z 值爲 2，其意義是查出常態曲線面積涵蓋 95% 的數值爲 −2 到 2。但統計上也會用 α 來查表，信心水準 95% 就是雙尾 α = 0.05，見圖 3；信心水準 95% 就是雙尾 α = 0.025，所以我們再查表時直接利用 α，而在雙尾 z 值符號會寫作 $z_{\alpha/2}$，要找 95% 的信賴區間的 z 值，可寫作 $z_{0.025}$，其信賴區間爲 $\bar{x} - z_{0.025}\frac{\sigma}{\sqrt{n}} < \mu < \bar{x} + z_{0.025}\frac{\sigma}{\sqrt{n}}$，由於寫下標會把數學式變得更複雜，在此先用文字敘述來幫助理解。

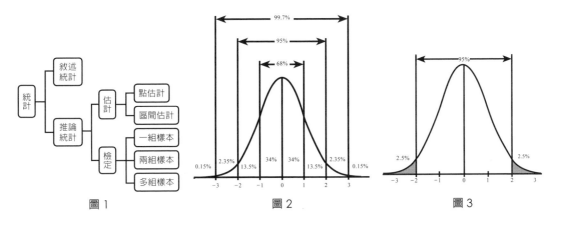

圖 1　　　　　　　　圖 2　　　　　　　　圖 3

2-45 **估計** (2)

（一）區間估計的數量

在上一節已經知道如何進行母體平均數區間估計。

母體平均數信賴區間（當 σ 已知）：$\bar{x} - z\dfrac{\sigma}{\sqrt{n}} < \mu < \bar{x} + z\dfrac{\sigma}{\sqrt{n}}$

也提到需要夠大的數量才能讓樣本標準差接近母體標準差，要多大的數量才可以？理論上是要愈多愈好，但經費有限，所以應該需要一個可供參考的數字。而我們已知信賴區間是以 $\bar{x}$ 為中心點，而 $z\dfrac{\sigma}{\sqrt{n}}$ 為誤差值。其中 z 是信心水準所對應的 z 值，σ 為母體標準差，n 為數量。所以我們可以令 $E = z\dfrac{\sigma}{\sqrt{n}}$，$E$ 為誤差值。

由例題來認識如何求所需的數量。500 c.c. 的啤酒，已知抽出夠大的數量做為樣本，得到樣本平均為 499c.c.，樣本標準差為 10c.c.，可視作接近母體標準差，請以 95% 信心水準、說明最大允許誤差為 3c.c 的情況，算出 n 至少要多大？查 95% 的 z 值為 2。

$$3 > E = z\frac{\sigma}{\sqrt{n}}$$

$$3 > 2 \times \frac{10}{\sqrt{n}}$$

$$\sqrt{n} > \frac{20}{3}$$

$$n > \frac{400}{9}$$

$n > 44.4$（n 為整數）$\Rightarrow n = 45$

故可以說 500 c.c. 的啤酒，樣本標準差為 10c.c，需要估計 95% 的信賴區間時，最大允許誤差為 3c.c，至少需要 45 瓶。

在統計上，已推導出各信心水準快速計算人數的數學式。

估計母體平均數所需的樣本數：$n \approx (\dfrac{z\sigma}{E})^2$

其中 z 為所需的信心水準的 z 值；n 為要求出來的數量；E 為允許的最大誤差；σ 為母體標準差，$(\dfrac{z\sigma}{E})^2$ 未必是整數，只要取比它大且最接近的整數即可，如：$(\dfrac{z\sigma}{E})^2 = 44.7$，取 45。

（二）數量太少時的區間估計

但我們在有些時候是無法取得足夠數量來進行區間估計，所以此時樣本推論母體，

無法利用不管任意母體時，在 n 很大，因中央極限定理，樣本平均數的分布會接近常態分布，見圖 1。故樣本標準差不夠接近母體標準差，故稱母體標準差未知。

此時因為曲線不夠常態，所以需要用 t 分布取代標準常態分布。以及需要用樣本標準差 s 取代母體標準差 σ，樣本平均數的標準差是 $\dfrac{s}{\sqrt{n}}$，而 t 分布的數學式是 $t = \dfrac{\bar{x} - \mu}{s / \sqrt{n}}$，所以區間估計可估計為以樣本平均為中心點，以樣本平均數的標準差為誤差，並利用 t 分布表出 t 值。

> 母體平均數區間估計（當 σ 未知）： $\bar{x} - t\dfrac{s}{\sqrt{n}} < \mu < \bar{x} + t\dfrac{s}{\sqrt{n}}$

例題：500 c.c. 的啤酒，要求出容量的可能範圍。而目前抽出 10 瓶做為樣本，得到樣本平均為 499 c.c.，樣本標準差為 10c.c.，請以 95% 信賴信心水準、說明 95% 的信賴區間，也就是容量的可能範圍。查 95%、$n = 10$，也就是自由度為 df = $n - 1 = 10 - 1 = 9$ 的 t 值為 2.262。

$$\bar{x} - t\frac{s}{\sqrt{n}} < \mu < \bar{x} + t\frac{s}{\sqrt{n}}$$

$$499 - 2.262 \times \frac{10}{\sqrt{10}} < \mu < 499 + 2.262 \times \frac{10}{\sqrt{10}}$$

$$499 - 7.15 < \mu < 499 + 7.15$$

$$491.85 < \mu < 506.15$$

故可以說 500 c.c. 的啤酒，在 10 瓶的樣本數，可估計 95% 的信賴區間為 491.85 c.c. 到 506.15 c.c. 之間。

與上一節足夠數量的樣本數作比較，500 c.c. 的啤酒，在 50 瓶的樣本數，可估計 95% 的信賴區間為 496.17 c.c. 到 501.83 c.c. 之間。可發現在樣本數不足時，誤差變大許多。

結論：

區間估計做出來的信賴區間，在不同的樣本數，需要用不同的分布，否則樣本數少時誤差將會非常大，估計時會相當失真。以上是數值的區間估計，也就是母體平均數的估計，接下來將介紹機率類的區間估計，如：民調，也就是母體比例的區間估計。

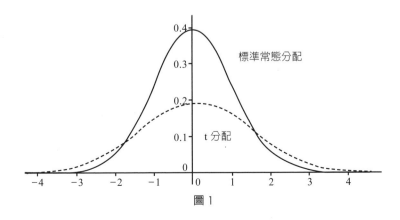

圖 1

2-46 比例的區間估計 (1) —— 民調的區間估計

民調要抽取多少數量能足夠精準，足夠接近整體的情況呢？參考圖1。圖中有30個 x、20 個 o。如果我們抽 5 個顯然是不夠的，見圖 2、3，有可能取到一樣的，不接近眞實分布。所以基本上愈多愈好，見圖 4。並且要足夠隨機，否則會偏向某一種，見圖 5。

民調需要隨機抽樣，數量理論上愈多愈好，但數量太多不符合經濟效益，也不見得有那麼多的時間抽樣，以及有效樣本可能也沒那麼多。但到底應該至少要多少，才具有參考價值？在統計上已經幫我們計算出隨機抽取需要的數量，隨機抽樣的數量取決於**信心水準**的等級，信心水準 90%、信心水準 95%、信心水準 99.7%，主要使用信心水準 95%、信心水準 99.7%。而各個信心水準有其對應的**信賴區間**。

根據中央極限定理，不論母體的機率函數爲何？只要樣本數 n 夠大，樣本平均數經過標準化後的機率分布會區近於標準常態分布 $N(0,1)$。所以當抽取數量 n 夠大時，抽取出來的機率 $\hat{p}$ 經過標準化得到 $\dfrac{\hat{p}-p}{\sigma_{\hat{p}}}$，其機率分布會近似於標準常態分布，見圖 6。

故抽取出來的機率 $\hat{p}$ 與眞實機率 p 的關係爲下述。

1. 眞實機率 p 有 95% 信心在 $\hat{p}-2\sigma_{\hat{p}}<p<\hat{p}+2\sigma_{\hat{p}}$ 之間。

2. 眞實機率 p 有 99.7% 信心在 $\hat{p}-3\sigma_{\hat{p}}<p<\hat{p}+3\sigma_{\hat{p}}$ 之間。

其中 $\sigma_{\hat{p}}$ 是誤差值，$\sigma_{\hat{p}}=\sqrt{\dfrac{\hat{p}(1-\hat{p})}{n}}$。

例題：市長的支持度民調，隨機抽取訪問 $n=1000$ 人，支持度爲 $p=60\%$，以信心水準爲 95% 來計算，可得誤差爲 $2\sigma_{\hat{p}}=2\times\sqrt{\dfrac{\hat{p}(1-\hat{p})}{n}}\approx3.1\%$。也就是有 95% 信心相信眞實的支持度在 60% − 3.1% = 56.9% 到 60% + 3.1% = 63.1% 之間，而 56.9% 到 63.1% 的範圍就是信賴區間，眞實的支持率就這範圍內。

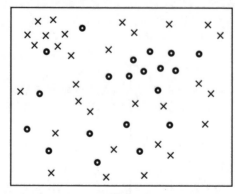

圖 1

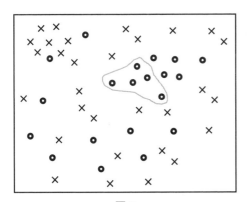

圖 2

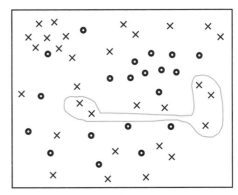

圖 3

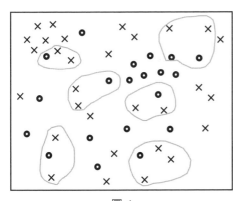

圖 4

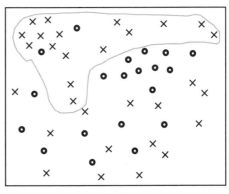

圖 5

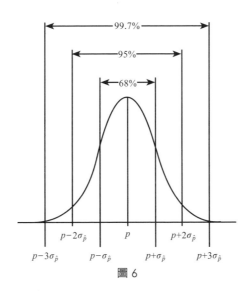

圖 6

2-47 比例的區間估計 (2) —— 所需樣本數量

　　母體平均數的區間估計，有提到至少要多少數量，樣本標準差才足夠接近母體標準差。而估計真實機率範圍，同樣也是必須討論數量的問題。隨機選取的數量與信心水準有關，以信心水準 95%、誤差不大於 3%，來決定抽取的數量。而信心水準 95% 的誤差為 $2 \times \sqrt{\dfrac{\hat{p}(1-\hat{p})}{n}}$。所以

$$2 \times \sqrt{\frac{\hat{p}(1-\hat{p})}{n}} \leq 3\%$$

$$2 \times \sqrt{\frac{\hat{p}(1-\hat{p})}{n}} \leq \frac{3}{100}$$

$$4 \times \frac{\hat{p}(1-\hat{p})}{n} \leq \frac{9}{10000}$$

$$\hat{p}(1-\hat{p}) \leq \frac{9n}{40000}$$

$$\hat{p} - \hat{p}^2 \leq \frac{9n}{40000}$$

$$-(\hat{p}^2 - \hat{p}) \leq \frac{9n}{40000}$$

$$-\left(\hat{p}^2 - \hat{p} + \left(\frac{1}{2}\right)^2\right) + \left(\frac{1}{2}\right)^2 \leq \frac{9n}{40000}$$

$$-\left(\hat{p} - \frac{1}{2}\right)^2 + \frac{1}{4} \leq \frac{9n}{40000}$$

$$\frac{-40000}{9}\left(\hat{p} - \frac{1}{2}\right)^2 + \frac{10000}{9} \leq n$$

　　故 n 的最小整數值是 1112。由此我們就能認識隨機抽樣中的信心水準與抽取數量的關係。而在統計上，已推導出各信心水準快速計算人數的數學式。

> 估計母體比例所需的樣本數：$n \approx p(1-p)\left(\dfrac{z}{E}\right)^2$

　　其中 z 為所需的信心水準的 z 值。
　　　　n 為要求出來的數量。
　　　　E 為允許的最大誤差。
　　但同時為了可以有效利用，下表是常用的誤差及對應的應該抽的數量。
　　比例的估計是利用隨機抽取出來的比例 $\hat{p}$，估算一個範圍來涵蓋真正的比例 p，此範圍與信心水準有關。回顧上一節「真實機率 p 有 95% 信心在 $\hat{p} - 2\sigma_{\hat{p}} < p < \hat{p} + 2\sigma_{\hat{p}}$ 之間」這句話是什麼意思呢？可以參考圖 1，假設圖的真實機率是 0.547，但每次抽樣不一定會接近真實數據，但是每次抽樣的機率經 95% 信心水準的計算，得到的信賴區間有 95% 的可能性包含真實的機率。

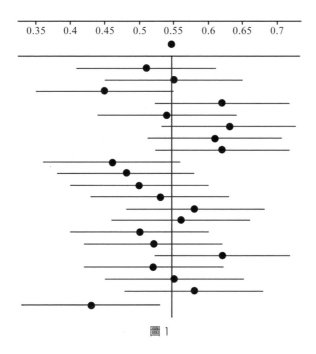

圖 1

表 1：常用的信心水準與誤差，隨機取樣的數量

信心水準	誤差 2%	誤差 3%
95%	2500	1112
99.7%	5625	2500

2-48 **區間估計的應用：民調**

（一）資料調查

在調查事情的時候，我們可以全部調查，避免疏漏，稱為**普查**，如勞、健保、身分證。也可以抽取一部分來調查，稱作**抽樣調查**，如：驗證瑕疵品、民意調查。

而抽樣調查希望可以接近真實情形，如同廚師要掌握味道是不是到位了，只需要一勺就可以，見圖。但我們要注意抽查取的樣本是不是夠隨機，才能代表整體，見圖。也就是說抽取的樣本，不可以只抽取某一部分，見圖，這樣並不能代表整體；如同說品嘗甜點的滋味，只吃一坨奶油，最後說太甜，這樣不夠準確；或是以化學的混合物與化合物來說，隨機的意義就是對化合物此均勻物質來計算，不夠隨機就如同是對混合物來計算，可能只抽取到底部的沉澱卻沒抽到上方的油。若不夠隨機也就是失去的調查的意義。並且要知道要抽取多少數量才足夠代表整體的資料。

（二）民意調查（PISA 2009 試題 M702）

民主國家一定有選舉，而選舉前一定會民調，但是怎樣的民調才算是有意義。觀察常見的候選人支持率民調方法，如下：

1：36.5%，隨機選取 500 個，具有投票權的國民作樣本。。

2：41.0%，隨機選取 500 個。

3：39.0%，隨機選取 1000 個，具有投票權的國民作樣本。

4：44.5%，隨機選取 1000 個，用電話做民調。

在 50 萬投票人口中，哪組民調結果最能夠接近真正的支持度？

第一、首先要知道不可能全部人都調查，但要選多少人才能足夠精準呢？基本上愈多愈好，但統計上可以更為精準的算出至少要多少人，這個稍後再提。

第二、調查的方式的問題，我們思考一下是否真的夠隨機，以電話民調來說，晚上因為已經下班了，所以不大可能進行調查，又或是工作一天晚上聽到民調就隨便敷衍過去。而白天電話民調的對象不夠全面，白天大多是非上班族，或是老人或家庭主婦，這樣不夠隨機就喪失民調的意義。同時電話訪問還有另外一個問題存在，容易被問話的人誤導。

所以應該是方案 3 比較貼近支持率。

（三）民調若失誤，誤差將會非常大

以 2014 的台北市長選舉為例，這次國民黨大敗，其中民調先前都過於樂觀，但最後開出來結果卻是大大失真。民調一向是選舉預測的工具，甚至政黨以民調做為提名候選人的依據。在這次的選舉有一種講法，就是這次民調會大大失真。因為民調是以電話調查，白天家裡接電話的族群已經不是隨機，並且沒有手機的抽樣。但這次選後的評論是藍軍支持者對大局不滿，不肯在民調中表態，導致民調失真。這簡直就是荒謬，自己沒做好調查怪莫須有的人不配合。**在第 154 期中文版科學人指出，美國民調機構透過電話蒐集選民意見的成功率是 $\frac{1}{3}$，現在則不到 $\frac{1}{11}$**。在現代手機與網路

興起，家用電話漸漸被淘汰，對民調形成很大的衝擊，選舉民調如何調查將變成最大的重點，必須在網路、電話、手機、海外都做夠正確、數量夠多的調查，否則民調與事實會愈差愈大。

結論：

隨機取樣的方法一定要夠隨機，並且隨機選取的數量，理論上愈多愈好，但到底應該至少要多少，才具有參考價值？在先前已經幫我們計算出隨機抽取需要的數量，民調隨機抽取 1112 人就足以作出值得信賴的調查，了解統計工具的意義，才能知道我們統計的數據值不值得採用。目前的民調方式都是有瑕疵的，因為方式是電話民調，不夠隨機且有效樣本少於 1000。

（四）更加進步的民調該怎麼做

我們的民調該如何更加進步，民調也是民主政治的一部分，回到民主的問題來看。民主是國家進步的指標其中之一，如何讓大多數民意得以執行，而不是被少數人用不邏輯的方式控制，這需要一個有效的方法。幸運的是 21 世紀的我們有強大的網路，我們可以用網路的力量來監督政府，讓其不敢太過離譜。

在 2013 年芬蘭已經有了**全民直接民主**的意識與接近的方法。他們利用網路來提出並表決出一些議題，並且要超過一定人口比例，再送到一個政府機關審核問題是否合理，最後才到國會議員手中。國會議員並不只是執行一個簡單的同意、反對，而是不論同意、反對都必須說出理由。芬蘭利用這樣的方法來避免國會太過背離民意，太過不邏輯，這一套**全民直接民主**模式稱為：Open Ministry。有了領頭羊，世界利用網路讓全民直接民主，避免不合理、不邏輯的政治形態已經不遠了。對於台灣更是一個重要的啟發，台灣現在處於思考改變的階段，但要如何用一個好方法來執行全民直接民主讓國家進步，不只需要一個更完善的方法，還需要大家對於民主的意識更加提升，而不是認為民主只是投票而已。

如果直接民主可以成形且準確，那麼我們可以不用再依賴抽樣的形式，也就是不再需要民調來做調查，因為我們人人都直接輸入資料後，時間一到全部的情況（母體情形）就馬上出來。以前是因為沒錢、沒硬體工具（如：網路），所以才要抽樣來推論母體，那麼現在可以實施直接民主，就不應該用常常有錯誤的方法。同時我們可以理解到民主政治的行為，就是統計，見圖 1。

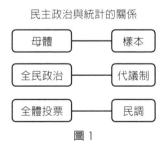

民主政治與統計的關係

| 母體 | — | 樣本 |

| 全民政治 | — | 代議制 |

| 全體投票 | — | 民調 |

圖 1

2-49 假設──**虛無假設與對立假設**

　　當我們學完估計後，我們必須去驗證此估計是否正確，於是我們需要對估計作假設、檢定。什麼是假設、檢定？舉例來說，台灣人的平均所得為 4.5 萬，4.5 萬為點估計。接著我們可以假設台灣人的平均所得為 4.5 萬，也就是推論台灣人（母體）的平均所得為 4.5 萬。如果隨機抽樣 1000 個樣本後，發現其樣本的平均所得只有 2.2 萬，無庸置疑的可以認為差距太大並認為是假設錯誤，在統計上稱為**拒絕假設**，或稱**棄卻假設**。然而另一次隨機抽樣作出來的樣本平均數為 4.4 萬，而 4.4 萬夠不夠靠近 4.5 萬，可否把 0.1 萬的差距視為抽樣的誤差。進而接受母體平均數是 4.5 萬呢？或是認為 4.4 萬離 4.5 萬差距很大，不接受母體平均數是 4.5 萬，而進行而檢驗假設正確性的動作就稱作**檢定**。檢定出假設是正確，稱為**接受**，英文是 Accept 或稱無法拒絕；檢定出假設是錯誤，稱為**棄卻**，或稱**拒絕**，英文是 Reject。

　　要如何檢定？統計學家已經訂立檢驗假設的流程為，見圖 1：

1. 建立虛無假設與對立假設。　2. 選擇顯著水準。
3. 決定檢定統計量。　　　　　　4. 制定決策法則。
5. 取樣本作決策。　　　　　　　6. 判斷是「無法拒絕 H_0，放棄 H_1」，還是「拒絕 H_0，接受 H_1

什麼是虛無假設與對立假設？

　　已知檢定是檢驗假設是否正確的動作，而統計一般需建立**虛無假設**、**對立假設**兩種性質的假設，再加以進行檢定。這兩種假設的關係是互斥，也就是只能成立其中一種。在統計上將**虛無假設記作：H_0；對立假設記作：H_1；H 是假設（Hypothesis）的第一個字母。**

　　兩者差異性在於，虛無假設會涵蓋等號，對立假設不涵蓋等號。舉例：小型犬吃飯都不超過 500ml 的一碗。所以虛無假設為小型犬吃飯 ≦ 500ml；其對立假設為小型犬吃飯 >500ml。或是機車平均使用期限為 8 年。所以虛無假設為機車平均使用期限 =8；其對立假設為機車平均使用期限 ≠ 8。**同時在討論虛無假設與對立假設，虛無假設意味著現狀，而對立假設意味著要推翻現狀。**

　　但經檢驗後判斷是屬於虛無假設還是對立假設，此方法仍有可能出現誤差，試著從例題中認識 4 種情況。

例題：有一家公司銷售手機需要手機面板。採購合約中寫到如果抽樣有 5% 物品是有瑕疵，則將其退貨。所以本題虛無假設可寫作，手機面板的抽樣，瑕疵品比例為 ≦ 5%，對立假設為手機面板的抽樣，瑕疵品比例為 >5%。

　　在 2/1 的抽樣調查中，真實情況是 6000 個物品有 30 個有瑕疵，其瑕疵比率為 0.5%，但抽出 50 個發現 1 個有瑕疵，其瑕疵比率為 2%。所以此時 H_0 成立，所以不成立 H_1，故接受此批貨。所以此時就出現了母體符合標準，而樣本符合標準的情形，此情形稱為正確決策。

在 4/1 的抽樣調查中，真實情況是 3000 個物品有 200 個有瑕疵，其瑕疵比率為 6.66%，但抽出 50 個發現 4 個有瑕疵，其瑕疵比率為 8%。所以此時 H_0 不成立，所以會成立 H_1，故將其退貨。所以此時就出現了母體不符合標準，而樣本不符合標準的情形，此情形稱為正確決策。

在 6/1 的抽樣調查中，真實情況是 5000 個物品有 15 個有瑕疵，其瑕疵比率為 0.3%，但抽出 50 個發現 3 個有瑕疵，其瑕疵比率為 6%。所以此時 H_0 不成立，所以會成立 H_1，故將其退貨。所以此時就出現了母體符合標準，但樣本不符合標準的情形，此情形稱為型 I 誤差。

型 I 誤差：當虛無假設 H_0 為真時，卻因抽樣而被拒絕。

在 8/1 的抽樣調查中，真實情況是 4000 個物品有 250 個有瑕疵，其瑕疵比率為 6.25%，但抽出 50 個發現 2 個有瑕疵，其瑕疵比率為 4%。所以此時 H_0 成立，所以不會成立 H_1，故接受此批貨。所以此時就出現了母體不符合標準，但樣本符合標準的情形，此情形稱為型 II 誤差。

型 II 誤差：當虛無假設 H_0 為錯誤時，卻因抽樣而被接受。

產生誤差的原因為樣本的機率不夠貼近母體機率。綜合以上情況，可做出表 1。

所以我們在進行假設檢定時還需要考慮型 I 誤差與型 II 誤差的情況，所以抽取要盡量夠隨機、且數量夠多，以及要做出一個範圍來檢定樣本，是否可以涵蓋要的目標。**為了避免母體正確而抽樣錯誤產生的型 I 誤差，也就是不要因抽樣而推翻 H_0（現狀），會希望型 I 誤差愈小愈好，而設一個顯著水準 α 來檢定，α 通常是用 0.01、0.05，也就是希望發生型 I 誤差的機率在 1%、5%。**而在工程統計的型 I 誤差稱為錯誤警告機率（False Alarm Probability）。

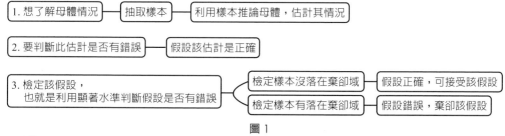

圖 1

表 1

虛無假設	抽樣後，接受 H_0	抽樣後，拒絕 H_0
H0 為真	正確決策	型 II 誤差
H0 為假	型 I 誤差	正確決策

2-50 **檢定的概念**

統計中的**假設**，是指對母體的推論。如：「台灣 20 歲成年人的體重平均是 72.8 kg。」、「台灣 20 歲成年人的體重在 60.52 到 85.08 kg 之間」但在統計上必須去確認假設是否正確。

檢定不是靠主觀認定，而是要用客觀的判斷。統計用**顯著水準**來判斷，一般是用 1% 或是 5%，記作：$\alpha = 0.01$、$\alpha = 0.05$。而什麼是顯著水準？以剛剛的問題為例，樣本 56、67、72、82、87 kg，平均 72.8 kg，標準差為 12.28，假設體重應該為常態分布，而顯著 1%，會分布到兩端，著色部分就是顯著水準，其區域稱為**棄卻域**，也就是可能會發生但實際上很少會發生的區域，參考圖 1。而如果檢驗時，新樣本的平均落在棄卻域，意味著應該很少發生卻發生了，代表假設出現錯誤，所以要棄卻此假設。

雙尾檢定與單尾檢定

如何利用這兩個假設來加以檢定？設「台灣 20 歲成年人的體重平均是 72.8 kg」是虛無假設：H_0。相對應的可以假設「台灣 20 歲成年人的體重平均不是 72.8 kg」是對立假設：H_1。而對本次問題的對立假設有 3 種：

「台灣 20 歲成年人的體重平均不是 72.8 kg」是第一種對立假設；

「台灣 20 歲成年人的體重平均大於 72.8 kg」是第二種對立假設；

「台灣 20 歲成年人的體重平均小於 72.8 kg」是第三種對立假設。

如果考慮第一種對立假設「台灣 20 歲成年人的體重平均不是 72.8 kg」的情況，已知檢定要用**顯著水準**來判斷，如 5%，$\alpha = 0.05$。並假設體重應該為常態分布，而顯著 5%，會分布到兩端，著色部分就是顯著水準，其區域稱為**棄卻域**，也就是可能會發生但實際上很少會發生的區域，參考圖 2。而如果檢驗時，新樣本的平均落在棄卻域，意味著應該很少發生卻發生了，代表假設出現錯誤，所以要棄卻此假設。而這樣的動作就是檢定。而這種棄卻雙邊的檢定稱為**雙尾檢定**。

如果考慮第二種對立假設「台灣 20 歲成年人的體重平均大於 72.8 kg」的情況，以**顯著水準** 5% 來判斷。會分布到一端，著色部分就是顯著水準，其區域稱為**棄卻域**，也就是可能會發生但實際上很少會發生的區域，參考圖 3。而如果檢驗時，新樣本的平均落在棄卻域，意味著應該很少發生卻發生了，代表假設出現錯誤，所以要棄卻此假設。而這樣的動作就是檢定。而這種棄卻單邊的檢定稱為**單尾檢定**。

如果考慮第三種對立假設「台灣 20 歲成年人的體重平均小於 72.8 kg」的情況，以**顯著水準** 5% 來判斷。會分布到一端，著色部分就是顯著水準，其區域稱為**棄卻域**，也就是可能會發生但實際上很少會發生的區域，參考圖 4。而如果檢驗時，新樣本的平均落在棄卻域，意味著應該很少發生卻發生了，代表假設出現錯誤，所以要棄卻此假設。而這樣的動作就是檢定。而這種棄卻單邊的檢定稱為單尾檢定。

由以上說明可以知道，統計中的估計、假設、檢定、顯著水準、虛無假設、對立假設、單尾檢定、雙尾檢定這些名詞的意義及關係。

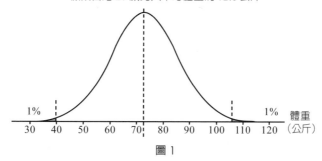

圖 1

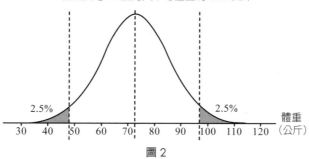

圖 2

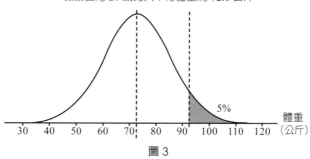

圖 3

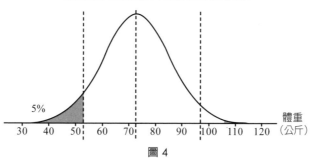

圖 4

2-51 **已知母體標準差，母體平均數的 z 檢定**

我們已知作出估計之後，要進行假設檢定才能判斷是否可以接受所陳述的事實，接著我們以例題介紹各種的情況的檢定方法，本書用的是**臨界值法**。

（一）雙尾檢定

假設食品公司想知道今年麥片隨身包是否有符合規定的 20 克，不符規定的數量要在 1% 以下。已經隨機抽樣 100 包，樣本平均一包 19.9 克，樣本標準差為 0.7 克。請問母體麥片隨身包有沒有符合規定？

令：虛無假設 H_0：母體麥片隨身包平均重量＝20 克，記作：$H_0 : \mu = 20$。

相對應的是對立假設 H_1：母體麥片隨身包平均重量 ≠ 20 克，記作：$H_0 : \mu \neq 20$。

如果我們可以拒絕 H_0，就代表推翻 H_0 這件事情，而接受對立假設 H_1。

因為問題是討論是否符合 20 克，沒有方向性，故此次假設為雙尾檢定。而本次的檢驗，假設出錯的機率在 1% 以下，也就是顯著水準是 1% = 0.01，記作：$\alpha = 0.01$。在雙尾檢定的內容中也就是分布的曲線兩端各有 $\alpha/2 = 0.01/2 = 0.005$ 的棄卻域。

作檢定時會利用標準常態分布或是 t 分布，所以需要標準化。在本次討論的問題已抽樣 100 包樣本數夠大，並因中央極限定理，所以其分布圖會接近常態分布，所以討論的圖表使用標準常態分布。

由顯著水準及利用 z 表，$\alpha = 0.01$ 就是求 $1 - \alpha = 0.99 = 99\%$ 時的 z 值，其值為 2.58，此 z 值為判斷棄卻域的值，在統記上稱為臨界值，觀察圖 1 的**棄卻域**與**臨界值**情形。

要如何檢定？若虛無假設成立，需要樣本平均經過標準化後的 z 值（$z = \dfrac{\bar{x} - \mu}{\sigma / \sqrt{n}}$），也就是檢定統計量，落在 −2.58 到 2.58 之間。在本次問題抽樣 100 包，樣本標準差為 0.7 克。因數量夠大，樣本標準差會接近母體標準差 $\sigma = 0.7$，而母體平均是要檢驗的 20 克，所以 $\mu = 20$，故本次樣本的 z 值計算為 $z = \dfrac{\bar{x} - \mu}{\sigma / \sqrt{n}} = \dfrac{19.9 - 20}{0.7 / \sqrt{100}} \approx -1.428$，可發現本次檢驗結果沒有在棄卻域，所以無法拒絕虛無假設 H_0：「母體麥片隨身包平均重量 = 20 克」，表示檢定的結果無法說它不符合規定。

（二）單尾檢定

假設食品公司想知道今年麥片隨身包是否超過重量 20 克的過重現象，不符規定的數量要在 1% 以下。已經隨機抽樣 100 包，樣本平均一包 20.1 克，樣本標準差為 0.3 克。請問母體麥片隨身包有沒有符合規定？

令：虛無假設 H_0 母體麥片隨身包平均重量 ≦ 20 克，記作：$H_0 : \mu \leq 20$。

相對應的是對立假設 H_1 母體麥片隨身包平均重量 >20 克，記作：$H_1 : \mu > 20$。

如果我們可以拒絕 H_0，就代表推翻 H_0：母體麥片隨身包平均重量 ≦ 20 克這件事情，而接受對立假設 H_1：母體麥片隨身包平均重量 >20 克，所以就代表不符規定。

因為問題是討論是否超過重量 20 克，有方向性，故此次假設為單尾檢定。而本次

的檢驗，假設出錯的機率在 1% 以下，也就是顯著水準是 1% = 0.01，記作 $\alpha = 0.01$。在單尾檢定的內容中也就是分布曲線的一端有 1% 的棄卻域，本次是超過就是不符規定，所以棄卻右端。

　　在本次討論的問題已抽樣 100 包樣本數夠大，並因中央極限定理，所以其分布圖會接近常態分布，所以討論的圖表使用標準常態分布。

　　由顯著水準及利用 z 表，求單尾 99% 的 z 值，其值為 2.33，此 z 值為判斷棄卻域的值，在統記上稱為臨界值，觀察圖 2 的**棄卻域**與**臨界值**情形。

　　要如何檢定？若虛無假設成立，需要 z 值（$z = \dfrac{\bar{x} - \mu}{\sigma / \sqrt{n}}$）要落在 2.33（臨界值）的左側。在本次問題抽樣 100 包，樣本標準差為 0.3 克。因數量夠大，樣本標準差會接近母體標準差 $\sigma = 0.3$，而母體平均是要檢驗的 20 克，所以 $\mu = 20$，故本次樣本的 z 值計算為 $z = \dfrac{\bar{x} - \mu}{\sigma / \sqrt{n}} = \dfrac{20.1 - 20}{0.3 / \sqrt{100}} \approx 3.33$，可發現本次檢驗結果在棄卻域，所以拒絕虛無假設 H_0:「母體麥片隨身包平均重量＝ 20 克」。所以是接受對立假設 H_1 母體麥片隨身包平均重量 >20 克，故不合規定。

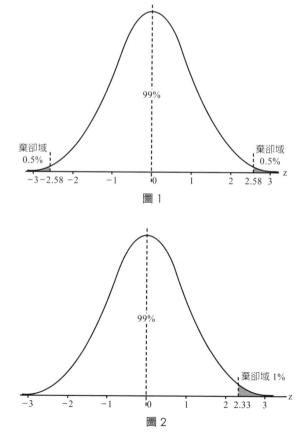

圖 1

圖 2

2-52 p 值法

進行母體平均數的假設檢定時，我們將檢定統計量$z = \dfrac{\bar{x} - \mu}{\sigma / \sqrt{n}}$與臨界值作比較，判斷是否落在棄卻域，進而做出是否拒絕虛無假設。然而我們也可以利用其他的方法來判斷是否拒絕虛無假設，此方法稱為 **p 值法**（p-value）。p 值法是利用檢定統計量大於等於樣本檢定值的機率（p 值），也就是至少要與顯著水準 α 一樣大，也就是 $p \geq \alpha$，才能說虛無假設成立；而 $p < \alpha$ 就要拒絕虛無假設。

> **p 值**：樣本的檢定值所對應尾巴的機率（單尾），
>   　　 樣本的檢定值所對應尾巴的機率的兩倍（雙尾）。

如何計算 p 值，以上一節內容雙尾檢定的問題為例，假設食品公司想知道今年麥片隨身包是否有符合規定的 20 克，不符規定的數量要在 1% 以下。已經隨機抽樣 100 包，樣本平均一包 19.9 克，樣本標準差為 0.7 克。請問母體麥片隨身包有沒有符合規定？其結論為樣本檢定值約是 −1.428，在 −2.58 到 2.58 臨界值之間，所以接受虛無假設。而 p 值就是找出檢定值 −1.428 的機率為何，查表可知 42% = 0.42。見圖 1。

再由 0.5 − 0.42 = 0.08，因為是雙尾，0.08 只能與 0.5% = $\alpha/2$ 比較，所以要跟完整的 α 比較，0.8 乘上 2 得到 0.16，0.16 就是 p 值，p 值與顯著水準 $\alpha = 0.01$ 比較，可知 $p \geq \alpha$，因此無法拒絕虛無假設。

再舉另一例，以上一節內容單尾檢定的問題為例，假設食品公司想知道今年麥片隨身包是否超過重量 20 克的過重現象，不符規定的數量要在 1% 以下。已經隨機抽樣 100 包，樣本平均一包 20.1 克，樣本標準差為 0.3 克。請問有沒有符合規定？

其結論為為樣本檢定值約是 3.33，在超過 2.33 臨界值，所以拒絕虛無假設。而 p 值就是找出檢定值 3.33 的機率為何，查表可知是 49.96% = 0.4996。見圖 2。

再由 0.5 − 0.4996 = 0.0004，0.0004 就是 p 值與顯著水準 $\alpha = 0.01$ 比較，可知 $p < \alpha$，因此拒絕虛無假設。

（一）p 值其他意義

p 值可以認為是虛無假設的信賴度，如 p 值為 0.0001，代表虛無假設不大可能成立；p 值為 0.235，代表虛無假設出錯機率很小。

一般我們可以利用 p 值來拒絕的虛無假設的強度為下述。

1. $p < 0.1$，我們有一點點認為虛無假設不成立。
2. $p < 0.05$，我們有點認為虛無假設不成立。
3. $p < 0.01$，我們認為虛無假設不成立。
4. $p < 0.001$，我們非常認為虛無假設不成立。

（二）p 值法跟單尾檢定、雙尾檢定的差異是什麼？

單尾檢定、雙尾檢定是用顯著水準做出臨界值與棄卻域，判斷是否拒絕虛無假設，

也就是用顯著水準爲機率求 z 值（臨界值）。而 p 值法是由樣本檢定值，判斷與顯著水準關係，也就是樣本檢定值與臨界值的關係，再判斷是否拒絕虛無假設，也就是用 z 值（樣本檢定值）求機率。兩個方法都可以判定是否可以拒絕虛無假設，只是利用 z 表的方法不同。

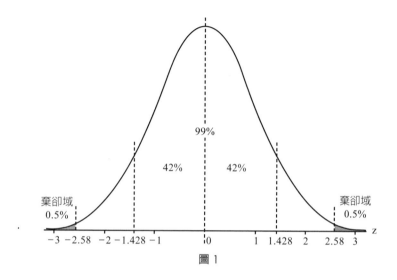

圖 1

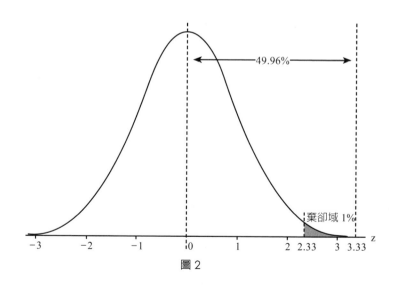

圖 2

2-53 **未知母體標準差，母體平均數的 t 檢定**

我們已經學會處理**已知母體標準差，母體平均數的檢定**，接著我們以例題介紹**未知母體標準差，母體平均數的檢定**，因為會利用 t 分布，故稱為 t 檢定。而 t 檢定可再細分為單尾檢定、雙尾檢定。

（一）雙尾檢定

假設豬養殖戶想知道豬每吃 3.5 公斤的飼料，是否有符合預期的長出的 1 公斤肉，也就是換肉率為 3.5，不符規定的數量要在 5% 以下。已經隨機抽樣 15 頭，樣本平均 3.4，樣本標準差為 0.2。請問 3.4 是否為抽樣的誤差，母體是否能符合規定？

令：虛無假設 H_0 母體換肉率 = 3.5，記作：$H_0 : \mu = 3.5$。

相對應的是對立假設 H_1 母體換肉率 ≠ 3.5，記作：$H_0 : \mu \neq 3.5$。

如果我們可以拒絕 H_0，就代表推翻 H_0：母體換肉率 = 3.5 這件事情，而接受對立假設 H_1：母體換肉率 ≠ 3.5，所以就代表不符規定。

因為問題是討論是否符合 3.5，沒有方向性，故此次假設為雙尾檢定。而本次的檢驗，希望出錯的機率在 5% 以下，也就是顯著水準是 5% = 0.05，記作 $\alpha = 0.05$。在雙尾檢定的內容中也就是分布曲線的兩端各有 5%/2 = 2.5% 的棄卻域。

而我們作檢定時都會將其作成標準常態分布或是 t 分布。在本次討論的問題已抽樣 15 頭樣本數不夠大，故要使用 t 分布，而自由度為 15 − 1 = 14。由顯著水準及利用 t 表，求雙尾 95% 時自由度為 14 的 t 值，其值為 2.145。觀察圖 1 的**棄卻域**與**臨界值**情形。

要如何檢定？若虛無假設成立，需要 t 值（$t = \dfrac{\bar{x} - \mu}{s / \sqrt{n}}$），落在 −2.145 到 2.145 之間。在本次問題抽樣 15 頭，樣本標準差為 0.2。因數量不夠大，樣本標準差不會接近母體標準差 σ，而母體平均是要檢驗 3.5，所以 $\mu = 3.5$，故本次樣本的 t 值計算為 $t = \dfrac{\bar{x} - \mu}{s / \sqrt{n}} = \dfrac{3.4 - 3.5}{0.2 / \sqrt{15}} \approx -1.936$，可發現本次檢驗結果沒有在棄卻域，所以無法拒絕虛無假設 H_0：「母體換肉率 = 3.5」，故接受母體換肉率為 3.5。

（二）單尾檢定

假設豬養殖戶想知道豬是否可以不要吃超過 3.5 公斤的飼料，就長出 1 公斤的肉，也就是換肉率小於等於 3.5，不符規定的數量要在 5% 以下。已經隨機抽樣 15 頭，樣本平均 3.6，樣本標準差為 0.2。請問 3.6 是否為抽樣的誤差，母體是否能符合預期？

令虛無假設 H_0 母體換肉率 ≤ 3.5，記作：$H_0 : \mu \leq 3.5$。

相對應的是對立假設 H_1 母體換肉率 >3.5，記作：$H_1 : \mu > 3.5$。

如果我們可以拒絕 H_0，就代表推翻 H_0：母體換肉率 ≤ 3.5 這件事情，而接受對立假設 H_1：母體換肉率 >3.5。

因為問題是討論是否超過 3.5，有方向性，故此次假設為單尾檢定。而本次的檢驗，希望出錯的機率在 5% 以下，也就是顯著水準是 5% = 0.05，記作 $\alpha = 0.05$。在

單尾檢定的內容中也就是分布曲線的一端有 5% 的棄卻域，本次是超過就是不要的部分，所以棄卻右端。

　　而我們作檢定時都會將其作成標準常態分布或是 t 分布。在本次討論的問題已抽樣 15 頭樣本數不夠大，故要使用 t 分布，而自由度為 15 − 1 = 14。由顯著水準及利用 t 表，求單尾 95% 時自由度為 14 的 t 值，其值為 1.761。觀察圖 2 的**棄卻域**與**臨界值**情形。

　　要如何檢定？若虛無假設成立，需要 t 值（$t = \dfrac{\bar{x} - \mu}{s / \sqrt{n}}$），落在 1.761 左側。在本次問題抽樣 15 頭，樣本標準差為 0.2。因數量不夠大，樣本標準差不會接近母體標準差 σ，而母體平均是要檢驗 3.5，所以 $\mu = 3.5$，故本次樣本的 t 值計算為 $t = \dfrac{\bar{x} - \mu}{s / \sqrt{n}} = \dfrac{3.6 - 3.5}{0.2 / \sqrt{15}} \approx 1.936$，可發現本次檢驗結果在棄卻域，所以拒絕虛無假設 H_0：「換肉率 ≦ 3.5」，接受對立假設 H_1：母體換肉率 >3.5。

結論：

　　由以上說明我們就可以處理在樣本數較少的 t 檢定，也就是可以處理未知母體標準差，母體平均數的檢定。

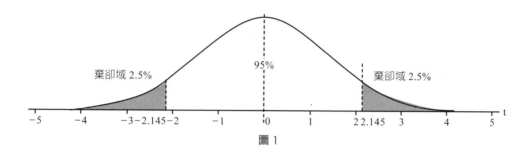

圖 1

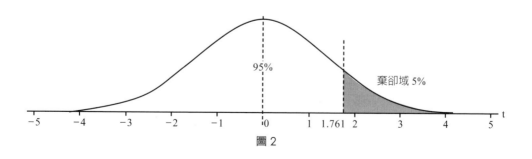

圖 2

2-54 **母體比例的檢定**

當我們熟悉了已學會母體平均數的檢定，其中已知母體標準差、未知母體標準差，接著介紹的是母體比例的檢定，而母體比例的檢定，在生活中最常見的就是民調。

例題 1：民調

台灣的選舉候選人想要當選，至少要有 50% 的選票。而候選人想要知道當選的機率有多大，做了 1000 人的隨機抽樣，其中有 480 人表示願意支持，所以支持率 $\hat{p} = 48\% = 0.48$。那麼在顯著水準 $\alpha = 0.05$ 的情況下，也就是 95% 可信度，5% 出錯情況，是否可以認為母體支持率 $p \geq 50\%$，也就是一定會當選。

令：虛無假設 H_0 母體支持率 $p \geq 50\%$，也就是 $p \geq 0.5$，記作：$H_0 : p \geq 0.5$。

相對應的是對立假設 H_1 母體支持率 < 0.5，記作：$H_1 : p < 0.5$。

如果我們可以拒絕 H_0，就代表推翻 H_0，而接受對立假設 H_1。

因為問題是討論是否是 50% 以上，有方向性，故此次假設為單尾檢定。而本次的檢驗，希望出錯的機率在 5% 以下，也就是顯著水準是 5% = 0.05，記作 $\alpha = 0.05$。在單尾檢定的內容中也就是分布曲線的一端有 5% 的棄卻域，本次是小於就是敗選，所以棄卻左端。

在本次討論的問題，已抽樣 1000 樣本數夠大，並因中央極限定理，所以其分布圖會接近常態分布，所以討論的圖表使用標準常態分布。由顯著水準及利用 z 表，求單尾 95% 的 z 值，其值為 -1.64，此值為臨界值，觀察圖 1 的**棄卻域**與**臨界值**情形。

要如何檢定？若虛無假設成立，需要 z 值落在 -1.64（臨界值）的右側（$z = \dfrac{\hat{p} - p}{\sqrt{\dfrac{\hat{p}(1 - \hat{p})}{n}}}$，此值由統計學家計算出來，在此不贅述）。在本次問題抽樣 1000 人，樣本支持率 $\hat{p} = 48\% = 0.48$。而母體比例是要檢驗 0.5，所以 $p = 0.5$，故本次樣本的 z 值計算為 $z = \dfrac{\hat{p} - p}{\sqrt{\dfrac{\hat{p}(1 - \hat{p})}{n}}} = \dfrac{0.48 - 0.5}{\sqrt{\dfrac{0.48 \times (1 - 0.48)}{1000}}} \approx -1.265$，可發現本次檢驗結果不在棄卻域，所以無法拒絕虛無假設 H_0：「母體支持率 p $\geq$ 50%」。

例題 2：損壞率

損壞率也會利用到母體比例的檢定，燈泡的損壞率預計是 3%，而想要知道這 1000 個燈泡損壞率是否是 3%，做了 50 個燈泡的隨機抽樣，其中有 2 個壞掉，也就是損壞率 $\hat{p} = 4\% = 0.04$。那麼在顯著水準 $\alpha = 0.05$ 的情況下，是否可以認為母體損壞率是 $p = 3\%$。

令：虛無假設 H_0 母體損壞率是 $p = 3\%$，也就是 $p = 0.03$，記作：$H_0 : p = 0.03$。

相對應的是對立假設 H_1 母體損壞率是 $p \neq 3\%$，記作：$H_1 : p \neq 3\%$。如果我們可以拒絕 H_0，就代表推翻 H_0，而接受對立假設 H_1。

　　因為問題是討論是否是 3%，沒有方向性，故此次假設為雙尾檢定。而本次的檢驗，顯著水準是 5% = 0.05，記作 $\alpha = 0.05$。在雙尾檢定的內容中也就是分布曲線的兩端有 5%/2 的棄卻域，本次是不等於就是不符合，所以棄卻兩端。

　　在本次討論的問題，已抽樣 50 樣本數夠大，並因中央極限定理，所以其分布圖會接近常態分布，所以討論的圖表使用標準常態分布。由顯著水準及利用 z 表，求雙尾 95% 的 z 值，其值為 2，此值為臨界值，觀察圖 2 的**棄卻域**與**臨界值**情形。

　　要如何檢定？若虛無假設成立，需要 z 值（$z = \dfrac{\hat{p} - p}{\sqrt{\dfrac{\hat{p}(1-\hat{p})}{n}}}$），落在 −2 到 2 之間。在本次問題抽樣 50 個，樣本損壞率 $\hat{p} = 4\% = 0.04$。而母體比例是要檢驗 0.03，所以 $p = 0.03$，故本次樣本的 z 值計算為 $z = \dfrac{\hat{p} - p}{\sqrt{\dfrac{\hat{p}(1-\hat{p})}{n}}} = \dfrac{0.04 - 0.03}{\sqrt{\dfrac{0.04 \times (1 - 0.04)}{50}}} \approx -0.36$，可發現本次檢驗結果不在棄卻域，所以無法拒絕虛無假設 H_0：「母體 $p = 3\%$」。

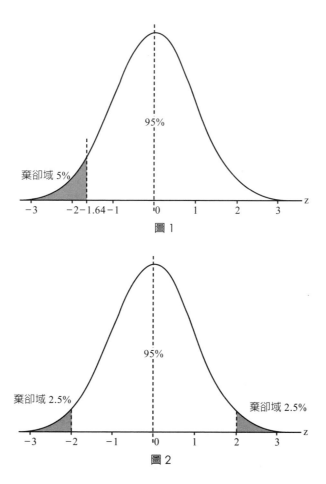

圖 1

圖 2

2-55 已知母體標準差，兩母體平均數的 z 檢定

我們學會了一組樣本的假設檢定，也知道顯著水準與 z 表、t 表的應用。接著討論雙組樣本的假設檢定。

何謂雙組樣本的檢定

舉例說明：假設不同的飼料對於同一種動物會有不一樣的成長，雞農有許多雞舍並養同一種雞，一號雞舍的雞吃 A 牌的飼料，隨機抽取 60 隻作樣本，樣本平均成長 3.5 公斤，樣本標準差 0.3 公斤。二號雞舍，生長環境條件與一號雞舍相同，但是吃 B 牌的飼料，隨機抽取 50 隻作樣本，樣本平均成長 3.7 公斤，樣本標準差 0.7 公斤。

那麼哪一牌的飼料可以增加比較多的重量，在本問題平均成長重量是 B 牌飼料大，而標準差是 A 牌飼料比較少，難以取捨說到底哪一牌飼料可以成長較多的重量。我們可以試著觀察兩組飼料的分布圖，因爲樣本數夠大，假設兩組樣本的分布應該會接近常態，見圖 1。從圖來看 A 飼料 95% 分布在 2.9 到 4.1 之間，B 飼料 95% 分布在 1.6 到 5.1 之間，因此還是無法比較，所以無法利用此圖來分辨。而統計學家爲了做出比較兩組資料的問題方法，就是雙組樣本的假設檢定。

如何檢定

直觀上來會是認爲平均成長 3.7 公斤的 B 牌比平均成長 3.5 公斤的 A 牌好，但是真的是如此嗎？我們以顯著水準 $\alpha = 0.01$ 來討論雙組樣本的假設檢定。

設：A 牌的母體平均成長重量爲 μ_a，B 牌的母體平均成長重量爲 μ_b。

令：虛無假設 H_0：B 牌母體平均成長重量比 A 牌多，記作：$H_0 : \mu_a \leq \mu_b$。

相對應的是對立假設 H_1：B 牌母體平均成長重量比 A 牌少，記作：$H_1 : \mu_a > \mu_b$。

如果我們可以拒絕 H_0，就代表推翻 H_0：B 牌比 A 牌多這件事情，而接受對立假設 H_1：B 牌比 A 牌少，所以就可以下定決心用 A 牌。

因爲本問題有方向性，故此次假設爲單尾檢定。而本次的檢驗，顯著水準是 $\alpha = 0.01$。在單尾檢定的內容中也就是分布曲線的一端有 1% 的棄卻域。而在本次討論的問題樣本數夠大，並因中央極限定理，所以其分布圖會接近常態分布，所以討論的圖表使用標準常態分布，見圖 2。

要如何檢定？若虛無假設成立，需要 z 值落在 2.33（臨界值）的左側（$z = \dfrac{\overline{x_1} - \overline{x_2}}{\sqrt{\dfrac{\sigma_1^2}{n_1} + \dfrac{\sigma_2^2}{n_2}}}$，

n_1、n_2 爲 1、2 號雞舍抽取的數量，σ_1、σ_2 爲 1、2 號雞舍樣本標準差，此值由統計學家計算出來，在此不贅述）。在本次問題因數量夠大，A 組樣本標準差會接近母體標準差 $\sigma_1 = 0.3$，而 B 組樣本標準差會接近母體標準差 $\sigma_2 = 0.7$，故本次樣本的 z 值計算

爲 $z = \dfrac{\overline{x_1} - \overline{x_2}}{\sqrt{\dfrac{\sigma_1^2}{n_1} + \dfrac{\sigma_2^2}{n_2}}} = \dfrac{3.5 - 3.7}{\sqrt{\dfrac{(0.3)^2}{60} + \dfrac{(0.7)^2}{50}}} \approx -1.88$，可發現本次檢驗結果不在棄卻域，所以無

法拒絕虛無假設 H_0：「B 牌比 A 牌好」。所以 B 牌比 A 牌好，故可以買 B 牌的飼料來餵雞，達到較高的重量。

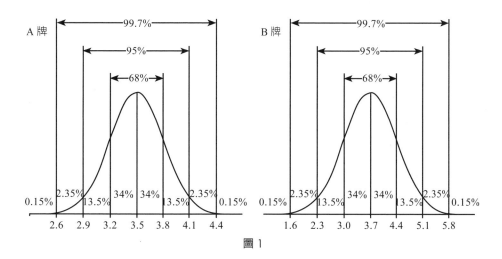

圖 1

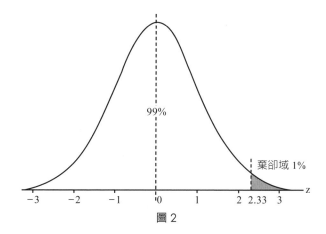

圖 2

2-56 未知母體標準差,假設兩母體標準差相同,兩母體平均數的 t 檢定

我們學會了兩組樣本的假設檢定的概念,上一節討論的是「已知母體標準差,兩母體平均數的 z 檢定」,接著討論「未知母體標準差,假設兩母體標準差相同,兩母體平均數的 t 檢定」。

舉例說明 1: 假設不同的除草劑對於同一地區會有不一樣的效果,經調查本地區的雜草種類近似,使用 A 牌的除草劑,抽取 15 個客戶作樣本,樣本平均用 3 公升可除草 10 平方米,樣本標準差 0.2 公升。使用 B 牌的除草劑,抽取 20 個客戶作樣本,樣本平均用 3.1 公升可除草 10 平方米,樣本標準差 0.4 公升。請問哪一牌的飼料可以用比較少的除草劑?

如何檢定

直觀上來會是認為平均 3 公升的 A 牌用比較少,但是真的是如此嗎?我們以顯著水準 $\alpha = 0.05$ 來討論雙組樣本的假設檢定。

設:A 牌的母體平均用量為 μ_a,B 牌的母體平均平均用量為 μ_b。

令:虛無假設 H_0:A 牌母體平均用量比 B 牌少,記作:$H_0 : \mu_a \leq \mu_b$。

相對應的是對立假設 H_1:A 牌母體平均用量比 B 牌多,記作:$H_1 : \mu_a > \mu_b$。

如果我們可以拒絕 H_0,就代表推翻 H_0,而接受對立假設。

因為本問題有方向性,故此次假設為單尾檢定。而本次的檢驗,顯著水準是 $\alpha = 0.05$。在單尾檢定的內容中也就是分布曲線的一端有 5% 的棄卻域,而在本次討論的問題**樣本數不夠大**,所以用 t 分布,而自由度為是 $n_1 + n_2 - 2 = 15 + 20 - 2 = 33$,見圖 1。

要如何檢定?若虛無假設成立,需要 t 值落在 -1.6931(臨界值)的左側($t = \dfrac{\overline{x_1} - \overline{x_2}}{\sqrt{\dfrac{s_p{}^2}{n_1} + \dfrac{s_p{}^2}{n_2}}}$,其中 $s_p = \dfrac{(n-1)s_1{}^2 + (n-1)s_2{}^2}{n_1 + n_2 - 2}$,$S_p$ 在統計上稱合併變異數:Pooled Sample Variance,合併兩組樣本的變異數,此值由統計學家計算出來,在此不贅述推導過程,在本題是假設兩母體標準差相等,統計上可先利用 F 檢定兩母體標準差是否相等)。在本次問題,合併變異數

$$s_p = \frac{(n-1)s_1{}^2 + (n-1)s_2{}^2}{n_1 + n_2 - 2} = \frac{(15-1)\times(0.2)^2 + (20-1)\times(0.4)^2}{15+20-2} \approx 0.1091,$$

故本次樣本的 t 值計算為 $t = \dfrac{\overline{x_1} - \overline{x_2}}{\sqrt{\dfrac{s_p{}^2}{n_1} + \dfrac{s_p{}^2}{n_2}}} = \dfrac{3-3.1}{\sqrt{\dfrac{(0.1091)^2}{15} + \dfrac{(0.1091)^2}{20}}} \approx -4.099$,

可發現本次檢驗結果不在棄卻域,所以無法拒絕虛無假設 H_0:「A 牌母體平均用量比 B 牌少」。所以可以決定用 A 牌。

舉例說明2：假設不同牌的輪胎對於同一地區的騎士會有不一樣的效果，針對上班族的騎士，使用 A 牌的輪胎，抽取 20 個客戶作樣本，樣本平均 6500 公里要換輪胎，樣本標準差 200 公里。使用 B 牌的輪胎，抽取 25 個客戶作樣本，樣本 7000 公里要換輪胎，樣本標準差 100 公里。請問兩者的使用距離會是一樣還是因抽樣的誤差所導致？

如何檢定

直觀會認爲很接近，但是兩者母體平均距離眞的是一樣嗎？我們以顯著水準 $\alpha = 0.05$ 來討論雙組樣本的假設檢定。

設：A 牌的母體平均距離爲 μ_a，B 牌的母體平均平均距離爲 μ_b。

令：虛無假設 H_0：A 牌等於 B 牌，記作：H_0：$\mu_a = \mu_b$。

相對應的是對立假設 H_1：A 牌不等於 B 牌，記作：H_1：$\mu_a \neq \mu_b$。

如果我們可以拒絕 H_0，就代表推翻 H_0，而接受對立假設 H_1。

因爲本問題沒有方向性，故此次假設爲雙尾檢定。而本次的檢驗，顯著水準選 $\alpha = 0.05$。在雙尾檢定的內容中也就是分布曲線的兩端各有 2.5% 的棄卻域，而在本次討論的問題樣本數**不夠大**，所以其分布圖用 t 分布，而自由度爲是 $n_1 + n_2 - 2 = 20 + 25 - 2 = 43$，見圖 2。

要如何檢定？若虛無假設成立，需要 t 值落在 −2.145 到 2.145 之間。在本次問題，

$$s_p = \frac{(n-1)s_1^2 + (n-1)s_2^2}{n_1 + n_2 - 2} = \frac{(20-1) \times (200)^2 + (25-1) \times (100)^2}{20 + 25 - 2} \approx 23255.81，$$

t 值計算爲 $t = \dfrac{\overline{x_1} - \overline{x_2}}{\sqrt{\dfrac{s_p^2}{n_1} + \dfrac{s_p^2}{n_2}}} = \dfrac{6500 - 7000}{\sqrt{\dfrac{(23255.81)^2}{20} + \dfrac{(23255.81)^2}{25}}} \approx -0.0961，$

可發現本次檢驗結果不在棄卻域，所以無法拒絕虛無假設 H_0：「A 牌等於 B 牌」。所以可以說兩者平均距離相同。

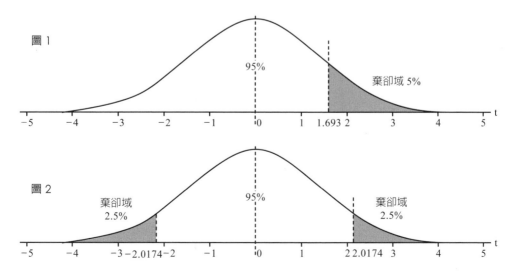

圖1

95%

棄卻域 5%

−5　−4　−3　−2　−1　0　1　1.693 2　3　4　5　t

圖2

棄卻域 2.5%

95%

棄卻域 2.5%

−5　−4　−3 −2.0174 −2　−1　0　1　2 2.0174 3　4　5　t

2-57 未知母體標準差，假設兩母體標準差不同，兩母體平均數的 t 檢定

我們學會了兩組樣本的假設檢定的概念，上一節討論的是「未知母體標準差，假設兩母體標準差相同，兩母體平均數的 t 檢定」，接著討論「未知母體標準差，假設兩母體標準差不同，兩母體平均數的 t 檢定」。

舉例說明 1：假設沒上補習班與有上補習班的學生對於同一份考卷會有不一樣的成績，經抽樣調查某一次數學成績，沒上補習班抽取 20 人作樣本，樣本平均 78 分，樣本標準差 12 分。有上補習班抽取 15 人作樣本，樣本平均 85 分，樣本標準差 5 分。請問何者母體平均成績比較差？

如何檢定

我們以顯著水準 $\alpha = 0.05$ 來討論雙組樣本的假設檢定。設：沒上補習班母體平均為 μ_a，有上補習班的母體平均為 μ_b。

令：虛無假設 H_0：沒上補習班母體平均比有上補習班母體平均高，記作：$H_0 : \mu_a \geq \mu_b$。

相對應的是對立假設 H_1：沒上補習班母體平均比有上補習班母體平均低，記作：$H_1 : \mu_a < \mu_b$。

如果我們可以拒絕 H_0，就代表推翻 H_0，而接受對立假設 H_1。

因為本問題有方向性，故此次假設為單尾檢定。而本次的檢驗，顯著水準是 $\alpha = 0.05$。在單尾檢定的內容中也就是分布曲線的一端有 5% 的棄卻域，而在本次討論的問題樣本數**不夠大**，所以其分布圖用 t 分布，而自由度是

$$df = \frac{(\frac{s_1^2}{n_1} + \frac{s_2^2}{n_2})^2}{\frac{1}{n_1-1}(\frac{s_1^2}{n_1})^2 + \frac{1}{n_2-1}(\frac{s_2^2}{n_2})^2} = \frac{(\frac{12^2}{15} + \frac{5^2}{20})^2}{\frac{1}{15-1}(\frac{12^2}{15})^2 + \frac{1}{20-1}(\frac{5^2}{20})^2} \approx 17.66，自由度取 18，見圖 1。$$

要如何檢定？若要虛無假設成立，需要 t 值落在 -1.734（臨界值）的右側 ($t = \dfrac{\overline{x_1} - \overline{x_2}}{\sqrt{\frac{s_1^2}{n_1} + \frac{s_2^2}{n_2}}}$，這次不需要用合併變異數，因為直觀上可假設兩母體標準差不同，此檢定值由統計學家計算出來，在此不贅述推導過程）。在本次問題，t 值計算為

$$t = \frac{\overline{x_1} - \overline{x_2}}{\sqrt{\frac{s_1^2}{n_1} + \frac{s_2^2}{n_2}}} = \frac{78 - 85}{\sqrt{\frac{12^2}{20} + \frac{5^2}{15}}} \approx -9.68，可發現本次檢驗結果在棄卻域，所以拒絕虛無假設$$

H_0：「沒上補習班母體平均比有上補習班母體平均高」，所以接受對立假設「沒上補習班母體平均比有上補習班母體平均低」。

舉例說明 2：假設出國念書回台灣工作的人與沒出過國唸書在台灣工作的人，會有不

一樣的薪水，經抽樣調查有 45 人的樣本，有出國唸書的人有 20 人，樣本平均薪水是 31500 元，樣本標準差 2500 分。沒出過國唸書的人有 25 人，樣本平均 30000 元，樣本標準差 4000 分。請問平均薪資是否不同？

如何檢定

我們以顯著水準 $\alpha = 0.05$ 來討論雙組樣本的假設檢定。

設：出國念書回台灣工作的人母體平均薪資為 μ_a；

沒出過國唸書在台灣工作的人的母體平均薪資為 μ_b。

令：虛無假設 H_0：這兩類人母體平均薪資相同，記作：$H_0 : \mu_a = \mu_b$。

相對應的是對立假設 H_1：這兩類人母體平均薪資不同，記作：$H_1 : \mu_a \neq \mu_b$。

如果我們可以拒絕 H_0，就代表推翻 H_0：這兩類人母體平均薪資相同這件事情，而接受對立假設 H_1：這兩類人母體平均薪資不同。

因為本問題沒有方向性，故此次假設為雙尾檢定。而本次的檢驗，顯著水準是 $\alpha = 0.05$。在單尾檢定的內容中也就是分布曲線的一端有 2.5% 的棄卻域，而在本次討論的問題樣本數**不夠大**，所以其分布圖用 t 分布，而自由度為是

$$df = \frac{(\frac{s_1^2}{n_1} + \frac{s_2^2}{n_2})^2}{\frac{1}{n_1-1}(\frac{s_1^2}{n_1})^2 + \frac{1}{n_2-1}(\frac{s_2^2}{n_2})^2} = \frac{(\frac{2500^2}{20} + \frac{4000^2}{25})^2}{\frac{1}{20-1}(\frac{2500^2}{20})^2 + \frac{1}{25-1}(\frac{4000^2}{25})^2} \approx 40.8 \text{，取 41，見圖2。}$$

要如何檢定？若要虛無假設成立，需要 t 值落在 -2.02 到 2.02 之間（$t = \frac{\overline{x_1} - \overline{x_2}}{\sqrt{\frac{s_1^2}{n_1} + \frac{s_2^2}{n_2}}}$）。

在本次問題，t 值計算為 $t = \frac{\overline{x_1} - \overline{x_2}}{\sqrt{\frac{s_1^2}{n_1} + \frac{s_2^2}{n_2}}} = \frac{31500 - 30000}{\sqrt{\frac{2500^2}{20} + \frac{4000^2}{25}}} \approx 1.537$，

可發現本次檢驗結果不在棄卻域，所以無法拒絕虛無假設 H_0：「這兩類人母體平均薪資相同」。

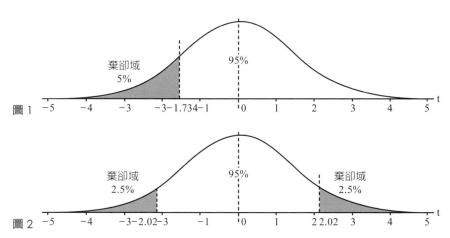

2-58 兩母體比例的檢定

我們學會了兩組樣本的假設檢定的概念，已經討論過「已知母體標準差的兩母體平均數的檢定」、「未知母體標準差的兩母體平均數的檢定」，現在介紹「兩母體比例的檢定」。

舉例說明 1：假設食品公司推出一個新餅乾，對男孩與女孩進行問卷調查，發現 150 個男孩中有 63 個喜歡，也就是 42% 喜歡；發現 250 個女孩中有 115 個喜歡，也就是 46% 喜歡。這兩組樣本有 4% 的差異，是因爲抽樣造成的誤差，還是我們可以說男孩與女孩喜歡此種餅乾的機率是相同的？

如何檢定

設：男孩喜歡餅乾的母體機率爲 p_1，女孩喜歡餅乾的母體機率爲 p_2。

令：虛無假設 H_0：兩者機率相同，記作：$H_0 : p_1 = p_2$。

相對應的是對立假設 H_1：兩者機率不同，記作：$H_1 : p_1 \neq p_2$。

如果我們可以拒絕 H_0，就代表推翻 H_0，而接受對立假設 H_1。

因爲本問題沒有方向性，故此次假設爲雙尾檢定。而本次的檢驗，顯著水準是 $\alpha = 0.01$。在雙尾檢定的內容中也就是分布曲線的兩端各有 0.5% 的棄卻域，而在本次討論的問題樣本數夠大，並因中央極限定理，所以其分布圖會接近常態分布，所以討論的圖表使用標準常態分布，見圖 1。

要如何檢定？若虛無假設成立，需要 z 值落在 -2.58 到 2.58（臨界值）之間

（$z = \dfrac{\hat{p}_1 - \hat{p}_2}{\sqrt{\dfrac{\hat{p}_c(1-\hat{p}_c)}{n_1} + \dfrac{\hat{p}_c(1-\hat{p}_c)}{n_2}}}$，其中 n_1、n_2 爲男孩、女孩數量，$\hat{p}_1$ 爲男孩樣本機率，

$\hat{p}_2$ 爲女孩樣本機率，$\hat{p}_c = \dfrac{x_1 + x_2}{n_1 + n_2}$，$\hat{p}_c$ 在統計上稱合併比例（The pooled estimator of p），此值由統計學家計算出來，在此不贅述）。在本次問題，合併比例 $\hat{p}_c = \dfrac{x_1 + x_2}{n_1 + n_2}$

$= \dfrac{63 + 115}{150 + 250} = 44.5\% = 0.445$，故本次樣本的 z 值計算爲 $z = \dfrac{\hat{p}_1 - \hat{p}_2}{\sqrt{\dfrac{\hat{p}_c(1-\hat{p}_c)}{n_1} + \dfrac{\hat{p}_c(1-\hat{p}_c)}{n_2}}}$

$= \dfrac{0.42 - 0.46}{\sqrt{\dfrac{0.445(1 - 0.445)}{150} + \dfrac{0.445(1 - 0.445)}{250}}} \approx -0.779$，可發現本次檢驗結果不在棄卻域，

所以無法拒絕虛無假設 H_0：「兩者機率相同」。所以男孩與女孩的喜歡此種餅乾的機率相同。

舉例說明 2：假設工廠買了一套工具來製作引擎，以增加產量，經測試發現原有工具作的 100 個引擎中有 5 個故障，也就是 5% 故障；而新工具作的 200 個引擎中有 6 個故障，也就是 3% 故障。這兩組樣本有 2% 的差異，我們可以說新工具比原有工具的故障率低嗎？

如何檢定

設：原有工具作的引擎母體故障率為 p_1，新工具作的引擎母體故障率為 p_2。

令：虛無假設 H_0：新工具作的引擎故障率比原有工具低，記作：$H_0：p_1 \geq p_2$。

相對應的是對立假設 H_1：$H_1：p_1 < p_2$。

如果我們可以拒絕 H_0，就代表推翻 H_0，而接受對立假設 H_1。

因為本問題有方向性，故此次假設為單尾檢定。而本次的檢驗，使用顯著水準是 $\alpha = 0.05$。在單尾檢定的內容中有 5% 的棄卻域，而在本次討論的問題樣本數夠大，並因中央極限定理，所以其分布圖會接近常態分布，所以討論的圖表使用標準常態分布，見圖 2。

要如何檢定？若虛無假設成立，需要 z 值，落在 -1.64 的右側。在本次問題，合併比例 $\hat{p}_c = \dfrac{x_1 + x_2}{n_1 + n_2} = \dfrac{5 + 6}{100 + 200} = 3.6\% = 0.036$，故本次樣本的 z 值計算為

$$z = \frac{\hat{p}_1 - \hat{p}_2}{\sqrt{\dfrac{\hat{p}_c(1 - \hat{p}_c)}{n_1} + \dfrac{\hat{p}_c(1 - \hat{p}_c)}{n_2}}} = \frac{0.05 - 0.03}{\sqrt{\dfrac{0.036(1 - 0.036)}{100} + \dfrac{0.036(1 - 0.036)}{200}}} \approx 0.8765，可發現本$$

次檢驗結果不在棄卻域，所以無法拒絕虛無假設 H_0：「新工具作的引擎故障率比原有工具低」。所以新工具作的引擎故障率比原有工具低。

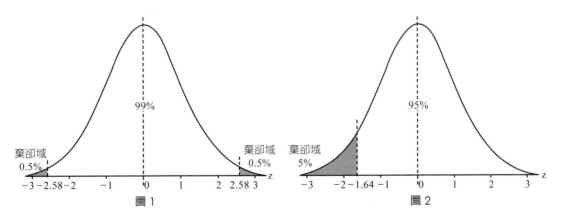

圖 1　　　　　　　　　　　圖 2

2-59 **相依樣本的檢定**

在先前介紹了許多兩組樣本的假設檢定的概念，但兩組樣本的關係明顯是獨立的，也就是兩組樣本沒關係，怎樣算有關係的兩組樣本？

舉例來說：某健身中心推出一種新的運動方法，而此方法說只要確實完成此種運動方法半年，就能減重。為了確定此方法有效，作會員的隨機抽樣得到下述資料。由表1中可以看到同一個人的兩組資料，此種資料是具有關聯關係，稱為相依的兩組樣本。

（一）相依的兩組樣本如何檢定

相依的兩組樣本檢定，須判斷前後差異的情形，見表2。

設：每個會員的重量變化為 $d_1, d_2, d_3, ..., d_{10}$，平均重量變化為 $\bar{d}$，

令：虛無假設 H_0：可以減重，也就是母體平均重量變化小於等於 0，記作：$H_0 : \mu_d \leq 0$。

相對應的是對立假設 H_1：沒減重，母體平均重量變化大於 0，記作：$H_1 : \mu_d > 0$。如果我們可以拒絕 H_0，就代表推翻 H_0 而接受對立假設 H_1。

因為本問題有方向性，故此次假設為單尾檢定。令本次的檢驗，顯著水準是 $\alpha = 0.05$。單尾檢定是分布曲線的一端有 5% 的棄卻域，而在本次討論的問題樣本數不夠大，所以自由度為 $10 - 1 = 9$，所以討論的圖表用自由度為 9 的 t 分布，見圖1。

要如何檢定？若虛無假設成立，需要 t 值落在 1.833 左側。

$$(t = \frac{\bar{d}}{s_d / \sqrt{n}}，其中 s_d = \sqrt{\frac{\sum_{i=1}^{n}(d_i - \bar{d})^2}{n-1}}，S_d 是樣本標準差)。$$

在本次問題，$\bar{d} = \dfrac{d_1 + d_2 + d_3 + ... + d_{10}}{10} = \dfrac{(-8) + (-8) + ... + (-2)}{10} = -2.1$

$$s_d = \sqrt{\frac{\sum_{i=1}^{n}(d_i - \bar{d})^2}{n-1}} = \sqrt{\frac{[-8-(-2.1)]^2 + [-8-(-2.1)]^2 + ... + [-3-(-2.1)]^2}{10-1}} \approx 4.9317，故本次$$

樣本的 t 值計算為 $t = \dfrac{\bar{d}}{s_d / \sqrt{n}} = \dfrac{-2.1}{4.9317 / \sqrt{10}} \approx -1.3465$，

可發現本次檢驗結果不在棄卻域，所以無法拒絕虛無假設 H_0：「可以減重」。

所以此運動方法可以減重。

（二）p 值法

討論 p 值法，觀察反對此運動方法能減重的程度。其結論檢定值約是 -1.3465。而 p 值就是找出檢定值 -1.3465 的機率為何，查表可知是 39.33% = 0.3933。再由 $0.5 - 0.3933 = 0.1066$，是 p 值與顯著水準 $\alpha = 0.01$ 比較，可知 $p > \alpha$，因此無法拒絕虛無假設。而 $p > 0.1$ 是無法拒絕虛無假設。

（三）如何判斷兩組樣本是相依還是獨立

我們在一開始學習的時候，總是難以判斷樣本是相依還是獨立，在此統計學家有給出嚴謹的規定，相依樣本具有兩種型態：

1. 同一組樣本在不同時間下的數據。
2. 樣本資料是成對的，如：不同人觀察的同一組樣本。

結論：

由此我們可以認識到如何處理兩組相依樣本的假設檢定。

表 1

會員編號	減重前	減重後
1	58	50
2	61	53
3	48	41
4	74	72
5	59	58
6	42	35
7	59	49
8	55	51
9	54	48
10	59	56

表 2

會員編號	減重前	減重後	重量變化
1	58	50	−8
2	61	53	−8
3	48	49	1
4	74	72	−2
5	59	58	−1
6	42	50	8
7	59	61	2
8	55	51	−4
9	54	48	−6
10	59	56	−3

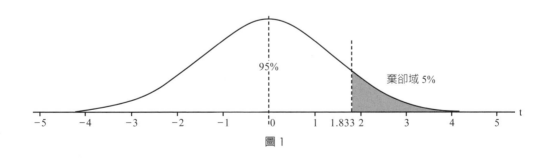

圖 1

2-60 **兩母體變異數的 F 檢定**

在先前介紹了許多假設檢定的概念，也介紹了兩組樣本的假設檢定，現在要介紹的是，比較兩母體變異數是否相同的檢定。

舉例 1：某服飾店發現 7 個男客人買衣服時間，平均為 20 分鐘，標準差為 3 分鐘，而 9 個女客人買衣服時間，平均為 23 分鐘，標準差為 8 分鐘。老闆想知道兩者的母體變異數是否有所不同。

如何做變異數分析

一樣要從建立假設開始，在這邊為了利用 F 分布，我們必須讓變異數大當分子，所以設：女客人買衣服時間的母體變異數為 σ_1^2，男客人買衣服時間的母體變異數為 σ_2^2。

令：虛無假設 H_0：母體的男女變異數相同，記作：$H_0 : \sigma_1^2 = \sigma_2^2$。

相對應的是對立假設 H_1：母體的男女變異數不同，記作：$H_1 : \sigma_1^2 \neq \sigma_2^2$。

如果我們可以拒絕 H_0，就代表推翻 H_0，而接受對立假設 H_1。

因為本問題沒有方向性，故此次假設為雙尾檢定。令本次的檢驗，顯著水準用 $\alpha = 0.1$。單尾內的顯著水準為 $\alpha/2 = 0.1 / 2 = 0.05$。而分子的自由度是女客人的數量 $-1 = 9 - 1 = 8$；而分母的自由度是男客人的數量 $-1 = 7 - 1 = 6$；所以可以由表格中查出臨界值為 4.15。見圖 1 可看到此組自由度狀態的 5% 的棄卻域。

要如何檢定？若虛無假設成立，需要 F 值落在 4.15 左側（$F = \dfrac{s_1^2}{s_2^2}$，此值由統計學家計算出來，在此不贅述）。在本次問題，$F = \dfrac{s_1^2}{s_2^2} = \dfrac{8^2}{3^2} = \dfrac{64}{9} \approx 7.11$，可發現本次檢驗結果在棄卻域，所以拒絕虛無假設 H_0：「母體的男女變異數相同」。接受對立假設 H_1：母體的男女變異數不同。

舉例 2：某大學發現 3 年級某一班的 17 個男學生，一年內平均長高 10 公分，標準差為 4 公分，而 13 個女學生，一年內平均長高為 8 公分，標準差為 3 公分。老師想知道以 3 年級全部學生為母體的男女變異數，是否男生大於女生。

如何做變異數分析

設：母體男學生的身高變異數為 σ_1^2，母體女學生的身高變異數為 σ_2^2。

令：虛無假設 H_0：母體的男生身高變異數大於等於女生，記作：$H_0 : \sigma_1^2 \geq \sigma_2^2$。相對應的是對立假設 H_1：母體的男生身高變異數小於女生，記作：$H_1 : \sigma_1^2 < \sigma_2^2$。如果我們可以拒絕 H_0，就代表推翻 H_0，而接受對立假設 H_1。

因爲本問題有方向性，故此次假設爲單尾檢定。令本次的檢驗，顯著水準用 $\alpha = 0.05$。而分子的自由度是男學生的數量 $-1 = 17 - 1 = 16$；而分母的自由度是女學生的數量 $-1 = 13 - 1 = 12$；所以可以由表格中查出臨界值爲 2.6。見圖 2 可看到此組自由度狀態的 5% 的棄卻域。

要如何檢定？若虛無假設成立，需要 F 值落在 2.6 左側（$F = \dfrac{s_1^2}{s_2^2}$，此值由統計學家計算出來，在此不贅述）。在本次問題，$F = \dfrac{s_1^2}{s_2^2} = \dfrac{4^2}{3^2} \approx 1.77$，可發現本次檢驗結果不在棄卻域，所以無法拒絕虛無假設 H_0：「母體的男生身高變異數大於等於女生」。

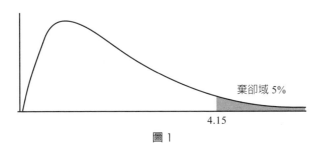

棄卻域 5%

4.15

圖 1

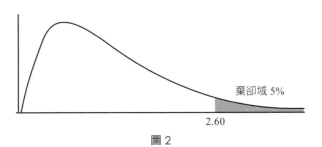

棄卻域 5%

2.60

圖 2

2-61 ANOVA 檢定 (1)

在先前介紹了比較兩母體變異數的方法，需要用 F 分布。但生活中不只會兩兩比較，也常會有三個以上的比較。如果利用兩組的比較方法，在面對 3 組樣本（A、B、C）時，就需要做分別 3 次兩組的比較方法（AB、AC、BC），這樣顯然沒有效率。而統計學家推導出一個可以同時比較的方法——ANOVA 檢定。要使用此方法需要先滿足以下條件：

1. 所有母體服從常態分布。2. 所有母體標準差相等。3. 所有母體互相獨立。

舉例：遊樂園想對四項設施作喜好度調查，分數為 0 到 100 分，以下為樣本資料，表1，所以這四項設施遊客的滿意程度是否不同，用 0.01 的顯著水準討論。

如何假設檢定

建立虛無假設 H_0：四項遊樂設施的母體平均滿意程度相同，$\mu_1 = \mu_2 = \mu_3 = \mu_4$，

相對應的對立假設 H_1：四項設施的母體平均滿意程度，有其中兩項不同。

如果我們可以拒絕 H_0，就代表推翻 H_0：四項遊樂設施的母體平均滿意程度相同，而接受對立假設 H_1：四項設施的母體平均滿意程度，有其中兩項不同。

本次的檢定，顯著水準為 $\alpha = 0.01$，並要利用 F 分布，F 分布需要知道分子與分母的自由度，統計學家推導出表格的種類為分子自由度，也就是四項設施，所以分子自由度為 $4 - 1 = 3$；而分母自由度為觀察的樣本數量－種類 $= 22 - 4 = 18$。

所以可查出臨界值為 5.09。見圖 1 可看到此組自由度狀態的 1% 的棄卻域。

要如何檢定？若虛無假設成立，需要檢定統計量的值落在 5.09 左側。由於 ANOVA 檢定的檢定統計量需要許多步驟，若用符號將難以閱讀，所以用流程解釋。

第一步：全部受訪者的評分總平均，此數據在統計上稱為 $\overline{x_G}$：

$$\frac{85+90+96+...+86+92+90}{22} = 91.31$$

第二步：受訪者的評分－總平均，參考表 2，再平方，再總和，數學式為 $\sum_{j=1}^{4}\sum_{i=1}^{7}(x_{ij} - \overline{x_G})^2$，

統計上稱 SS total：$(85-91.31)^2 + (90-91.31)^2 + ... + (90-91.31)^2 = 616.77$

第三步：受訪者的評分－該項設施平均，參考表 3，再平方，再總和，數學式為

$\sum_{j=1}^{4}\sum_{i=1}^{7}(x_{ij} - \overline{x_{C_j}})^2$，統計上稱為 SSE：$(85-90)^2 + (90-90)^2 + ... + (90-89)^2 = 534$

第四步：算出平方和的差異，稱作 SST，SST = SS total-SSE = 616.77 − 534 = 82.77

第五步：求出檢定量 $F = \frac{MST}{MSE} = \frac{SST / 分子自由度}{SSE / 分母自由度} = \frac{82.77 / 3}{534 / 18} \approx 0.93$

在本次問題，檢定統計量 0.93 為小於臨界值 5.09，可發現本次檢驗結果不在棄卻域，所以無法拒絕虛無假設 H_0，「四項遊樂設施的母體平均滿意程度相同」。同時在處理 ANOVA 檢定都會做出一個 ANOVA 表，參考表 4，以供驗證。

　　由此例題就可以初步認識 ANOVA 檢定，並且也可以利用微軟的 EXCEL 來進行 ANOVA 檢定，下一節將會介紹如何操作。

表 1

項目	咖啡杯	摩天輪	雲霄飛車	旋轉木馬
受訪者	85	99	100	88
受訪者	90	100	96	86
受訪者	96	95	80	92
受訪者	92	93	88	90
受訪者	88	82	91	
受訪者	89	95		
受訪者		94		
該項設施平均	90	94	91	89

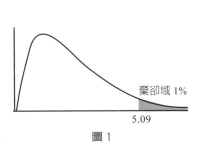

棄卻域 1%

5.09

圖 1

表 2

項目	咖啡杯 (j = 1)	摩天輪 (j = 2)	雲霄飛車 (j = 3)	旋轉木馬 (j = 4)
受訪者 – 總平均 (i = 1)	85 – 91.31 = –6.31	99 – 91.31 = 7.69	100 – 91.31 = 8.69	88 – 91.31 = –3.31
受訪者 – 總平均 (i = 2)	90 – 91.31 = –1.31	100 – 91.31 = 8.69	96 – 91.31 = 4.69	86 – 91.31 = –5.31
受訪者 – 總平均 (i = 3)	96 – 91.31 = 4.69	95 – 91.31 = 3.69	80 – 91.31 = –11.31	92 – 91.31 = 0.69
受訪者 – 總平均 (i = 4)	92 – 91.31 = 0.69	93 – 91.31 = 1.69	88 – 91.31 = –3.31	90 – 91.31 = –1.31
受訪者 – 總平均 (i = 5)	88 – 91.31 = –3.31	82 – 91.31 = –9.31	91 – 91.31 = –0.31	
受訪者 – 總平均 (i = 6)	89 – 91.31 = –2.31	95 – 91.31 = 3.69		
受訪者 – 總平均 (i = 7)		94 – 91.31 = 2.69		

表 3

項目	咖啡杯 (j = 1)	摩天輪 (j = 2)	雲霄飛車 (j = 3)	旋轉木馬 (j = 4)
該項設施平均	90	94	91	89
受訪者 - 該項設施平均 (i = 1)	85 – 90 = –5	99 – 94 = 5	100 – 91 = 9	88 – 89 = –1
受訪者 - 該項設施平均 (i = 2)	90 – 90 = 0	100 – 94 = 6	96 – 91 = 5	86 – 89 = –3
受訪者 - 該項設施平均 (i = 3)	96 – 90 = 6	95 – 94 = 1	80 – 91 = –11	92 – 89 = 3
受訪者 - 該項設施平均 (i = 4)	92 – 90 = 2	93 – 94 = –1	88 – 91 = –3	90 – 89 = 1
受訪者 - 該項設施平均 (i = 5)	88 – 90 = –2	82 – 94 = –12	91 – 91 = 0	
受訪者 - 該項設施平均 (i = 6)	89 – 90 = –1	95 – 94 = 1		
受訪者 - 該項設施平均 (i = 7)		94 – 94 = 0		

表 4

變異來源	平方和	自由度	變異數 (均方)	F
處理	SST = 82.77	k – 1 = 3	MST = SST/(k – 1) = 27.59	MST/MSE = 0.93
誤差	SSE = 534	n – k = 18	MSE = SSE/(n – k) = 29.66	
總計	SS Total = 616.77	n – 1 = 21		

2-62 ANOVA 檢定 (2)

　　由上一節內容可知，ANOVA 檢定需要好多流程，但是科技是無限便利的，我們可以利用微軟的 EXCEL 來進行 ANOVA 檢定，就可以快速的得到結果，並且還會告訴你完整的資訊。

　　利用上一小節的例題：遊樂園想對四項設施作喜好度調查，分數為 0 到 100 分，表 1 為樣本資料，所以這四項設施遊客的滿意程度是否不同，用 0.01 的顯著水準討論。

同樣需要建立假設與設定顯著水準

　　虛無假設 H_0：四項遊樂設施的母體平均滿意程度相同，$\mu_1 = \mu_2 = \mu_3 = \mu_4$，

　　相對應的對立假設 H_1：四項設施的母體平均滿意程度，有其中兩項不同。

　　如果我們可以拒絕 H_0，就代表推翻 H_0：四項遊樂設施的母體平均滿意程度相同，而接受對立假設 H_1：四項設施的母體平均滿意程度，有其中兩項不同。

　　令顯著水準為 $\alpha = 0.01$。做好這些前提之後，就可以將資料輸入到 EXCEL 來進行 ANOVA 檢定，參考以下流程，圖 1、2、3。

　　由以上操作就可以輕鬆的利用 EXCEL 來進行 ANOVA 檢定，並且還能得到 P 值，可由 p 值 > 0.1 知道虛無假設 H_0：「四項遊樂設施的母體平均滿意程度相同」是難以推翻的。

　　並且 EXCEL 的資料分析，不僅僅有 ANOVA 檢定，還有先前提到的 F 檢定、t 檢定、z 檢定圖，直方圖、下一單元要介紹的回歸，見圖 4，當然還有更多的在此就不多做介紹，有興趣的人可以自行操作。

表 1

項目	咖啡杯	摩天輪	雲霄飛車	旋轉木馬
受訪者	85	99	100	88
受訪者	90	100	96	86
受訪者	96	95	80	92
受訪者	92	93	88	90
受訪者	88	82	91	
受訪者	89	95		
受訪者		94		

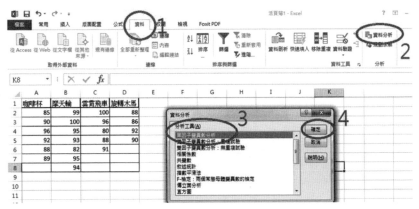

圖1：說明：1.點選主選單的資料→2.資料分析→3.單因子變異數分析→4.確定。

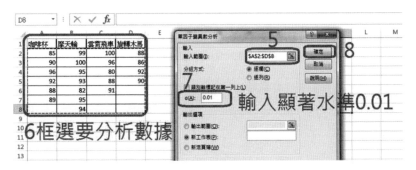

圖2：說明：5.點選輸入範圍欄位→6.框選要分析的數據→7.輸入顯著水準
→8.確定→跳出分析後頁面，見圖2.3.3-28。

單因子變異數分析

摘要

組	個數	總和	平均
咖啡杯	6	540	90
摩天輪	7	658	94
雲霄飛車	5	455	91
旋轉木馬	4	356	89

ANOVA

變源	SS	自由度	MS	F	P-值	臨界值
組間SST	82.77	3.00	27.59	0.93	0.45	5.09
組內SSE	534.00	18.00	29.67			
總和SS Total	616.7727	21				

圖3

圖4

2-63 卡方檢定 (1) —— 適合度檢定

在先前有介紹到卡方分布，卡方分布可以用來做怎樣的檢定？卡方分布可以做適合度檢定，也就是相同的期望次數。適合度檢定（Test of Goodness of Fit）是最常用的統計方法之一，其內容是判斷每一欄位是否與預期相同。

舉例 1：比薩店賣比薩希望各種比薩賣出量可以相同，因為這樣才不會導致過度囤貨，以及萬一暢銷比薩缺材料，將會使得顧客大減。表 1 是某一次假日的銷售情形。要判斷各種比薩賣出量母體平均是否相同要進行假設檢定。

令：虛無假設 H_0：各比薩實際銷售量與期望數量相同，也就是希望會平均分布，也就是意味著不同的原因是因為抽樣所導致。

對立假設 H_1：各比薩實際銷售量與期望數量不同。

如果我們可以推翻 H_0 各比薩實際銷售量與期望數量相同，代表可以接受 H_1 各比薩實際銷售量與期望數量不同。選擇顯著水準為 $\alpha = 0.05$，自由度為欄位數（種類）$- 1 = 6 - 1 = 5$ 的卡方分布並觀察棄卻域，見圖 1。如果我們要接受虛無假設，就是卡方檢定統計量（χ^2）要落在 11.07 的左側（卡方檢定統計量：$\chi^2 = \sum_{i=1}^{n} \dfrac{(f_{o_i} - f_e)^2}{f_e}$，$f_{o_i}$ 為實際銷售數值，f_e 為預期數值，此數值由統計學家推導，在此不贅述）。在本題的卡方檢定統計量為

$$\chi^2 = \sum_{i=1}^{n} \frac{(f_{o_i} - f_e)^2}{f_e}$$

$$= \frac{(19-30)^2}{30} + \frac{(15-30)^2}{30} + \frac{(35-30)^2}{30} + \frac{(40-30)^2}{30} + \frac{(38-30)^2}{30} + \frac{(33-30)^2}{30}$$

$$= \frac{(-11)^2}{30} + \frac{(-15)^2}{30} + \frac{(5)^2}{30} + \frac{(10)^2}{30} + \frac{(8)^2}{30} + \frac{(3)^2}{30} \approx 18.13$$

可以發現卡方檢定統計量落在棄卻域中，所以拒絕 H_0 各比薩實際銷售量與期望數量相同；接受 H_1 各比薩實際銷售量與期望數量不同。

舉例 2：牛排店賣排餐希望賣出去的情況，知道不會相同，希望可以貼近各項預期情況。表 2 是某一次假日的銷售情形。要判斷各種比薩賣出量母體平均是否相同要進行假設檢定。

令：虛無假設 H_0：各排餐實際銷售量與期望數量相同，也就是意味著不同的原因是因為抽樣所導致。

對立假設 H_1：各排餐實際銷售量與期望數量不同。

如果我們可以推翻 H_0 各排餐實際銷售量與期望數量相同，代表可以接受 H_1 各排餐實際銷售量與期望數量不同。選擇顯著水準為 $\alpha = 0.05$，自由度為欄位數（種類）$- 1 = 5 - 1 = 4$ 的卡方分布並觀察棄卻域，見圖 2。

　　如果我們要接受虛無假設，就是卡方檢定統計量（χ^2）要落在 9.488 的左側（卡方檢定統計量：$\chi^2 = \sum_{i=1}^{n} \dfrac{(f_{o_i} - f_{e_i})^2}{f_{e_i}}$，$f_{o_i}$為實際銷售數值，$f_e$為預期數值，此數值由統計學家推導，在此不贅述）。在本題的卡方檢定統計量為

$$\chi^2 = \sum_{i=1}^{n} \frac{(f_{o_i} - f_{e_i})^2}{f_{e_i}}$$

$$= \frac{(102-90)^2}{90} + \frac{(80-75)^2}{75} + \frac{(55-60)^2}{60} + \frac{(42-45)^2}{45} + \frac{(21-30)^2}{30}$$

$$= \frac{12^2}{90} + \frac{5^2}{75} + \frac{(-5)^2}{60} + \frac{(-3)^2}{45} + \frac{(-9)^2}{30} = 5.25$$

　　可以發現卡方檢定統計量沒落在棄卻域中，所以無法拒絕 H_0 各排餐實際銷售量與期望數量相同。

表 1

比薩	夏威夷	鄉村蘑菇	起士培根	海陸雙拼	總匯	燻雞	總計
實際銷售量	19	15	35	40	38	33	180
預期	30	30	30	30	30	30	180

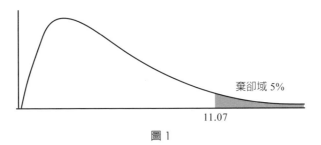

圖 1

表 2

排餐	牛排	豬排	雞排	沙朗	鱈魚	總計
實際銷售量	102	80	55	42	21	180
預期	90	75	60	45	30	300

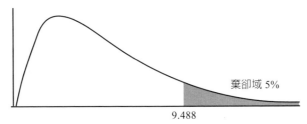

圖 2

2-64 卡方檢定 (2) —— 列聯表分析

　　有時資料顯示的狀態是以表格呈現，但我們仍想知道彼此之間是否有關係，此時我們可以利用列聯表的卡方檢定（Contingency Table Analysis）。

舉例：餐廳想知道服務品質與男女是否有關係，如果有將針對某一方做更好的服務，表1是某一次假日的情形。要判斷服務品質與男女是否有關係要進行假設檢定。

　　令：虛無假設 H_0：服務品質與男女沒有關係，也就是希望會平均分布，也就是意味著不同的原因是因為抽樣所導致。

　　對立假設 H_1：服務品質與男女有關係。

　　如果我們可以推翻 H_0 服務品質與男女沒有關係，代表可以接受 H_1 服務品質與男女有關係。

　　選擇顯著水準為 $\alpha = 0.01$，而自由度為（列數量 -1）$\times$（行數量 -1）$= (2-1)\times(4-1) = 3$ 的卡方分布並觀察棄卻域，見圖 1。

　　如果我們要接受虛無假設，就是卡方檢定統計量（χ^2）要落在 11.345 的左側（卡方檢定統計量：$\chi^2 = \sum_{i=1}^{n} \dfrac{(f_{o_i} - f_{e_i})^2}{f_{e_i}}$，$f_{o_i}$ 為實際數值，f_e 為預期數值，此數值由統計學家推導，在此不贅述）。

　　而列聯表的預期數值如何計算，我們可由男女的總數來看 120 與 80，所以男女各占 60% 與 40%，所以表 2 中的各服務品質男女也是各占 60% 與 40%。見表 2。

　　在本題的卡方檢定統計量為

$$\chi^2 = \sum_{i=1}^{n} \frac{(f_{o_i} - f_{e_i})^2}{f_{e_i}}$$

$$= \frac{(41-36)^2}{36} + \frac{(44-42)^2}{42} + \frac{(17-24)^2}{24} + \frac{(12-18)^2}{18}$$

$$+ \frac{(19-24)^2}{24} + \frac{(26-28)^2}{28} + \frac{(23-16)^2}{16} + \frac{(18-12)^2}{12}$$

$$= \frac{5^2}{36} + \frac{2^2}{42} + \frac{(-7)^2}{24} + \frac{(-6)^2}{18} + \frac{(-5)^2}{24} + \frac{(-2)^2}{28} + \frac{7^2}{16} + \frac{6^2}{12}$$

$$\approx 12.078$$

　　可以發現卡方檢定統計量落在棄卻域中，所以拒絕 H_0 服務品質與男女沒有關係，接受對立假設 H_1：服務品質與男女有關係。

　　所以我們可以由檢定中發現男女對於服務品質的要求是不同的，由表格也可以發現到女生對服務品質比較挑剔，可發現給好評的不多，壞評的比較多。

　　由此章節我們可以認識許多假設檢定，但要注意使用的前提，母體標準差是否已

知，也就是樣本數是否夠大，是否可以認定接近常態分布，所以用 z 表來進行分析，如果樣本不夠大（少於 30），則要用 t 表。同時進行變異數分析時，要利用 F 分布或 χ^2 表，其中別用錯了。而再利用 t 表、F 分布或 χ^2 表時都要注意自由度，以免臨界值找錯而讓假設檢定出問題。最後再複習一次如何假設檢定：

1. 建立虛無假設與對立假設。
2. 選擇顯著水準。
3. 依據內容判斷是何分布，並用自由度及顯著水準，查出臨界值，以及畫出棄卻域。
4. 計算出檢定量，並判斷檢定量與臨界值關係。
5. 判斷是否拒絕虛無假設。

表 1

服務品質	很好	好	差	很差	總計
男	41	44	17	12	120
女	19	26	23	18	80
總計	60	70	40	30	200

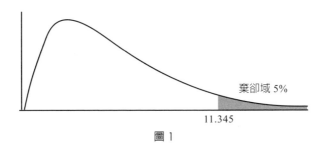

棄卻域 5%

11.345

圖 1

表 2

服務品質	很好		好		差		很差	
	f_{o_i}	f_{e_i}	f_{o_i}	f_{e_i}	f_{o_i}	f_{e_i}	f_{o_i}	f_{e_i}
男	41	$60 \times 60\% = 36$	44	$70 \times 60\% = 42$	17	$40 \times 60\% = 24$	12	$30 \times 60\% = 18$
女	19	$60 \times 40\% = 24$	26	$70 \times 40\% = 28$	23	$40 \times 60\% = 16$	18	$30 \times 40\% = 12$
總計	60		70		40		30	

2-65 **迴歸線的由來**

　　我們訂價格的時候或是預測股市、房市走向時，需要更有邏輯的推測。先觀察某筆資料的數據，以點來表示，見圖 1。可發現點似乎分布在一條線的周圍，這條線可利用數學計算出來，用來預測點趨勢，這條線就稱為迴歸線，見圖 2。同時可看到點分散在迴歸線的周圍，我們可以計算分散程度，稱為相關係數，相關係數數值絕對值在 0 到 1 之間。小於 0.7 代表太分散，預測的線無法利用，見圖 3。大於 0.7 代表較緊密，預測的線可以利用，見圖 4。

　　而為什麼要叫迴歸線，而不叫預測線？這個名詞要由歷史來看，他不是從最後的意義來命名。在 1877 年英國生物學家查爾斯・達爾文（Charles Robert Darwin）的表弟，法蘭西斯・高爾頓（Francis Galton）是一名遺傳學家，見圖 5。他研究親子間的身高關係，發現父母的身高會遺傳給子女，但子女的身高卻有「迴歸到人身高的平均值」的現象。最後做出統計的數學方程式，用來預測身高，而此線就稱為「迴歸線」，又稱「最適直線」。

　　迴歸線在現代統計、計量經濟上是非常重要的推論工具，此統計工具稱為迴歸分析。在廣義線性模型 Generalized Linear Model（GLM），迴歸線不只是有直線，也有指數型、對數型、多項式型、乘冪型、移動平均型，而這些在微軟的文書軟體 EXCEL 中，將數據做成散布圖後，加上趨勢線（EXCEL 的翻譯稱為趨勢線），可選不同類型的趨勢線，見圖 6、圖 7。當我們得到趨勢線後有助於分析情形。

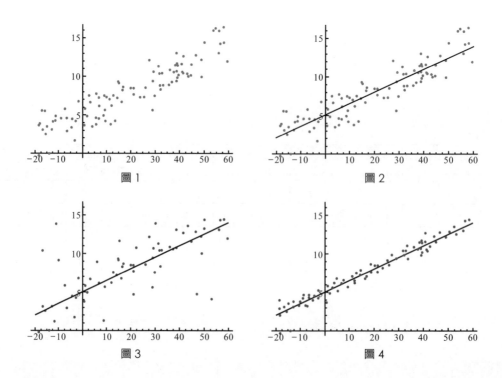

圖 1　　　　　　　　　　　　　　圖 2

圖 3　　　　　　　　　　　　　　圖 4

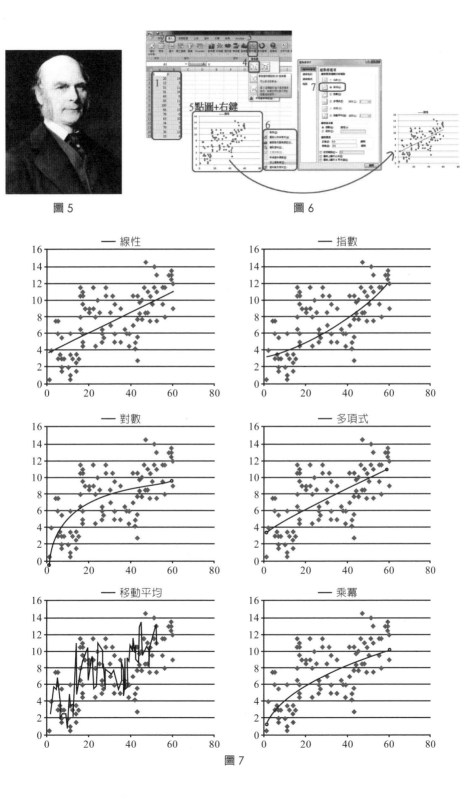

圖5

圖6

5 點圖＋右鍵

圖7

2-66 圖案與迴歸線的關係

我們已經知道迴歸線（最適直線）的由來，也知道它的意義是為了預測新點的情形，他的用意就是判斷兩個不同變數之間的關係，繪製成散布圖，再計算出迴歸線的方程式。

例題一：觀察 5 人身高與跳高的散布圖及迴歸線，見圖 1，表 1。
例題二：觀察 5 人每天讀英文時間（分鐘）與失分的散布圖及迴歸線，見圖 2，表 2。

　由上述兩例，可以發現最適直線，有往右斜向上，及往右斜向下，
斜率分別為正、負。我們將此性質稱為：
　1.當迴歸線的斜率為正時，稱 x 與 y 的關係是正相關，也就是 x 變大，y 也變大。
　2.當迴歸線的斜率為負時，稱 x 與 y 的關係是負相關，也就是 x 變小，y 也變小。
　除此之外，也有不相關的情形，與 y 軸平行，與 x 軸平行，或是圖案是對稱圖形都是不相關，見圖 3、4、5。

表 1

身高	跳高
160	80
165	75
170	90
175	95
180	92

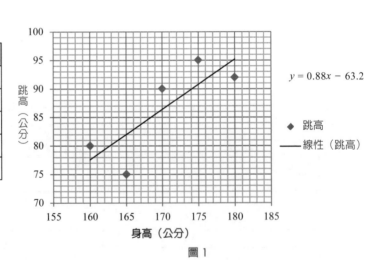

$y = 0.88x - 63.2$

圖 1

表 2

時間	失分
10	75
20	60
30	65
40	50
50	30
60	20

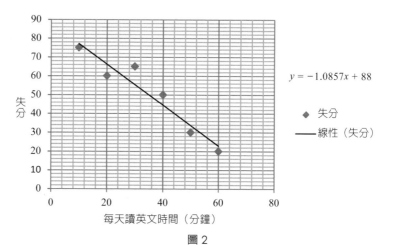

$y = -1.0857x + 88$

◆　失分
──線性（失分）

圖 2

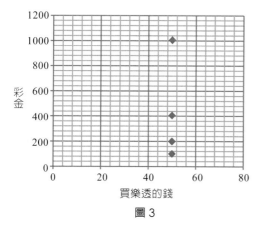

圖 3

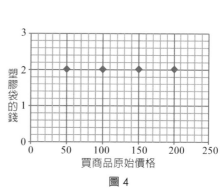

圖 4

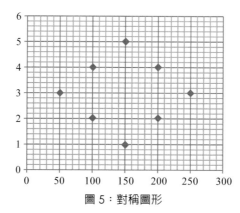

圖 5：對稱圖形

2-67 迴歸線怎麼計算

　　我們希望可以從一堆數據中分析出一條迴歸線，見圖 1，但統計學家是如何計算出迴歸線的直線方程式：$y = ax + b$，見圖 2。但 $y = ax + b$ 這種寫法是有瑕疵的。因為數據在線的附近，應該有一個未知的誤差 ε_k，讓數據隨機分布在直線的附近，所以可以假設的每一筆數據滿足 $y_k = \alpha x_k + \beta + \varepsilon_k$，$k = 1, 2, 3, ..., n$ 的方程式，但誤差 ε_k 是無法觀察的，所以無法計算，那我們唯一能做的是讓預估出來的線 $\hat{y}_k = \hat{\alpha} x_k + \hat{\beta}$，對於全部數據的誤差可以降到最小，可利用最小平方法計算出 $\sum\limits_{k=1}^{n}(y_k - \hat{y}_k)^2$ 的最小值，並得到係數 $\hat{\alpha}$、$\hat{\beta}$，而當數據量愈多時 $\hat{\alpha}$ 會接近 α，$\hat{\beta}$ 會接近 β。

　　補充說明：

　　為什麼用最小平方法？用絕對值也可以，用四次方也可以，只要可以避免誤差彼此抵銷的情形就可以，所以我們用平方可以方便計算。

　　補充說明：

　　$\hat{\alpha}$ 是由樣本估算的數字，而我們都是由樣本 $\hat{\alpha}$ 去逼近母體 α。

例題：(1,3)、(2,5)、(3,4)、(4,6)，求出迴歸線。我們要使每一點到預估線 $\hat{y}_k = \hat{\alpha} x_k + \hat{\beta}$ 的距離最短，見圖 3，所以利用最小平方法，計算

$$\sum\limits_{k=1}^{n}(y_k - \hat{y}_k)^2 = (y_1 - \hat{y}_1)^2 + (y_2 - \hat{y}_2)^2 + (y_3 - \hat{y}_3)^2 + (y_4 - \hat{y}_4)^2$$

$$= [3 - (\hat{\alpha} + \hat{\beta})]^2 + [5 - (2\hat{\alpha} + \hat{\beta})]^2 + [4 - (3\hat{\alpha} + \hat{\beta})]^2 + [6 - (4\hat{\alpha} + \hat{\beta})]^2$$

$$= 30\hat{\alpha}^2 + 20\hat{\alpha}\hat{\beta} + 4\hat{\beta}^2 - 98\hat{\alpha} - 36\hat{\beta} + 86$$

$$= (5\hat{\alpha} + 2\hat{\beta} - 9)^2 + 5\hat{\alpha}^2 - 8\hat{\alpha} + 5$$

$$= (5\hat{\alpha} + 2\hat{\beta} - 9)^2 + 5(\hat{\alpha} - \frac{4}{5})^2 + \frac{9}{5}$$

可以發現當 $\hat{\alpha} = \dfrac{4}{5}$，且 $\hat{\beta} = \dfrac{5}{2}$，有最小誤差值 $\dfrac{9}{5}$。所以可得到下圖 4。

　　如此一來就可以得到預估線，也就是迴歸線。但此種方法在計算上相當不容易，統計學家已經計算出更方便的方法，公式如下。迴歸線數學式：$y - \overline{y} = m(x - \overline{x})$，

$$m = \frac{\sum\limits_{k=1}^{n}(x_k - \overline{x})(y_k - \overline{y})}{\sum\limits_{k=1}^{n}(x_k - \overline{x})^2}$$。如此一來我們就能方便計算出迴歸線。

　　或許有人會好奇 $\hat{\alpha}$、$\hat{\beta}$ 為何消失？將 $y - \overline{y} = m(x - \overline{x})$ 展開，得到 $y = mx + (\overline{y} - m\overline{x})$，所以 $\hat{\alpha} = m$，而 $\hat{\beta} = \overline{y} - m\overline{x} = \overline{y} - \hat{\alpha}\overline{x}$。

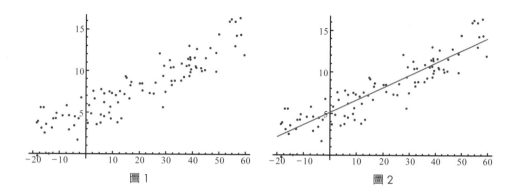

圖 1　　　　　　　　　　　圖 2

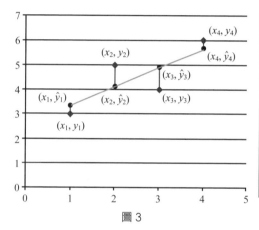

圖 3

	樣本 橫座標 x	樣本 縱座標 y	預測 縱座標 $\hat{y}$
第 1 筆 數據	y_1	y_1	$\hat{y}_1$
第 2 筆 數據	y_2	y_2	$\hat{y}_2$
第 3 筆 數據	y_3	y_3	$\hat{y}_3$
第 4 筆 數據	y_4	y_4	$\hat{y}_4$

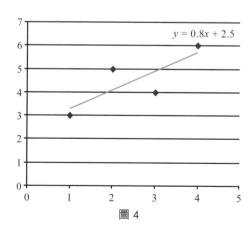

$y = 0.8x + 2.5$

圖 4

2-68 迴歸線的可信度

　　我們已知**只要有數據就可以計算出迴歸線**，也就是預估出來的曲線，但我們應該如何相信預估出來的迴歸線具有參考價值？在前面的小節提到迴歸線的可信度，取決於相關係數。但什麼是相關係數？

　　數據的分散程度，以相關係數來表示，統計學家已經計算出相關係數數學式：

$$r = \frac{\sum\limits_{k=1}^{n}(x_k - \overline{x})(y_k - \overline{y})}{\sqrt{\sum\limits_{k=1}^{n}(x_k - \overline{x})^2}\sqrt{\sum\limits_{k=1}^{n}(y_k - \overline{y})^2}}$$，相關係數的數值絕對值在 0 到 1 之間，愈接近 1 就愈

緊密，愈接近 0 就愈鬆散。而這種在 0 到 1 之間來表示程度的感覺，有點像百分比，如：相關係數 0.95，可以視作 95% 的緊密度，代表數據與預估的直線很緊密。而一般來說我們對於相關係數的利用，高中課本以 0.7 為分界。小於 0.7 代表太分散，預測的線無法利用；大於 0.7 代表相關性比較高，預測的線比較可以利用，見圖 1、2、3。但其實對於有些時候需要更大的數字才能算緊密，如：醫療。

　　並且相關係數不只是只有表示正相關的數據緊密度，剛剛有提到相關係數數值絕對值在 0 到 1 之間，絕對值表示有可能把負的相關細數變成正數，而負數的相關係數圖案長怎樣呢？見圖 4。可以發現負相關的散布圖有著負數的相關係數。而相關係數的相關性的程度可以參考圖 5。

　　相關係數與標準差、平均一樣，容易受極端值影響，所以在計算上必須先將極端值去除，才能降低誤差。在更需要謹慎的統計迴歸分析應用，要嚴格到 $r^2 > 0.9$ 才可以接受迴歸線是可使用的。

結論：

　　在本章節已經學習到基本圖表的使用，以及充實更多的數據分析的數值，而不是只有使用平均。了解到數據分析時需要連同曲線、標準差一起看。並知道常態曲線與平均、標準差的關係。以及明白迴歸線的意義就是預估曲線，並了解相關係數的絕對值要夠接近 1，迴歸線才可被利用。

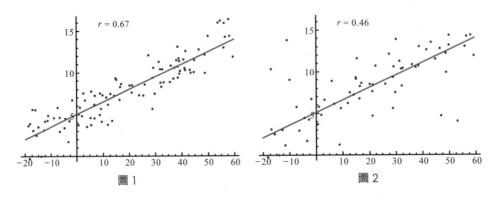

圖 1　圖 2

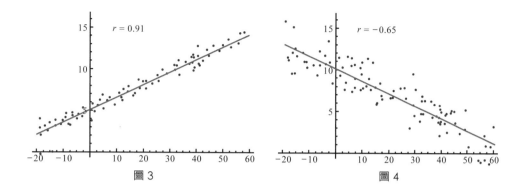

圖3　　　　　　　　　　　　　圖4

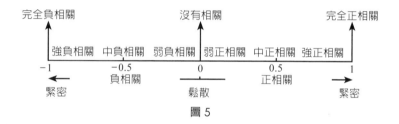

圖5

＋ 知識補給站

　　為什麼假設檢定中要稱為虛無假設，這邊是利用邏輯的雙重否定講法。因為希望能拒絕虛無假設，也就是希望能證明虛無假設是錯誤的，所以要能拒絕虛無假設，而拒絕虛無假設後，也就意味著對立假設是正確的。概念上類似歸謬證法：如證明 $\sqrt{2}$ 是無理數，卻是假設它是有理數，結果卻是假設錯誤，所以 $\sqrt{2}$ 是無理數。所以要設計一個可以證明是錯誤的虛無假設就變得相當重要，否則將難以證明此假設的正確性。

　　但事實上虛無假設的命名非常令人困惑，我們可以直接說假設會成立或不成立就好，而不是用否定假設會成立對立假設的方式。我們直接討論「台灣平均所得是 4.5 萬」成不成立就可以，而不需使用虛無假設「台灣平均所得是 4.5 萬」，對立假設「台灣平均所得不是 4.5 萬」這樣的文字遊戲。或者應該替虛無假設的命名更正為「現狀假設」，而替對立假設的命名更正為「推翻現狀的假設」。

2-69 **複迴歸分析** (1)

　　我們已知只要有數據就可以計算出迴歸線，但數據不一定都會是單變數 x_1, x_2, x_3, ..., x_n 對應 y_1, y_2, y_3, ..., y_n，而是有可能有多個變數來影響數據。如汽車每一公升能開的里程數與車子的重量（X_1）有反向關係，也就是車子愈重愈耗油，則行駛里程數愈少，以及汽車每一公升能開的里程數及汽油中的辛烷值（X_2）有正向關係，也就是汽油中的辛烷值比例愈高，高級引擎愈能發揮高馬力性能，則行駛里程數愈多。所以每公升的汽油與里程數的方程式有著兩個自變數 X_1、X_2，被稱為兩個自變數的複迴歸方程式，可假設方程式為 $Y = \alpha + \beta_1 X_1 + \beta_2 X_2 + \varepsilon$，可以看到方程式中有 ε，因為實際情況中我們必須假設一個誤差值的存在，但我們用數據回推各項係數時，因為誤差值無法得到。同時因為是用樣本回推，所以不一定會準確，但是我們知道當數據量大時將會樣本會接近母體情況，所以可以推估出一個樣本方程式 $\hat{Y} = \hat{\alpha} + \hat{\beta}_1 X_1 + \hat{\beta}_2 X_2$ 會接近 $Y = \alpha + \beta_1 X_1 + \beta_2 X_2 + \varepsilon$ 的母體方程式，$\hat{\alpha}$ 會接近 α，其他以此類推，帽子的符號代表樣本的意思。

　　同時數據紀錄應記為足碼形式 $X_1 = \{x_{11}, x_{12}, x_{13}, ..., x_{1n}\}$、$X_2 = \{x_{21}, x_{22}, x_{23}, ..., x_{2n}\}$ 對應 $\hat{Y} = \{y_1, y_2, y_3, ..., y_n\}$，為什麼這麼做？因為我們在數學上慣例在少量變數時，如三個，用 x_1, x_2, x_3, ..., x_n、y_1, y_2, y_3, ..., y_n，對應 z_1, z_2, z_3, ..., z_n，每筆數據的數對可表示為 (x_k, y_k, z_k)。但因為複迴歸方程式的自變數在生活上常常會上百個。如：Amazon 的推薦系統的自變數到 400 多個。此時我們想讓數據表示為 $(x_k, y_k, z_k, a_k, b_k \cdots \cdots)$ 顯然不夠用，而且某幾個符號還是係數專用。所以我們必須下標具有組別性，以及可判斷性，意思為一眼可看出是哪組的數據，並知道該數據該代入方程式哪個位置。所以若是 2 個自變數，1 個應變數的方程式，用足碼的方式可寫為 $\hat{Y}_k = \hat{\alpha} + \hat{\beta}_1 X_{1k} + \hat{\beta}_2 X_{2k}$，而第 2 筆數據的數對可表示為 (y_2, x_{12}, x_{22})，而第 k 筆數據的數對可表示為 (y_k, x_{1k}, x_{2k})，$x_{\circ\circ}$ 的足碼第一個是代表第幾個變數，足碼第二個是該變數第幾筆數據。參考表 1，比如說 x_{12} 就代表車重的第 2 筆數據。

　　如果有 5 個自變數，見表 2 看數據，同理，方程式可設 $\hat{Y}_k = \hat{\alpha} + \hat{\beta}_1 X_{1k} + \hat{\beta}_2 X_{2k} + \hat{\beta}_4 X_{4k} + \hat{\beta}_5 X_{5k}$

　　回到兩個自變數的複迴歸分析，以某牌車子為例，假設已收集許多數據，推得複迴歸方程式為 $\hat{Y}_k = \hat{\alpha} + \hat{\beta}_1 X_{1k} + \hat{\beta}_2 X_{2k} = 3 + 0.003 X_{1k} + 0.1 X_{2k}$。意思是每一公升的油，車體與人總重為 800 公斤時，使用辛烷值 95 的汽油，可行走的里程數為 $\hat{Y}_k = 3 - 0.003 \times 800 + 0.1 \times 95 = 10.1$ 公里。$\hat{\beta}_1$ 對應的是汽車重量，$\hat{\beta}_1 = -0.003$ 意味著車子每多重一公斤，每公升里程數少 0.003 公里。$\hat{\beta}_2$ 對應的是汽油辛烷值，$\hat{\beta}_2 = 95$ 意味著辛烷值每多一單位，每公升里程數多 0.1 公里。

　　部分人會發現到 $\hat{Y}_k = 3 + 0.003 X_{1k} + 0.1 X_{2k}$ 該數學式有著不合理的部分，如果令某一筆的資料，車子沒重量、辛烷值為 0，可以發現 $\hat{Y}_k = 3$，這數值是什麼？此數值稱為是截距，$\hat{Y}_k = 3$ 可能有人會認為車子沒重量時，汽油辛烷值為 0 每公升可以開 3 公里。但對應到生活上是不合理的，因為車子不可能沒重量時，而且汽油辛烷值不可能為 0。所以我們在複迴歸分析時，必須就該問題討論，而不去討論不合理的數據。

　　了解兩個自變數推得的複迴歸方程式後，我們可以舉一反三，可以存在有 n 個自變數的複迴歸方程式，稱作一般的複迴歸方程式。

複迴歸方程式的一般式：$\hat{Y}_k = \hat{\alpha} + \hat{\beta}_1 X_{1k} + \hat{\beta}_2 X_{2k} + \hat{\beta}_4 X_{4k} + ... + \hat{\beta}_n X_{nk}$

表 1

數據編號	里程數 y	車重 x_1	辛烷值 x_2
1	y_1	x_{11}	x_{21}
2	y_2	x_{12}	x_{22}
3	y_3	x_{13}	x_{23}

表 2

數據編號	y	x_1	x_2	x_3	x_4	x_5
1	y_1	x_{11}	x_{21}	x_{31}	x_{41}	x_{51}
2	y_2	x_{12}	x_{22}	x_{32}	x_{42}	x_{52}
3	y_3	x_{13}	x_{23}	x_{33}	x_{43}	x_{53}

＋ 知識補給站

為什麼假設檢定中要討論型一錯誤，可以參考法律判決的推論原理

	真有罪	真沒罪
判有罪	正確	型二錯誤
判沒罪	型一錯誤	正確

　　型一錯誤：預設立場無罪，原告要找出證據，讓被告有罪，這是無罪推論。
　　型二錯誤：預設立場有罪，被告要找出證據，讓自己無罪，這是有罪推論。
　　而我們喜歡用無罪推論，無罪推論是可以保障人權、如果放過了壞人，代表司法有待加強。然而以前的律法是有罪推論，所以造成很多的冤獄。
　　同理可推，在燈泡的故障率也是應該討論型一錯誤，必須預設立場是母體瑕疵率比較小，只是因抽樣導致樣本瑕疵率比較高。而不是討論型二錯誤預設立場是母體瑕疵率比較大，只是因抽樣導致樣本瑕疵率比較小。

2-70 **複迴歸分析** (2)

　　我們已知在兩個自變數的複迴歸方程式，方程式為$\hat{Y}_k = \hat{a} + \hat{\beta}_1 X_{1k} + \hat{\beta}_2 X_{2k}$，可以觀察到是兩個自變數的 X_{1k}、X_{2k}，與應變數$\hat{y}$，可以想成高中數學教過的平面方程式，有三個未知數的方程式 $z = ax + by + c$，而這方程式表達的幾何概念就是平面，所以$\hat{Y}_k = \hat{a} + \hat{\beta}_1 X_{1k} + \hat{\beta}_2 X_{2k}$的形式是一條線性代數組合，但若要放到 3 度空間來討論就是一個平面，也稱迴歸平面，見圖 1。可以看到有實心的觀測點與空心的估計點，估計值的產生與單一自變數的分析一樣，利用最小平方法來算出方程式，不同的是單一自變數的迴歸分析是一條線：$\hat{Y} = \hat{a} + \hat{\beta}_1 X_1$，而兩個自變數的複迴歸分析是平面：$\boxed{\hat{Y}_k = \hat{a} + \hat{\beta}_1 X_{1k} + \hat{\beta}_2 X_{2k}}$。至於 n 個自變數的複迴歸分析 $\boxed{\hat{Y}_k = \hat{a} + \hat{\beta}_1 X_{1k} + \hat{\beta}_2 X_{2k} + \hat{\beta}_4 X_{4k} + ... + \hat{\beta}_n X_{nk}}$，超過我們一般能理解的 3 度空間，只以數學式來理解，每一個估計值會受到多個變數影響。但是我們可以利用統計軟體來計算，以下是利用 EXCEL 的案例。

例題：討論在 8 月 10 間屋子同一牌冷氣導致的冷氣費用$\hat{Y}_k$，影響的因素有當月均溫 X_{1k}、牆壁厚度 X_{2k}、使用年數 X_{3k}。利用 EXCEL 做一次複迴歸分析，參考以下流程圖，圖 2、3。可以得到$\hat{Y}_k = 1390.318 - 10.5289 X_{1k} - 15.2806 X_{2k} + 50.22555 X_{3k}$的複迴歸方程式。由以上可知只要我們將數據整理出來，便可由電腦軟體來計算出複迴歸方程式，以利求估計值，但準確性仍然要考慮進去，將在下一節討論。

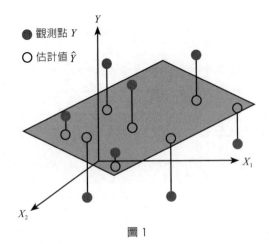

圖 1

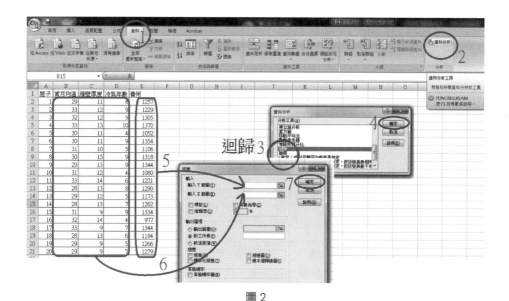

圖2

圖3

2-71 **複迴歸分析** (3)

　　我們在線性迴歸中，已知判定準確程度的方法，是利用相關係數是否大於 0.9。相關係數愈大代表此迴歸線值得信任，也就是預測愈準。而複迴歸分析中又是利用什麼統計量來代表準確程度？答案是「複迴歸的估計標準誤」。

　　什麼是複迴歸的估計標準誤（Multiple Standard Error of Estimate）？我們先回想一下標準差是什麼，標準差是用每一筆資料與平均的差異平方：$(Y_k - \overline{Y})^2$，而估計標準誤是則是每一筆資料與迴歸線的差異平方：$(Y_k - \hat{Y}_k)^2$。

$$複迴歸的估計標準誤定義為 S_{Y.123...K} = \sqrt{\frac{\sum\limits_{k=1}^{n}(Y_k - \hat{Y}_k)^2}{n-(k+1)}}$$

　　而自由度為 $n - (k + 1)$，n 為數量、k 為自變數數量。

　　以上一小節的冷氣費用的複迴歸問題為例，

　　已知 $\hat{Y}_k = 1390.318 - 10.5289X_{1k} - 15.2806X_{2k} + 50.22555X_{3k}$，其中第 k 筆資料是當月均溫 $X_{1k} = 29$、牆壁厚度 $X_{2k} = 11$、使用年數 $X_{3k} = 6$ 當月費用 $Y_k = 1257$，而利用迴歸線得到 $\hat{Y}_k = 1390.318 - 10.5289 \times 29 - 15.2806 \times 11 + 50.22555 \times 6 = 1218.248$，而 $Y_k - \hat{Y}_k = 1257 - 1218.248 = 38.752$ 此數值又稱殘差，故 $(Y_k - \hat{Y}_k)^2 = (1257 - 1218.248) = 1501.727$，對於其他 19 筆資料也做同樣的動作，

　　並加總可得到 $\sum\limits_{k=1}^{20}(Y_k - \hat{Y}_k)^2 = 43476.47$，此部分我們同樣可利用 EXCEL 完成。見圖 1。複迴歸的估計標準誤為 $S_{Y.123} = \sqrt{\frac{\sum\limits_{k=1}^{n}(Y_k - \hat{Y}_k)^2}{20-(3+1)}} = \sqrt{\frac{43476.47}{16}} = 52.127$，複迴歸的估計標準誤的數值意義為何？它代表的是使用此方程式預測花費產生的誤差，並且此誤差的單位與 Y 相同，在本例題的單位是費用（元）。以及如果殘差的分布愈近似常態分布，也就是殘差圖的點會在 0 的上下波動，並且 0 上面點的數值加上 0 下面點的數值總合會接近 0，就代表本次預測正確性愈高。如果殘差圖殘差的分布愈近似常態分布，代表 68% 的誤差會在 ±52.127 之間，及 95% 會在 ±52.127×2 = ±104.254 之間。如果有一組新資料是當月均溫 $X_{1k} = 31$、牆壁厚度 $X_{2k} = 14$、使用年數 $X_{3k} = 9$，當月費用 $\hat{Y}_k = 1390.32 - 10.53 \times 31 - 15.28 \times 14 + 50.23 \times 9 = 1302.03$ 再加上誤差，可得到

　　有 68% 為 1302.03 - 52.127 到 1302.03 + 52.127，也就是當月費用範圍是 1250～1354。有 95% 為 1302.03 - 104.25 到 1302.03 + 104.25，也就是當月費用範圍是 1198～1406。我們利用軟體（如：EXCEL）複迴歸分析出數學方程式，再算出複迴歸的估計標準誤，如果殘差圖近似常態分配，就可以接受預測出新數據結果的可能範圍。

	A	B	C	D	E	F	G	H
1	屋子	當月均溫	牆壁厚度	冷氣年數	費用 Y	預測 $\hat{Y}$	殘差 $Y - \hat{Y}$	殘差平方 $(Y - \hat{Y})^2$
2	1	29	11	6	1257	1218.248	38.75213	1501.727
3	2	33	12	9	1229	1311.528	-82.5284	6810.944
4	3	32	12	9	1305	1322.057	-17.0573	290.9521
5	4	33	13	10	1370	1346.473	23.5266	553.501
6	5	30	11	4	1052	1107.268	-55.2679	3054.54
7	6	30	11	9	1354	1358.396	-4.39566	19.32183
8	7	31	10	5	1106	1162.245	-56.2452	3163.52
9	8	30	15	9	1318	1297.273	20.72674	429.5979
10	9	29	13	9	1344	1338.363	5.63667	31.77205
11	10	31	12	4	1080	1081.458	-1.45842	2.126998
12	11	33	14	6	1221	1130.291	90.70942	8228.198
13	12	28	13	8	1290	1298.667	-8.66665	75.11078
14	13	29	12	5	1173	1152.742	20.25828	410.398
15	14	28	13	7	1262	1248.441	13.55891	183.8439
16	15	31	9	9	1334	1378.428	-44.428	1973.846
17	16	32	14	4	977	1040.368	-63.3683	4015.548
18	17	33	9	7	1344	1256.919	87.08086	7583.076
19	18	28	13	6	1184	1198.216	-14.2155	202.0816
20	19	29	9	5	1266	1198.584	67.41648	4544.981
21	20	29	9	7	1279	1299.035	-20.0346	401.3863
22							43476.47	$\Sigma(Y - \hat{Y})^2$

圖 1

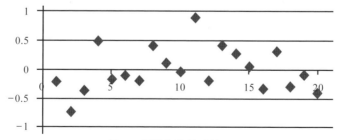

圖 2：標準化後的殘差圖

四、
生物統計

一般人對於生物的統計感到好奇，到底動物是怎麼估算數量，及健保費是怎樣估算、以及如何判斷哪種物質太多就代表會引起疾病。本章將會介紹這些內容。

科學試驗做完後再找統計學家分析資料，如同病人死了找醫生進行屍體解剖，醫生會告訴你病人死的原因。同樣，統計學家會告訴你試驗失敗的原因。

羅奈爾得·費希爾 (Ronald Fisher, 1890-1962)
英國統計學家、演化生物學家與遺傳學家
現代統計學與現代演化論的奠基者之一

2-72 **健保費與二項分布的關係**

　　健保是國家帶來的政策，可說是強迫式互助，或是強迫儲蓄來看病。為什麼這麼說？在沒有健保之前，看醫生是很昂貴的，而健保正是為了解決大家遇到突發狀況看不起醫生的困境，以及小病不看，拖到變大病的問題。

　　每個月固定交出定額的保費，交由政府發給各大醫院來做有效的利用。一開始 A 沒生病，付了健保費，其實就是幫助了看不起醫生的 B，先墊付了部分費用，之後 B 再慢慢固定交健保費把之前使用的部分還回去，而等到某一天 A 要生病看醫生時，所花費的費用其實是之前所交的健保費，沒有吃虧也沒有過度占他人便宜。當然如果一直沒有生病的人當然就是能者多勞，至少你健康，當然有可能在某一天你就用到了。所以我們可以認知為強迫式互助政策，或可以認知為強迫儲蓄來看病。

　　不過即便有健保，大家能看病後好像也沒有變得更健康，反而更頻繁的看病。因為現實狀況是社會上存在相當高程度的醫療浪費。比如說沒病也看，沒事就去領藥，不管大小病都要看好幾個醫生，隨便叫救護車。這些其實都是部分人不斷在占全民的便宜，進而導致健保費不夠用，需要二代健保，那麼健保應該結束嗎？

　　我們跳開這些道德問題與健保是不是該結束的問題，我們來思考健保費的費用到底是如何計算？這邊是用每年總看病費再加以平均再乘上比率的嗎？答案是沒那麼簡單，假設人生病的機率為 20%，看病要 100 萬。

1. 如果一個人，機率為 20%。
2. 如果兩個人，要討論機率，各情況的機率請參考圖 1。
   　　兩人都健康的機率是 80%×80% = 64%，負擔 0 元；
   　　其中一人健康的機率是 2×20%×80% = 32%，一個人負擔 50 萬元；
   　　兩人都生病的機率是 20%×20% = 4%，一個人負擔 100 萬元。
3. 如果三個人，要討論機率，各情況的機率請參考圖 2。
   　　三人都健康的機率是 $(80\%)^3$ = 51.2%，負擔 0 元；
   　　其中一人生病的機率是 3×20%×80%×80% = 38.4%，一個人負擔 33.3 萬元；
   　　其中兩人生病的機率是 3×20%×20%×80% = 9.6%，一個人負擔 66.7 萬元；
   　　三人都生病的機率是 20%×20%×20% = 0.4%，一個人負擔 100 萬元。
4. 如果 n 個人，要討論機率，可以利用來二項分布計算。
   　　其中有 k 人生病的機率是 $C_k^n (20\%)^k (80\%)^{n-k}$。圖 3、4 為 200 人在不同生病人數時的機率，並且可以發項二項式分布的圖接近常態分布。
   　　再看看 500 人在不同生病人數時的機率。

　　由此可知人愈多，全部人都生病的機率就愈低，每個人需要負擔到 100 萬的機率就愈低，以及生病人數較高機率的區間也比較清楚。

　　並且人愈多，總生病人數就會愈接近總人數 × 生病機率。所以平均每個人要付的健保費就是分攤的費用，就是：

$$\frac{總生病人數 \times 每人醫藥費}{總人數} = \frac{總人數 \times 生病機率 \times 每人醫藥費}{總人數} = 生病機率 \times 每人醫藥費$$

其實這就是期望值的概念。但健保費不會這麼簡單，它還需要包括醫院的行政及人事費用。但要如何估算平均每人的生病機率，以及大多數人的醫藥費是多少，這需要數據來加以分析。才能得到一個較客觀且足夠的健保費，並且應該每幾年就重新分析一次，調整健保費，否則健保費將會一直不夠，才會導致目前需要二代健保出現填補一代健保的漏洞。

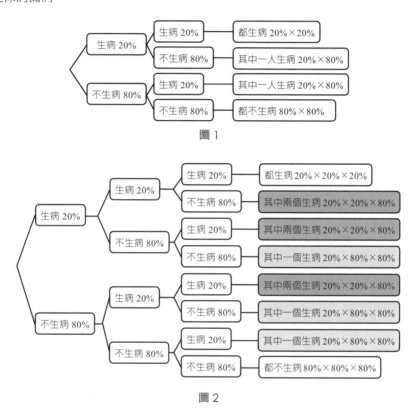

圖1

圖2

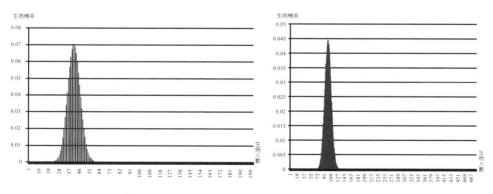

圖3

圖4

2-73 **統計野生動物的數量 ── 捉放法**

　　因爲估計一塊區域有多少該種動物、昆蟲、植物，難以全都抓來計數，這時候我們可以利用野放法，方法如下，先在抓一批，標記號碼，再放生，見圖 1，o 改 x 是抓到後標計的意思。

　　過一段時間後，再抓一批，觀察有多少有標記的，其中忽略掉生育數量以及死亡數量，假設整體數量不變，假設抓到的有記號的比例是相同的，最後可計算得到全體的數量的近似值，見圖 2。而這就是野放法來統計野生動物數量的方法。

　　例如第一次先抓 6 隻作上記號，第二次再抓 10 隻，只有 2 隻有記號，所以可列計算式：$\frac{6}{全體} = \frac{2}{10}$，估計全體有 30 隻。

案例一：可觀察的豆子數量

　　我們知道豆子是可以數清楚數量，但我們也不會眞的去數，雖然可以用重量換算出有多少豆子，但豆子不一定一樣重，所以該怎麼算？我們可將豆子倒在大碗中，用湯匙勺一匙，假設有 36 顆，作上記號後，如換成另一種顏色的大小接近的豆子，倒回去碗裡，攪拌均勻，再勺一匙，此次有 40 顆，有記號的有 1 顆，所以可以列出 $\frac{36}{全體} = \frac{1}{40}$，估計全體有 1440 顆。

案例二：不可能觀察的螞蟻族群數量

　　觀察螞蟻族群的數量，在此螞蟻窩先捉 50 隻作記號後放回，一週後在此族群中再捉回 200 隻螞蟻，其中有 2 隻作記號，此螞蟻窩有可能是多少隻？

　　可列出 $\frac{50}{全體} = \frac{2}{200}$，計算後得到全體 = 5000，估計全體約爲 5000 隻。

案例三：可觀察的魚群數量

　　爲了數魚塭的魚有多少條，但要撈起來數完再放回去顯然不可能。從中捉 100 條作過標記放回，2 天後從魚塭裡隨機撈起 100 條魚，發現其中 4 條具有記號；再過三天後又隨機撈 100 條，其中 5 條有記號，估計魚塭約有多少條魚？

　　第二次的撈魚，可列出 $\frac{100}{全體} = \frac{4}{100}$，計算後得到全體 = 2500，估計全體約爲 2500 隻。第三次的撈魚，可列出 $\frac{100}{全體} = \frac{5}{100}$，計算後得到全體 = 2000，估計全體約爲 2000 隻。所以由 3 次的捉放法，可以估計該魚塭的約爲 2000～2500 隻，但有沒有更精準的方法。

　　捉放法的原理利用到數學中的抽樣的概念。在案例三的兩次估計數量不同，是因爲在眞實的情況中，標記的個體必須混和均勻，但魚塭的魚雖然很多場地也大但可能還是有固定棲息的位置，實驗中所抓取的個體又必須一定是隨機的，這些情況難以執

行，所以難免有誤差。

　　使用捉放法得到的整體數值，必然是估計值。因此減少誤差的方法，可重複多做幾次求平均值，可得到較準確的數據。所以案例三平均為 2250 隻，所以可估計有 2250 隻。或是說利用信心區間的計算方法，但抽樣的數量要夠多才行。而利用信心區間的方法，但由於我們知道平均該數值很多時候是不一定接近正確情況。

　　已知真實機率 p 有 95% 信心在 $\hat{p} - 2\sigma_{\hat{p}} < p < \hat{p} + 2\sigma_{\hat{p}}$ 之間，$\sigma_{\hat{p}} = \sqrt{\dfrac{\hat{p}(1-\hat{p})}{n}}$。

　　利用第二次的抽取機率為 4%，所以 $\sigma_{\hat{p}} = \sqrt{\dfrac{4\%(1-4\%)}{100}} = 1.96\%$，

　　所以真實機率 p 有 95% 信心在 $4\% - 2 \times 1.96\% < p < 4\% + 2 \times 1.96\%$ 之間，
　　故真實機率 p 有 95% 信心在 $0.08\% < p < 7.92\%$ 之間。

　　則 $0.08\% < \dfrac{100}{全體} < 7.92\% \Rightarrow 125000 > 全體 > 1262$。我們可以發現範圍變得更大了，

這是因為抽樣的數量才 100 隻的緣故。若是抽樣 1000 隻，標計有 50 隻，同理可得到 2005 > 全體 > 1994，可看到範圍變小，所以抽樣的有效樣本數量很重要。

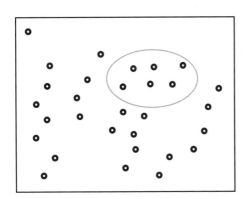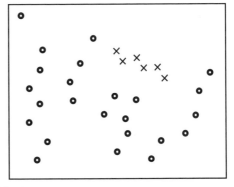

圖 1

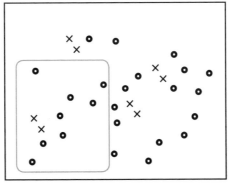

圖 2

2-74 醫療統計：判斷何種物質引起疾病、藥物是否有用

在生物統計上，我們樣本難以取得，所以樣本數較少，所以絕大多數都需要用 t 分布，而非標準常態分布，然後再進行統計假設檢定，而本書介紹的部份是判斷「何種物質引起疾病」、「藥物是否有用」兩案例。

（一）判斷何種物質引起疾病

判斷何種物質引起疾病就是「未知母體標準差，假設兩母體標準差不同，兩母體平均數的檢定」。

舉例：為了判斷尿酸過高是否會引起痛風，研究正常人與有痛風的病患的尿酸關係，以下為假設數據，可發現抽取 20 個正常人的樣本，尿酸平均為 6，標準差為 2，抽取 15 個痛風病患的樣本，尿酸平均為 8，標準差為 4。請問是否可以說尿酸高會有痛風？

如何檢定

直觀上來會是認為尿酸高的人有痛風，但是真的是如此嗎？我們以顯著水準 $\alpha = 0.05$ 來討論雙組樣本的假設檢定。

設：正常人的母體平均尿酸為 μ_a，病患的母體尿酸平均用量為 μ_b。

令：虛無假設 H_0：正常人的尿酸低於等於病患，記作：$H_0 : \mu_a \le \mu_b$。

相對應的是對立假設 H_1：正常人的尿酸高於病患：$H_1 : \mu_a > \mu_b$。

如果我們可以拒絕 H_0，就代表推翻 H_0，而接受對立假設 H_1。

因為本問題有方向性，故此次假設為單尾檢定。而本次的檢驗，顯著水準是 $\alpha = 0.05$。在單尾檢定的內容中也就是分配曲線的一端有 5% 的棄卻域，而在本次討論的問題樣本數**不夠大**，所以其分配圖用 t 分配，而自由度為：

$$df = \frac{(\frac{s_1^2}{n_1} + \frac{s_2^2}{n_2})^2}{\frac{1}{n_1 - 1}(\frac{s_1^2}{n_1})^2 + \frac{1}{n_2 - 1}(\frac{s_2^2}{n_2})^2} = \frac{(\frac{2^2}{20} + \frac{4^2}{15})^2}{\frac{1}{20 - 1}(\frac{2^2}{20})^2 + \frac{1}{15 - 1}(\frac{4^2}{15})^2} \approx 19.24 \text{，自由度取 20，}$$

見圖 1。

要如何檢定？若虛無假設成立，t 值需落在 1.725（臨界值）的左側，

（$t = \dfrac{\overline{x_1} - \overline{x_2}}{\sqrt{\dfrac{s_1^2}{n_1} + \dfrac{s_2^2}{n_2}}}$，此值由統計學家計算出來，在此不贅述）。本次樣本的 t 值計算為

$$t = \frac{\overline{x_1} - \overline{x_2}}{\sqrt{\frac{s_1^2}{n_1} + \frac{s_2^2}{n_2}}} = \frac{6 - 8}{\sqrt{\frac{2^2}{20} + \frac{4^2}{15}}} \approx -1.777 \text{，可發現本次檢驗結果不在棄卻域，所以無法拒絕}$$

虛無假設 H_0：「正常人的尿酸低於等於病患」，所以尿酸高容易有痛風。

（二）藥物有沒有用

我們要如何判斷藥物有沒有用？其實就是利用兩組相依樣本的假設檢定，但由於難以取得樣本，所以要利用 t 分配。舉例來說：某藥商推出一種降肝指數的藥物，而此方法說只要確實每天吃一粒，持續半年，就能降肝指數。為了確定此方法有效，將有服用藥物的病患隨機抽樣得到下述資料，如表1。

設：各個病患的改善情形為 $d_1, d_2, d_3, ..., d_{10}$，平均為 $\overline{d}$，

令：虛無假設 H_0：可以降低肝指數，也就是母體平均小於等於0，記作：$H_0 : \mu_d \le 0$。

相對應的是對立假設 H_1：沒降低，母體平均重量變化大於0，記作：$H_1 : \mu_d > 0$。如果我們可以拒絕 H_0，就代表推翻 H_0，而接受對立假設 H_1。

因為本問題有方向性，故此次假設為單尾檢定。令本次的檢驗，顯著水準是 $\alpha = 0.05$。單尾檢定是分配曲線的一端有 5% 的棄卻域，而在本次討論的問題樣本數不夠大，所以自由度為 $10 - 1 = 9$，所以討論的圖表用自由度為9的 t 分配，見圖2。

要如何檢定？若虛無假設成立，需要 t 值落在 1.833 左側（$t = \dfrac{\overline{d}}{s_d / \sqrt{n}}$，

其中 $s_d = \sqrt{\dfrac{\sum\limits_{i=1}^{n} (d_i - \overline{d})^2}{n-1}}$ ，s_d 是樣本標準差）。在本次問題，$\overline{d} = \dfrac{d_1 + d_2 + d_3 + ... + d_{10}}{10}$

$= \dfrac{(-3) + (16) + ... + (5)}{10} = 5.7$ ，$s_d = \sqrt{\dfrac{\sum\limits_{i=1}^{n} (d_i - \overline{d})^2}{n-1}} \approx 9.141$，故本次樣本的 t 值計算為

$t = \dfrac{\overline{d}}{s_d / \sqrt{n}} = \dfrac{5.7}{9.141 / \sqrt{10}} \approx 1.971$，可發現本次檢驗結果在棄卻域，所以拒絕虛無假設 H_0：「可以降低」，所以即便是此藥物有部分的人可以有效，但對於母體難以對大多數人有效。

表1

編號	1	2	3	4	5	6	7	8	9	10
使用前	140	80	85	134	53	112	104	85	115	135
使用後	137	96	87	132	48	110	114	104	132	140
改善情況	−3	16	2	−2	−5	−2	10	19	17	5

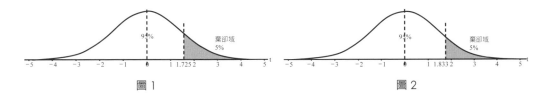

圖1 　　　　　　　　　　　　　　　　圖2

第三章
工程與商業的統計應用

　　商業會利用統計大家或許不意外，但工程上的統計對於一般人可能難以想像，因爲不知道會用在哪裡，但有關濾波、飛彈、衛星，都會用到統計，本章將會介紹統計是如何提升生活的品質。

　　對統計學的一知半解常常會造成一些不必要的上當受騙。

　　對統計學的一概排斥往往會造成某些不必要的愚昧無知。

C. R. Rao，1920 出生，印度出生的美國數學家和統計學家

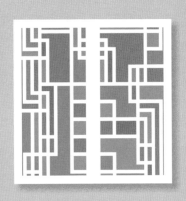

一、
工程統計

工程上會用到許多統計，工程統計與數理統計的目標略有不同，處理的方法也會有所差異，本章會介紹生活中常用的工程統計。

3-1 **資料探勘 (1)** —— **資料探勘的介紹**

　　資料探勘又稱為數據挖掘、資料探勘、資料探礦。它是知識發現（英文：Knowledge-Discovery in Databases, KDD）的一個步驟。資料探勘與電腦資訊科學有關，是透過統計、線上分析處理、情報檢索、機器學習、經驗法則等方法來實現「**從大量的資料中搜尋有特殊關聯性的資訊**」。見圖 1，理解資料探勘與統計的關係，可發現資料探勘是資訊科技與傳統統計的結合。

（一）**資料探勘可幫助我們收集到怎樣的資料**
　1.「從大量資料中找出未知且有價值的潛在資訊」。
　2.「從大量資料中找出有用資訊的科學。」見圖 2，分群後可以發現大多數數據的趨勢。

（二）**資料探勘的方法有哪些，見下述方法**
　1.監督式學習，如：分類、估計、預測。
　2.非監督式學習。
　3.關聯分組（Affinity Grouping，作關聯性的分析）與購物籃分析（Market Basket Analysis）或者稱為關聯規則分析。
　4.聚類（Clustering）與描述（Description）

　　雖然我們可以利用資料探勘可以找到有效資訊，但資料探勘有時會發掘出不存在，並且看起來似是而非的模式，令人誤會是有用的東西，但這些根本不相關，最後作出毫無價值的模型，這樣子的情況在統計學文獻裡通常被戲稱為「資料挖泥」（Data Dredging, Data Fishing, or Data Snooping）。什麼人容易發生這種憾事呢？投資分析家似乎最容易犯這種錯誤。在《顧客的遊艇在哪裡？》的書中寫著：「有相當數量的人，忙著在上千次的賭輪盤的資料中，尋找可能的重複模式。而十分不幸的是，他們通常會找到。」以及股票分析師試圖找出股市的趨勢模型，很不幸的股票容易受短期事件的影響，進而使得趨勢模型無效，要修正或是重新設計。

　　資料探勘是從一堆資訊中找到模型，或是資訊。而模型的正確性，我們需要驗證此資料探勘是否有意義，利用「提供客觀條件，觀察模型的結果」。資料探勘驗證的結果可能是完全滿足，或者完全不滿足，以及兩者之間的情況。同時透過與提出模型無關的人來實作，往往更具有客觀性，資料探勘者可以因此得到對自己所挖掘的資料探勘模型，做價值評估。

　　但是資料探勘與隱私問題往往都息息相關，例如：保險業者可透過醫療記錄，篩選出有糖尿病或者嚴重心臟病的人，而意圖削減保險支出。但這種做法會有侵犯隱私權及犯法的問題。對政府和商業的資料探勘，可能涉及國家安全或商業機密之類的問題。怎樣的資料探勘算可接受的合理資料探勘，如：查出一群類似的病患對某藥物和其副作用的關係。這可能在 1000 人中也不會出現一例，但藥物學可以用此方法減少對藥物有不良反應的病人數量，甚至可能挽救生命；但這仍存在資料可能被濫用的問題。

　　資料探勘用特別的方法來發現資訊，但必須受到規範，應當在適當的情況下使用。如果資料來自特定方法，那麼就會出現一些涉及保密、法律和倫理的問題。

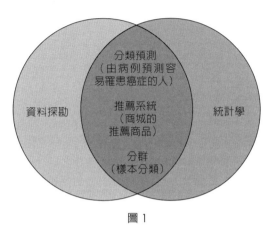

圖1

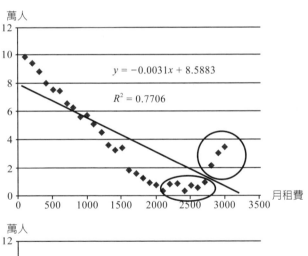

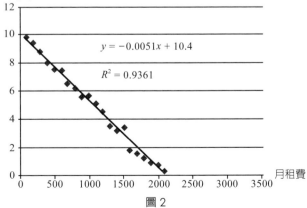

圖2

3-2 **資料探勘 (2)** —— **數據中的異常值**

　　我們有時希望可以從數據中分析出一組方程式，希望由方程式協助預估，如：迴歸的方法。以線性迴歸爲例，數據往往不盡理想，不一定能緊密分布在迴歸線附近。那麼有很多種作法，其中一種方法是找出範圍，盡可能涵蓋大部分數據，見圖 1。傳統統計方法是去除異常值（Outlier），或稱極端值、離群值，爲什麼要去除異常值？因爲它會讓迴歸線偏向另一側，圖 2。去除異常值後，可以看到數據在迴歸線附近分布較均勻，圖 3。

　　爲什麼會產生異常值？在數據分析早期，因爲尙未出現有效記錄的工具，都是人工記錄，手寫時期可能會有小數點多標、少標、點歪的問題，到打字時期可能有打字員看錯數字或漏打、多打的情況，所以早期統計遇到異常值時，都是假設是人爲錯誤，而將該筆異常值資料去除。到了近代，資料數據都是直接轉換建檔，出現打錯的問題機率已經變小，然而異常值仍然會出現。

　　此時統計學家開始在思考，爲什麼還會出現異常值？統計學家提出異常值不一定是打錯，或是任何形式產生的錯誤。事實上異常值主要有兩種形式的呈現，

第一種，資料以常態分布在迴歸線附近。

第二種，資料分成兩種以上的群體。

　　第一種情況的舉例說明，見圖 4。觀察「半年度各時段 — 來客數圖」，可看到文具店每個時間客人數量的分布都呈現接近常態分布，以 9：00 到 10：00 爲例，可看到集中在中間，而愈往上或愈往下是愈來愈稀少。再進一步分析把 9：00 到 10：00 的來客數 — 次數單獨拉出來討論，可發現接近常態分布，見圖 5。所以也因此確定，異常值扣除掉非自然因素後，並不是眞的發生異常，而是它可以有微小的機率會出現，進而導致數據看起來分散。這一種情況的異常值因爲出現機率太低，所以傳統統計都會將異常值去除，以方便分析。

　　第二種情形的舉例說明，見圖 6，可明顯看到資料分爲兩個群體，故各自單獨討論，不可將某一群資料視爲異常值，第二種情形的內容將在下一節介紹。

　　基於上述說明，我們對於數據分析與利用就更進一步，需要先觀察數據，確定是哪一種情況，加以處理，見流程圖，圖 7。已經知道分析第一步是觀察數據，看數據是具有異常值或可以被分群，而這兩種情況在統計及工程的看法是不一樣的。

第一種情況：異常值

統計學家的看法：數據如果是常態分布型式，將異常值去除再討論。

工程師的看法：思考爲什麼會出現，是否具有意義？

第二種情況：明顯可被分群討論

統計學家的看法：數據如果可以被分兩群以上，則分群討論，並已經是一門課程，稱做分群分析（Cluster Analysis）。

工程師的看法：數據如果可以被分兩群以上，則分群討論，並已經是一門課程，稱做資料探勘（Data Mining），其中它需要分析的方法，包含分群分析、K-Mean、

Machine Learning 等等。

　　由以上說明，知道第一種情況去除異常值後便可以更有效的判斷數據。

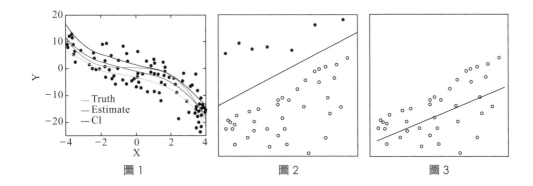

圖 1　　　　　　　　　圖 2　　　　　　　　　圖 3

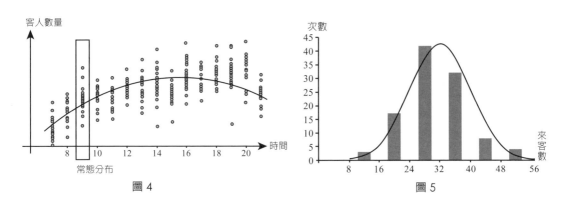

圖 4　　　　　　　　　　　　　　圖 5

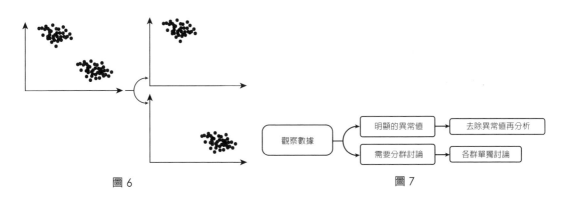

圖 6　　　　　　　　　　　　　　圖 7

3-3 **資料探勘 (3) —— 分群討論**

在上一節已經知道資料分析需要先觀察數據，確定是哪一種情況，再加以處理，上一節已經介紹異常值的部分，這一節將介紹分群的概念。分群出來的數據有什麼意義？有時候，工程應用對於非主要群體（如：第二群體）的數據，認為才是重要的。一般人一定會覺得奇怪，怎麼可能非主要群體反而重要呢？因為在某些情況第二群體具有重要價值，如：找黃金、犯人、信用卡盜刷、商業行為。這些要如何觀察？

1. 找黃金

參考圖1可知，土壤中的黃金都是極少部分，因為大部分都是土，只有極少部分才是礦藏，無怪乎資料探勘（Data Mining）這門課，用 mine（採礦）這個單字，真的是在資料中挖掘黃金，挖掘礦物。

2. 犯人的步伐

移動過程轉換成路徑及速度資料，可發現犯罪者的資料異於一般人，所以可利用此概念去觀察有誰是異於常人，可以加以預防。或者是說如果這陣子常有珠寶行被行竊，那麼只要珠寶行多預防步伐或是行為異於常人的那群人，就可以減少問題的產生機會。所以你如果心情不好到處亂晃有可能被別人當成是犯人。

3. 信用卡盜刷

一般人的消費習慣大多是固定的，對於信用卡消費也可能是固定範圍的金額及固定頻率的消費，如：每周吃兩到三次的餐廳，金額在 800～1200 元，如果出現一天刷卡太多次且每筆都上萬元。此時可視作信用卡可能被盜刷，故銀行可以通知用戶，提醒出現異常消費，請確認是否發生問題。

商業行為如何利用第二群體數據，如電信業的潛在客戶

由圖2可知在月租費 0～2000 的人數分布，看來趨勢相當一致，月租愈貴人就愈少，而 2000～2700 差不多都很少人，但是到了 2700～3000 卻上漲很多用戶，所以可以將月租費分成三群。其中有兩群會影響判斷數據的分布，但可以分群討論，見圖3。可發現第一群月租費 0～2000 的人數密集在一條方程式上，而第二群月租費 2000～2700 都很少，而第三群月租費 2700～3000 這群人都是高消費得潛在客戶，所以可以向第三群它們推銷其他方案，可以比較容易成功。而第二群人太少可採取不處理，或是提供促銷將其轉變為第三群的人。

由以上說明，知道第二種情況，分群後便可以更有效的判斷數據，避免另一群的數據影響大多數數據，並單獨討論每一群應該如何處理。

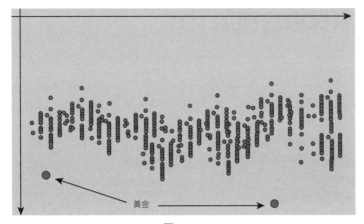

圖 1

圖 2

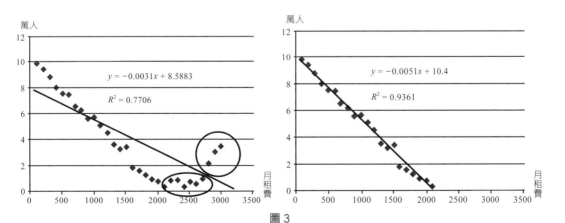

圖 3

3-4 **資料探勘的應用** (1)

在資料探勘中提到數據之間總是有著許多關聯性，其中我們最常利用的是關聯式規則（Association Rules, AR），又稱關聯規則。從大量資料中挖掘出有價值的相關關係。

關聯法則解決的最常見問題如：「如果一個消費者購買了產品 A，那麼他有多大機會購買產品 B？」，以及「如果一個消費者購買了產品 C 和 D，那麼他還將購買什麼產品？」為了達成關聯法則的目的，必須減少大量雜亂無章的資料，變成容易觀察理解的資料，最後關聯法則可找到組合與結果的關聯性。

關聯法則一個經典的實例是購物籃分析（Market Basket Analysis）。超市對顧客的購買記錄資料庫進行關聯規則挖掘，可以發現顧客的購買習慣，例如，購買產品 X 的同時也購買產品 Y，於是，超市就可以調整貨架的布局，比如將 X 產品和 Y 產品放在一起，增進銷量。

應用實例

如果有在亞馬遜（Amazon）網路商店買書的人，一定都會知道它的推薦系統會推薦某些商品給你參考。令人驚訝的是此推薦系統相當有效，也就是說推薦的商品大多都是你很感興趣的。而這是怎麼做的呢？

在購買網路商品時必定要輸入基本資料，所以它就可以有一定的基本資料，如年紀、職業、性別等等，把你歸類到某一個群體中，再依據這個群體的人喜好的東西推薦商品給你，如你填好資料後，它會推薦你這一組基本資料的人大多會買的東西，而你一開始買了數學類的書，而它知道「買數學類書的這群人，大多會買尺規文具」，於是他就推薦你一些文具，但你可能不是很需要，所以沒買。到了下一次，你買了音樂類的書，而它知道「買數學類及音樂類書的這群人，大多會買古典樂 CD」，於是就推薦你一些古典樂 CD。最後一次、兩次、多次後你屬於很多群體，每個群體都會有比較喜好的東西，每個群體有興趣的商品其交集，就是推薦給你的商品。見圖 1，思考如何亞馬遜抓到你有興趣的東西。

事實上，因為它光是基本資料就可已將人分為多個群體，性別、年齡、職業、興趣等等，再加上利用關聯法則，它推薦的商品當然具有相當的精準度，所以它成為最有名的網路商店。

同理網路的推薦商品，不管是網路書店（博客來、金石堂）、樂天市場、FB 的廣告，也是用同樣原理，不過因為資料庫不夠大，所以相對來說比較不準。

由此例可知道，我們可由購買者的習慣可以發現關聯性，也就是怎樣的背景的人喜歡買怎樣的商品，再將這些人分群，再經過購買後可以再次細分，重複幾次後，就知道你屬於哪幾群，取其交集，就可以推薦出你可能感興趣的商品。而這也是屬於資料探勘的內容。

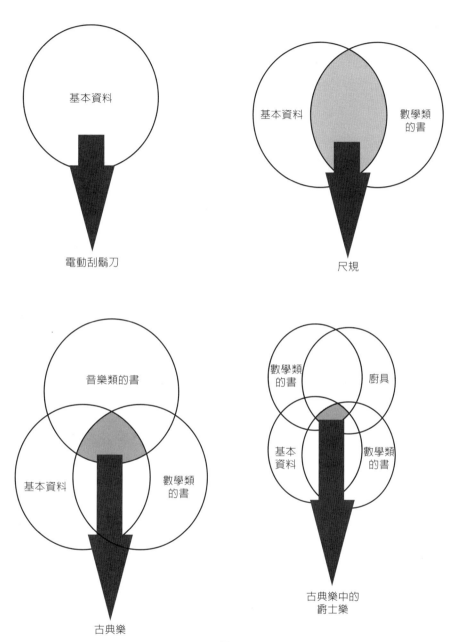

圖1

3-5 **資料探勘的應用** (2)

認識更多的關聯法則實例。

應用實例 1：買尿布的男人，通常也會買啤酒

由買賣中發現有趣的關聯性。買尿布的男人，通常也會買啤酒。而這是怎麼發現的？零售商沃爾瑪（Wal-mart），從每日大量的商品交易資料中進行消費者購買商品間的關聯分析，意外發現男人會同時購買啤酒與尿布。後來透過市場調查才得知，原來太太叮嚀丈夫下班幫忙買尿布，結果有 40% 的先生買了尿布後，又隨手買啤酒，因此得到啤酒與尿布的距離關聯性。

為了好好利用這樣的關聯性，沃爾瑪做了一件事，結果導致兩兩銷售量皆成長三成。他們做了什麼事？就是將啤酒和尿布擺在一起。為什麼擺在一起會銷售量成長？因為擺在一起對先生們非常方便，拿了就走，不用再猶豫是否要多買啤酒，更清楚的說，在之前可能有部分的先生在走過去拿酒的途中又改變主意不買了，擺放在一起後，把思考時間縮短帶來更多的衝動性購物，所以銷售量成長了，見圖 1。

但有人一定會問，這樣似乎存在因果關係，由尿布帶動的啤酒銷售量成長，為什麼是兩者都成長？這樣的結果是非常有道理的，已知「買尿布的男人，通常也會買啤酒」，但「買啤酒的男人，也會買尿布」這件事不一定成立，所以看起來兩者不一定會一起成長，但為什麼會一起成長，因為買啤酒的先生經過幾次的幫忙買尿布模式過後，以後買啤酒就會順便買尿布。

應用實例 2：奶粉尿布等嬰兒相關產品與保險套關係

同樣的商業行為，奶粉尿布等嬰兒相關產品與保險套擺放再一起，買奶粉的人往往會買保險套，因為不想再意外製造小生命，為了給予家人更好生活，給予子女更多時間的關愛，所以買奶粉的時候，會順便買保險套，所以這是奶粉帶動了保險套的銷售量。

而未結婚或是未打算生小孩的情侶看到保險套在奶粉尿布等嬰兒相關產品旁邊，因為不想意外製造小生命，所以更會買保險套以備不時之需，所以還是奶粉帶動了保險套的銷售量。

這個案例可以看到奶粉尿布等嬰兒相關產品與保險套的關聯性。

應用實例 3：7-11 的組合商品

台灣的便利商店 7-11 的 39 元或 49 元的食物配飲料消費組合，類似加一元多一件的促銷方案，但仍可以發現有部分的組合商品常常沒賣掉，這邊的問題可能是當地的消費習慣不喜歡這樣的組合商品。如果可以利用關聯法則，找出各飲料容易帶動的食物，或是食物容易帶動的飲料，以此來組合或許可以得到更好的銷售額，但別忘了將組合商品放在附近。以作者的經驗就遇到幾家 7-11 是將組合商品相隔很遠，以至於因找不到而放棄，見圖 2。

同時還可進一步觀察買組合商品的人還買了什麼東西，可以再把那類商品放到附近。這就是「如果一個消費者購買了產品C和D，那麼他還將購買什麼產品？」的應用。

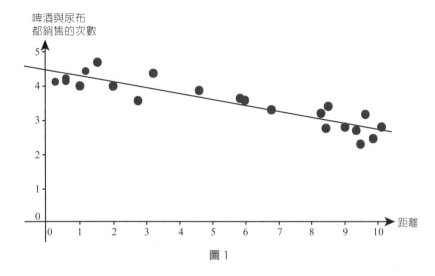

圖 1

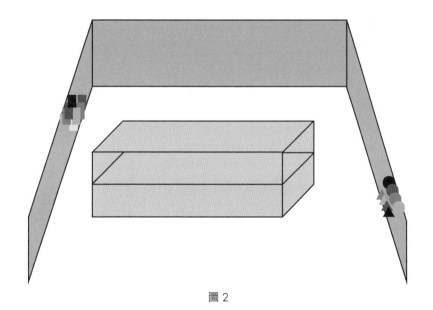

圖 2

3-6 **時間序列**

　　時間序列（Time Series）是一種統計方法。時間序列是用時間排序的一組隨機變量，如：國內生產毛額（GDP）、消費者物價指數（CPI）、股市圖、失業率、房價變化等都是以時間爲橫軸的時間序列。時間序列是計量經濟學所研究的三大數據形態之一，在總體經濟學、國際經濟學、金融學、金融工程學等學科中都有廣泛應用。見圖1、2、3。

　　時間序列的時間間隔可以是分、秒、時、日、周、月、季、年、甚至更大的時間單位。依需要情況選擇需要的時間間隔。時間序列的曲線分爲

1. **平穩型時間序列**（Stationary Time Series），其內容是指該時間數列，它的統計特性將不隨時間而改變。

2. **非穩定時間序列**（Non Stationary Time Series），其內容是指該時間序列的上下波動幅度在各個時間都不一定相同，會隨時間變化（Time-varying Volatility），也就是變異數無法穩定，可能上一個年度是 3，到下一個年度又變 5，無法找出一個穩定的長期趨勢，或說是找不到一個常數或是一個線性函數。。

　　最典型的案例可以用黃金來說明，以台灣爲例大家喜歡在龍年結婚，而台灣結婚習俗會配戴金飾，所以在那一年的黃金買氣較其他年來的高，也導致了那一年的黃金波動加劇，也就是變異數也會變大，此情形也稱做季節效應（Seasonal Effects）。也正因爲不穩定性使得有效分析時間序列變得十分困難。

　　而我們要如何處理時間序列的問題？可以利用移動平均（Moving Average, MA）分析時間序列的。最常見的是利用股價、回報或交易量等變數計算出移動平均。移動平均可撫平短期波動，反映出長期趨勢或周期。

　　也可以用自迴歸模型（Autoregressive Model, AR）來處理時間序列，用一個變數 x 來做預期，也就是利用 x_1 到 x_{t-1} 的數據預測 x_t 的情形。自迴歸模型是從迴歸分析中的線性迴歸發展而來，只是不用 x 預測 y，而是用 x 預測 x，所以叫做自迴歸，其方程式爲 $x_t = c + \sum_{i=1}^{p} \varphi_i x_{t-i} + \varepsilon_t$。自迴歸模型被廣泛運用在經濟學、信息學、自然現象的預測上。

　　由此我們就可以知道非穩定時間序列是難以預測，且不穩，所以如果股票分析師說已找出股市的目前趨勢模型，我們必須要考慮此模型是否眞的過去一段時間準確，如果準確還能再準確多久。因爲我們要知道股票是時間序列的一種，變化多端，要投入股票市場前要先做好風險評估。

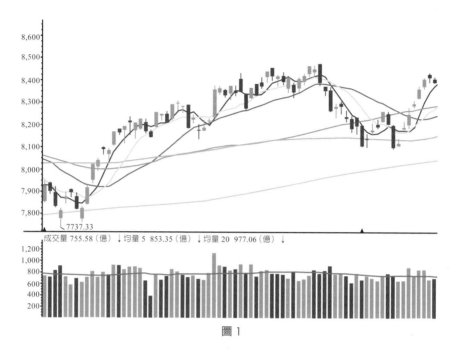

8,600
8,500
8,400
8,300
8,200
8,100
8,000
7,900
7,800

7737.33

成交量 755.58（億）　↓ 均量 5　853.35（億）　↓ 均量 20　977.06（億）　↓

1,200
1,000
800
600
400
200

圖 1

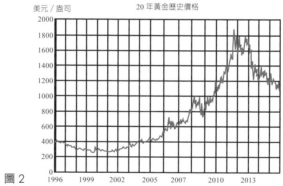

美元／盎司　　　20 年黃金歷史價格

圖 2

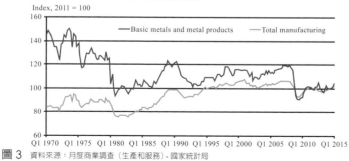

基本金屬和金屬製品的製造與製造業的整體產值比

Index, 2011 = 100

── Basic metals and metal products　── Total manufacturing

圖 3　資料來源：月度商業調查（生產和服務）- 國家統計局

3-7 機器學習

　　機器學習是近年興起的學科，涉及機率論、統計學、逼近論、凸分析、計算複雜性理論等多門學科。機器學習主要是要讓電腦能自動「學習」。圖1為一個典型的機器學習，該軟體已經能將空心圓圈與黑點區分開來。

　　機器學習最直接的認知就是機器人有學習能力，以大家廣為人知的比喻就是日本漫畫的哆啦A夢，哆啦A夢是一隻機器貓但它卻可以做出與人類一般的互動，還能學習新事物。這對於現在可能它還是一個漫畫情節，但在不久的未來，可能我們就可以有非常強大的自主學習機器人，也就是具有人工智慧的機器。

　　然而我們想要有自主學習機器人的科技，就必須由統計中的許多內容來加以配合，如：看到機器人看到坑洞，第一次走過去而跌倒，檢測自身發現損壞，經過多次後，它便建立了一套不同大小的坑洞與損害自身的數據，於是他再遇到坑洞時，因之前有統計過資料便能進而採取不同的行動，其中可能可以採取跨過去、繞路、當機發呆，再利用機率來選擇以上的選項，其行為模式就接近人嘗試錯誤而修正的行為。裡面我們可以看到機器必須俱備有統計及機率的能力。當然剛剛說的還不是現在具有的情形。

　　在現在生活其實已有很多機器學習案例，如：不用人開，會自動駕駛的車，稱無人駕駛車、或是自動駕駛車，參考 http://technews.tw/2015/05/15/google-driverless-car/ ，Google 在加州測試無人自動駕駛車已經6年了，其中用到的機器學習是車子會在綠燈後再等片刻才加速，這樣一來，就不會遭闖黃燈變紅燈的車子撞；以及偵測到有人變換車道到前方，就會自動減速，以免撞到前車。截至2013年，美國已有4個州，內華達州、佛州、加州與密西根州，見圖2，開放無人駕駛車。

　　以及自動導航也算機器學習，接受外部資訊，然後由電腦自行判斷該作出怎樣的最佳化飛行。同時線上遊戲，也可算是機器學習的一種，它會判斷敵我雙方的差距，做出適合的動作，不論是進攻或是逃跑，正因為遊戲加入了機器學習，使遊戲產生了不確定性，才更有趣，才能更吸引玩家，最早的應用是西洋棋的機器學習。

　　一直到2015年10月英國倫敦 Google DeepMind 開發更新的人工智慧圍棋程式AlphaGo，它可在19路棋盤上擊敗圍棋職業棋士的電腦圍棋程式。在一場五番棋比賽中，AlphaGo 於前三局以及最後一局均擊敗頂尖職業棋手李世石，成為第一個不藉助讓子而擊敗圍棋職業九段棋士的電腦圍棋程式。在技術上來說，AlphaGo 的做法是使用了**蒙地卡羅樹狀搜尋與兩個深度神經網路**相結合方法的機器學習，其中一個是以估值網路來評估大量的選點，而以走棋網路來選擇落子。在這種設計下，電腦結合樹狀圖的長遠推斷，以提高獲勝機率，見圖3。

　　機器學習同時還包括手寫板，手寫板會識別寫字的圖案，見圖4，提供類似圖案的字，讓你選擇，再依選擇的頻率，由高到低，讓你選字。

　　機器學習已廣泛應用於資料探勘、基因演算法、計算機視覺、自然語言處理、生物特徵識別、搜尋引擎、醫學診斷、檢測信用卡欺詐、證券市場分析、DNA序列測序、和機器人等領域。

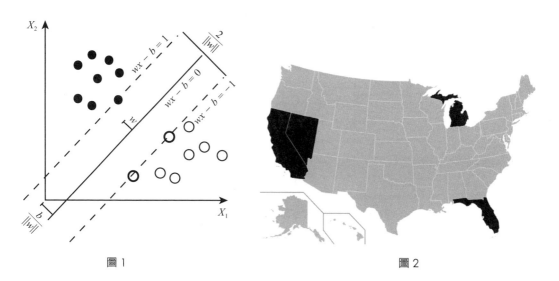

圖 1

圖 2

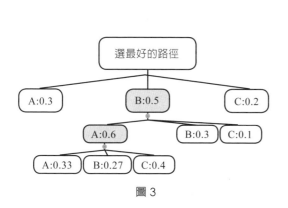

圖 3

圖 4：取自 WIKI，CC3.0，
作者：Slick-o-bot

＋ 知識補給站

　　蒙地卡羅樹狀搜尋（Monte Carlo Tree Search, MCTS），就是利用電腦計算出機率，如圖中的B：0.5，也就是選B有50%機率獲勝。找出容易贏的路徑，見圖4。

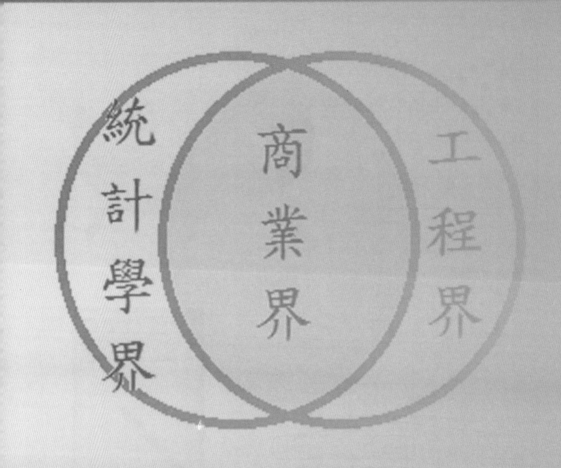

二、
大數據的統計方法

　　統計是個特殊學科，大多數領域都用的到，但大家的距離又非常遠，難以交流，更甚至彼此之間都是用二分法來看待其他人，如：統計學界認為其他人的統計不夠嚴謹。工程界認為其他人的不夠實用，需要更快速。商業界綜合兩者取其優點，不要太嚴肅生澀的數學，做出一套大家都能看懂及操作的統計。除此之外就是都不會的人。我們可以參考下表認識三者的差異性，並可以在本章認識什麼是大數據。

	統計界	工程界（資訊／通訊）	商業界
分析名稱	傳統統計	工程統計	大數據分析
分析者	統計學家	資訊工程師／通訊工程師	資料科學家
資料量	少量（small data）	大量（big data）	大量（big data）
急迫性	不一定	有	不一定
狀態	靜態	動態	動態
精準度	精準	較精準	目前粗糙，仍有進步空間
分析方法	數理統計及決策理論。	部分自行開發，部分利用傳統統計	利用工程統計軟體，及傳統統計。

　　大多數人對資訊視覺化存在著錯誤的認知，大多數人認為現代軟體的大數據分析的圖表才是資訊視覺化；而傳統統計的統計圖表不是，這是完全錯誤的認知。傳統的統計圖表就是資訊視覺化的產物，在第二章的敘述統計及第三章的大數據將會介紹更多的資訊視覺化的內容及圖表。

3-8 什麼是大數據

　　我們的統計數據量，在網路時代突然有著爆發的成長，見圖 1。並且以往種類屬性
會單一化來討論與分析，但到了大量數據時期，各種類別間也互相有關係，見圖 2。
因為以往的傳統統計分析會除去不必要的數據，而有多少數據被忽略呢？根據最近的
一項研究（Forrester Research）指出，估計大多數公司分析他們的數據只有總量的約
12%，企業忽視了絕大多數數據。為什麼會忽略掉，因為往往很難知道哪些信息是有
價值的，哪些是可以忽略，所以只好挑認為是有用的來分析。到了網路時代由於外部
資訊遠大於內部資訊，資料的來源與數量有著本質上的改變，因此**商業界將所有的
資料混在一起討論，稱為大數據，見圖 3**。

　　大數據（Big data），或稱巨量資料、海量資料、大資料，是資料量大到無法透過人
工，在合理時間內處理為能解讀的資訊。在總資料量相同的情況下，將各個小型資料
合併後進行分析可得出許多額外的資訊和資料關聯性。可用來察覺商業趨勢、判定品
質、避免疾病擴散、打擊犯罪或測定即時交通路況等，這樣的用途正是大數據盛行的
原因。而我們可以用視覺化來分析大數據進而做初步判斷，再用其他演算法或推論統
計的方法做預測。

　　有趣的是討論大量數據並不是最近才開始。電腦時代，就能獲得大量資料，不像以
前的資料量比較少。**事實上，30 年前工程界已經建構很多演算法來處理大量資料
的分析，應用在通訊、自動控制及品管生產等領域。一直到 2010 年網路的普及
程度提高，商業界也意識到利用大量外部資料來分析商業行為是勢在必行，大數
據具有三大特色（3V），見圖 4，很多是傳統統計沒有討論到的問題，所以商業界
推出大數據分析（Big Data）。但其實目前大數據所使用的分析方法，大多是 30
年前工程界早已使用大量數據的統計分析。而統計學界一直以來都是在小數據中
統計與分析。三者的關係將在後面介紹。**

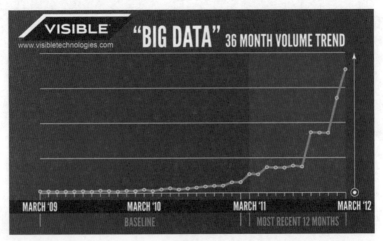

圖 1

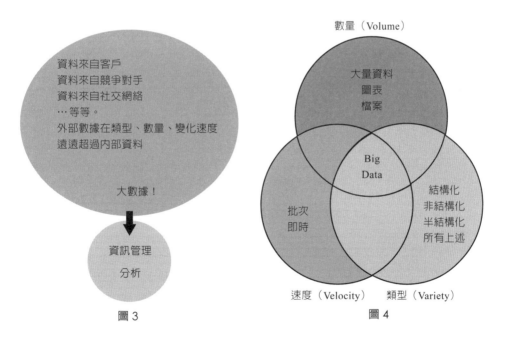

圖 2

圖 3

圖 4

3-9 大數據的問題

大數據目前仍未完善，使用「大數據」者經常忽略掉以下問題：

1. 80% 的大數據是非結構性（Unstructured）資料。
2. 結構性（Structured）的數據，也可能是任何形態的「隨機過程」（Stochastic Processes），並非隨機抽樣（Random Sampled）。
3. 大數據的資料模型很可能是各種形態的時間序列（ex: Time Series，如 AR, ARMA, ARIMA , etc.）圖 1、2。

所以大數據序列的「相關性（Correlation）」不可隨意假設或簡化，合乎邏輯的假設檢定是必要的！

發生問題的案例有「2009-2010 年 Google 對流感趨勢的預估」，Google 指出他們的預測有 97% 準確性，Google 與疾病預防控制中心（Centers for Disease Control and Prevention, CDC）的數據進行比較，新聞報導號稱 Google 的預測非常準確，但之後又不準了。不準的圖形可參考圖 3，我們可以發現左半部實線與虛線很接近，到了右半部分又常常不接近了。

然而大多數鼓吹大數據的暢銷書都只提及 2009 年及 2010 年的「成功」預測，避開 2011 年之後的全面錯估！這會讓人誤會大數據已經完善。2011 年的錯誤代表大數據仍有很大的改進空間，所以暢銷書應該也要提到大數據未完全完善才不至於令人誤會。

資料量很大並不表示就可以避開統計分析的方法，所以仍需要對這些大量資料做統計分析。而 Big Data 分析的可信度如何判定？因為大數據並非是隨機抽樣，而是拿全部的數據以及即時增加的新數據來加以分析，可能具有高度相關性，以及複雜的時間序列。參考下圖可知道該數據具有自我相似。所以要用多個分析方法，如：預測性分析（Predictive Analytics）、傳統統計推論（Traditional Statistical Inference）之後才能知道應該要如何有效分析。

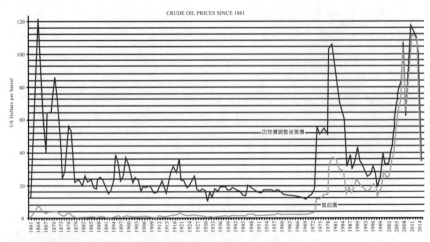

CRUDE OIL PRICES SINCE 1861

圖 1　原油的趨勢圖也是一種時間序列。圖片取自 WIKI，CC3.0。

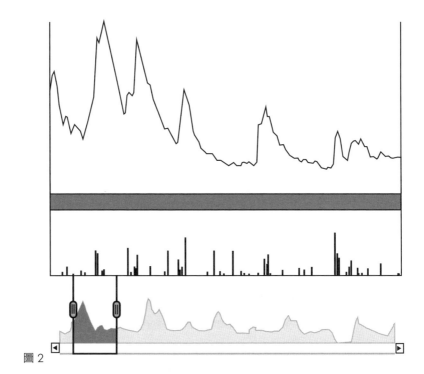

圖 2

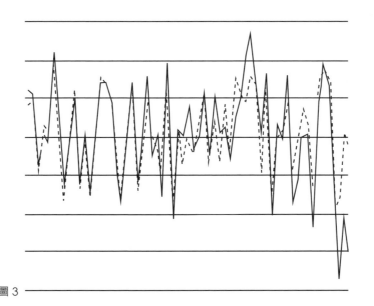

圖 3

3-10 統計學界的統計分析與商業界的大數據分析之差異

統計學界的統計分析似乎與商業界大數據分析不大一樣，彼此間的連結性也不強，是為什麼？作者認為目前有兩種不同的統計專業群體並存：

1. **參與 Big Data 分析的統計專家**：他們自稱資料科學家（Data Scientist），而不是統計學家。

2. **學院派的統計學家**：大多數進行學術研究，參與政府的經濟統計，醫院的生物統計，以及社會學及心理學的統計。

所以傳統統計與大數據有何關係？傳統統計的定義相對於 Big Data，可說是 Small Data，它需要經過收集→整理→列表、製圖→詮釋→分析，最後得到結構性資料，見圖 1，然後再做下一步。

傳統統計分析的基本架構，是從母體中隨機抽取一定數量的樣本，做出敘述統計中的探索式資料分析，或者再進一步作推論統計，見圖 2。

而大數據是怎樣的情況呢？它不像傳統需要經過收集→整理→列表、製圖→詮釋→分析，才得到結構性資料。它是直接將全部的資料通通收集起來，然後分類，再各別做出結論，見圖 3。

大數據分析的基本架構，因為資料量大，故首先要處理的是資料庫的問題，將全部的資料轉換為同一格式（如：Hadoop），再進行大數據分析，但準確性、可靠性仍然在萌芽階段，見圖 4。

大數據的分析方法統稱為預測分析（Predictive Analytics），而傳統統計稱為統計推論。觀察大數據與傳統統計的差異，參考表 1。

由於大數據的分析準確性有所疑慮，所以需要思考以下三個問題。

1. 如何從大量的非結構性（Unstructured）資料篩選出「有用」的結構性（Structured）資料？要使用哪些合理的篩選（Filtering）法則？

2.「預測分析」（Predictive Analytics）在哪些條件下是可信的？

3.「預測分析」（Predictive Analytics）和統計推論方法如何整合？

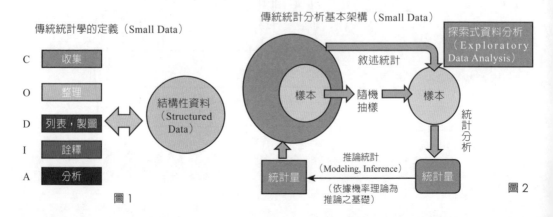

傳統統計學的定義（Small Data）

C 收集
O 整理
D 列表，製圖
I 詮釋
A 分析

結構性資料（Structured Data）

圖 1

傳統統計分析基本架構（Small Data）

探索式資料分析（Exploratory Data Analysis）

敘述統計

樣本　隨機抽樣　樣本

統計分析

推論統計（Modeling, Inference）（依據機率理論為推論之基礎）

統計量　統計量

圖 2

大數據分析的現況

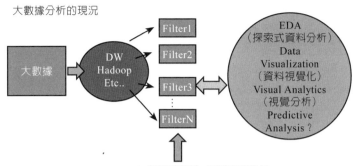

圖3

Synopsis（概要擷取）以減少資料量

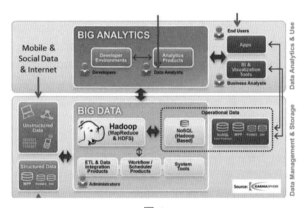

圖4

表1

傳統統計	大數據
隨機抽樣（Random Samples）	非隨機抽樣，大部分有相關的數據。（Correlated Data Stream）
小而乾淨的抽樣數據	大數據
大部分靜態分析，例如：多元回歸、假設檢定。	動態分析，隨時有即時資料的加入。例如：遞迴最小平方法（Recursive Least Square, RLS）

3-11 統計學界的統計分析與工程界的統計分析之差異

我們了解商業界的大數據與統計學界的傳統統計之關係後，也必須知道工程界與統計學界的關係，在 1980 年代統計學與通訊 / 資訊工程對於相同的「統計」方法，就有不同的名稱，見表 1 及圖 1。

可看見有很多統計內容一樣，但卻各自用自己的語言描述，各自的發展需要用的統計，其中遇到重複的內容時，就導致科技的延遲，或是少了彼此可互相幫助的觸類旁通。所以交流是必要的，但是彼此間卻因符號及名稱的不同而難以交流，而這正是統計界與工程界常久以來的隔閡。**如：相同的演算法，在統計上稱為，複迴歸分析（Multiple Regression），而在工程上正是卡門濾波的特例之一。**

同時我們可以看到工程界有寫著 Big Data 的字樣，意思是處理大量數據。接著來看兩者的差異。對於數量的多寡，統計方法可分成動態與靜態。

統計學界靜態（Data Model）vs. 工程界動態（Algorithmic Model）的統計方法：
靜態的統計方法針對少量數據（Small Data），見圖 2：
1. 依據 Type 1,2 Errors，設定 n（樣本數）
2. 估算 Data Model 的參數
3. 由 Data Model 導出統計推論 / 預測
4. 討論 Data Model 參數的收斂性，如：$\hat{\theta}_n \to \theta$
使用靜態統計方法的統計學家的比率約占 80%

動態的統計方法 Big Data，見圖 3
1. 不需設定 n，假設 $n \to \infty$
2. 作出估算 output $\hat{y}_n$
3. 討論 $E \| y - \hat{y}_n \|^2$ 的收斂性
使用動態統計方法的統計學家的比率約占 20%，也被稱為資料科學家。

由上面可以看到統計學家對於兩者的參與比率不同，參與傳統統計分析的比率占 80%，參與工程界分析的比率占 20%。因此兩派的分析專家並不認為彼此可用同一種稱呼。統計界的分析者稱為統計學家（Statisticians），工程界的分析者稱為資料科學家（Data Scientists）。然而資料科學家未必有統計學術基礎，我們要知道統計知識是任何分析師的基礎，所以作者認為合格資料科學家都有必要掌握一定統計的知識、及統計分析的方法。

統計界與工程界的分析，兩者的統計方法不盡相同，若再加上商業界的大數據分析，三者來比較便會更容易被人混淆。商業界的大數據分析，用了少量的統計學界的分析，以及利用工程界處理大量數據的技術，所以大數據分析的分析者也被統計學家歸類在資料科學家。而一般人因為不了解三者的關係，就會將分析數據的人，統稱為統計學家，或資料科學家，卻不了解其中的差異性，甚至混淆。

補充說明：

　　統計學家已經分析了幾百年的數據，一般人往往忽略了這一點。並且往往不知道一個統計學家的作用，而將統計與數學混淆為一門學科。譬如從事民意調查的專業人士，沒有自覺統計與數學具有差異性，而是反覆強調數字會說話，但中文的「數字」一詞往往會被人誤解為「數學」，連帶著人們的就將「統計」＝「數字」＝「數學」，進而誤會統計是數學，但本質上統計是用數學表達的語言，如同其他科學也是用數學表達的語言，**所以不可以將統計與數學兩者畫上等號。**

表 1

統計學的名稱 （中文）	統計學的名稱 （Statistical Analysis）	通訊／資訊工程的名稱 （Predictive Analysis）
迴歸分析	Regression	Recursive Least Square, Regression
主成分分析	Principle Component Analysis（PCA）	Data Mining
時間序列分析	Time Series Analysis	IIR Filtering, Kalman Filter
多變量群集分析	Cluster Analysis	K-mean Analysis
常態分布	Normal Distribution	Gaussian Noise

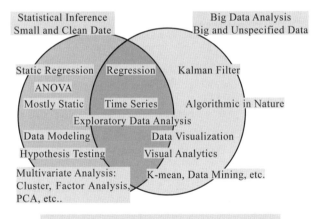

現況：傳統統計分析／推論＋資訊通訊工程統計

圖 1

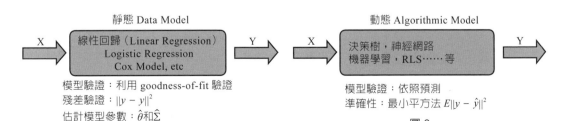

圖 2

圖 3

3-12 大數據分析的起點

　　資訊視覺化（Data Visualization）及視覺分析（Visual Analytics）是大數據分析的起點。觀察圖1、圖2，可以知道人類的思維用圖片來理解比較方便，以及做報表時，用各式各樣的圖表比較方便做數據分析。特別是具有高維度，複雜的資料，好的資料科學家能分析任何複雜的數據，見圖2：台北市的預算圖，如果可以與上一年度的作比較就能方便看出差異。

　　而分析數據的第一個步驟通常是玩數據，也就是隨意重組，試圖去觀察出規律性或是有價值的資料。著名統計學家約翰‧圖基（John Tukey，見圖3）在20世紀替這個動作作定義爲探索式資料分析（EDA）。

　　探索性資料分析（EDA）是一種分析資料的方法，常用視覺化協助找出資料的主要特點。約翰‧圖基鼓勵統計人員研究數據，並盡可能提出假設，這要求引導分析者重視收集新的數據和實驗。這流程及數據的收集方法，使分析更容易、更精確，所有的工程類（如：通訊）和數學類的統計適用於這樣的方法。這樣的統計方法大大提高視覺化功能，使得統計人員能更快的識別異常值（Out Liers），並找出趨勢和模式。探索性資料分析的統計方法，可以推動科學和工程問題的發展，如：半導體製造流程、通信系統的設計。

　　在1977年約翰‧圖基寫了「探索性數據分析」一書，他認爲，傳統統計過度強調驗證數據分析（Confirmatory Data Analysis），應該要更重視探索性數據分析（EDA）。他認爲EDA的目標是：

1. 建議對觀察到的現象的作假設
2. 基於的假設做統計上的評估
3. 支持用適當的統計工具和技術
4. 通過調查或實驗，提供用於進一步的資料

　　到現在，2015年許多探索性資料分析的技術，已被資料探勘採納，並進入大數據分析範疇之中，並且探索性資料分析也是教給青年學生統計思想的重點之一。

圖1：Porphyrian tree : Ancient Mind Map 波菲利之樹：古代思維導圖（心智圖）

小博士解說

　　盒狀圖（圖4）也是約翰‧圖基創造的概念，在「探索性數據分析」一書首次出現，此圖可以更有效的說明資料的特性。

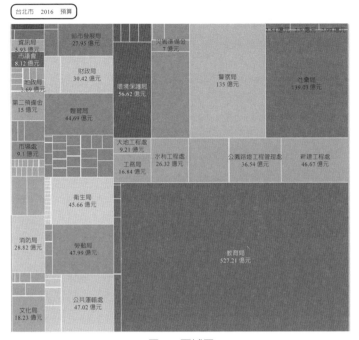

圖 2：區域圖

圖 3

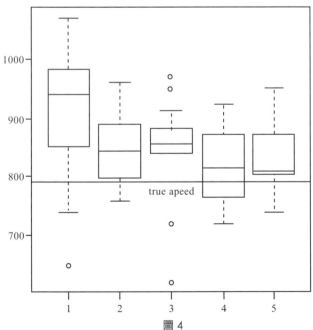

圖 4

3-13 **資訊視覺化**

　　資訊視覺化（Data Visualization）的主要目標是透過統計圖形、圖表、訊息圖形、表格，明確有效的傳達給用戶的資料其中的訊息。有效的資訊視覺化可幫助分析和推理。它使複雜的資料更容易理解和使用。如：找出因果關係，並從圖形的啓發去設計數學模型。而各種類型的圖表就是一個最簡單的資訊視覺化。一個有效的資訊視覺化工具有助於找到趨勢，或實踐自己的推論模型，或探索來源，或講故事。在網路時代資訊視覺化已成爲一個新的活躍領域。

資訊視覺化的重點

1. 顯示夠多的數據
2. 促使閱讀者思考
3. 避免刪除數據
4. 讓人可以自行比較不同的資料區塊
5. 可以顯示不同層次的細節，不論是從廣泛的概述或是以精細結構
6. 利用描述，勘探，製表或圖，顯示出明確的特性
7. 圖形顯示的資料，可以比傳統的統計更讓人有直觀的感受

　　例如：米納德圖（圖 1）顯示拿破崙軍隊在 1812 年至 1813 年期間變化。

1. 軍隊的大小，其上的二維表面位置（x 和 y）
2. 時間
3. 移動的方向
4. 溫度

　　這在當時的二維度的統計圖形中是重大的突破。因此塔夫特在 1983 年寫道：「這可能是迄今爲止最好的統計圖形。」

　　資訊視覺化定義爲將資料數據表現爲圖表的形式，以利解讀。資訊視覺化的案例，可參考下圖 2、3。

圖1

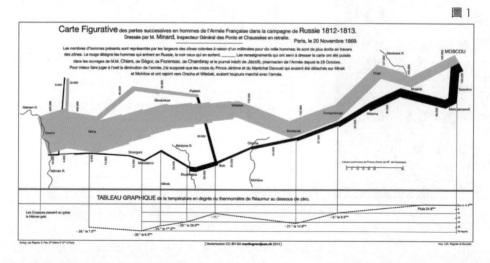

Carte Figurative des pertes successives en hommes de l'Armée Française dans la campagne de Russie 1812-1813.
Dressée par M. Minard, Inspecteur Général des Ponts et Chaussées en retraite. Paris, le 20 Novembre 1869.

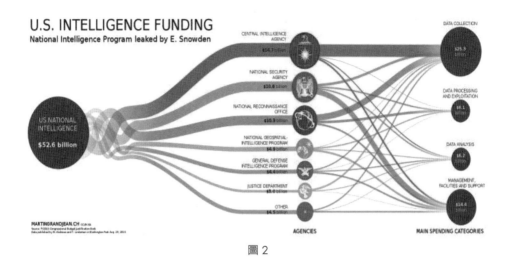

圖 2

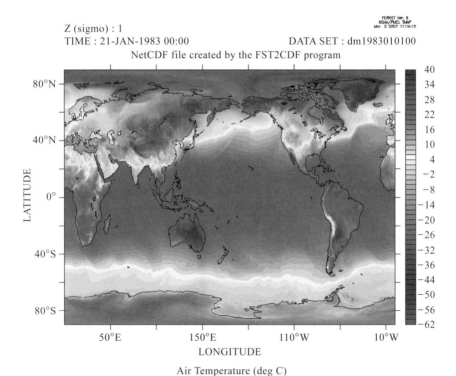

Air Temperature (deg C)

圖 3：全球氣溫分布圖，取自 WIKI，公共領域
https://en.wikipedia.org/wiki/Data_visualization

3-14 視覺分析的意義

　　視覺分析（Visual Analytics）是利用互動式視覺化界面再加以分析推理的統計方法，分析師稱為資料科學家。而軟體與資料科學家的關係，就好比是畢卡索作出了一幅抽象畫，再由其他人去做評論解讀。而我們也知道有了一幅好畫，再有好評論者最後就能得到深層意境。所以軟體必須先完善以及好的分析師才有完美的分析推論。所以視覺分析軟體必需要具備怎樣的條件？我們知道它建構在視覺化技術和資料分析上，主要有4種基本功能：

1. 可以快速觀察大量資料的分布狀態，如：十張報表內容，整合成一張圖。
2. 將資料視覺化：
   (1) 利用視覺化引導分析師的想法。
   (2) 利用不同圖案標計、方法來顯示多維度關係，如時間與數量。
3. 可以即時修正、回饋資訊。
4. 快速掌握資料，更快分析判斷，更容易觀察數據的相關性、可以預測或監控潛在問題，縮短決策時間。

　　由上述可知，將資料轉換成視覺化，可以讓分析推理過程變得更快，更精準。而這正是大數據的視覺分析應該要達成的重點。**視覺分析定義為利用資訊視覺化及其互動性介面進行的分析推理的統計方法**，而視覺分析可參考下列圖片。

　　由此我們可以看到目前軟體有許多軟體可供我們將資料視覺化，以利進行數據分析。資料視覺化可以有利於理解的案例，還可以參考「全球版圖變遷」的影片，影片連結為 https://www.youtube.com/watch?v=6q8IJ9Pbm0g，由影片可知用時間軸與觀察地圖的方式可以輕易的知道各時期各國的版圖變化，比起純文字的說明來得更清楚。所以不論是哪種數據，將資料視覺化是具有必要性的。

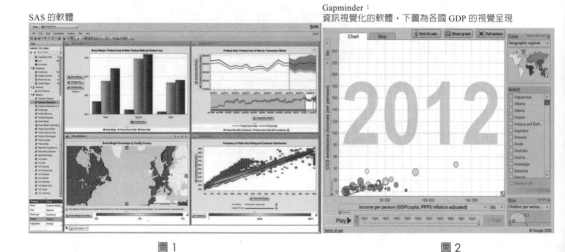

SAS 的軟體

Gapminder：
資訊視覺化的軟體，下圖為各國 GDP 的視覺呈現

圖1　　　　　　　　　　　　　　　　　圖2

視覺分析實例 Visual Analytics Example 還可參考以下工具軟體，見表 1

表 1

Toolbox of Analytics Components	Designed for Sparse Data
Patient Similarity Analytics	Data Model Designed for Analytics
Predictive Modeling	Computationally Efficient for
Clustering	Population-Wide Analyses
Process Mining	Separate Model Training and Scoring Phases
Key Properties	Learning Techniques that can Incorporate
Scalable	User Feedback

可互動的視覺化軟體 Interactive Cohort Visualization
Multi-facet query box

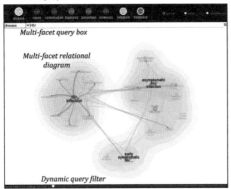

圖 3

圖 4：Default Mode

圖 5：Outlier Mode

圖 6：Co-occurrence Mode

Tableau

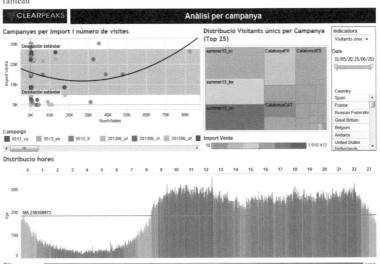

圖 7

3-15 **建議大數據該用的統計方法**

作者認為大數據的統計方法最適合使用遞迴演算法（Recursive Algorithms），這個方法就是工程界的方法，為什麼要用這個方法？因為商業界的分析對象與工程界的分析對象，都是大量的數據，即時的數據。何謂即時的數據？即時的意思就是要隨時會加入新數據，並且馬上就要有結果，如：飛彈的運行軌跡，我們都知道飛彈的路徑上中途不可以有障礙物，以及在飛行途中可能隨著風向、阻力等問題導致需要馬上修正飛行方向。衛星也是同樣原理，那麼要如何修正？

對於即時的數據，我們不可能將舊數據與新數據通通重新計算一次，這樣將會浪費太多時間，在計算的途中，飛彈早就撞到障礙物爆炸了，衛星早就脫離軌道飛往更遠的外太空或是墜落。所以必須將舊資料變成一個數值，這樣下次的資料進來就可以快速得到新答案。我們可以將全部資料慢慢計算的情形視作靜態計算，而需要馬上計算出答案的情況視作動態計算。我們可以參考以下案例，來了解傳統靜態統計與工程的動態統計之差異性。

1. 樣本平均（mean）
(1) 靜態式，用傳統的統計（Traditional Statistics）

$$\overline{x_n} = \frac{S_n}{n} = \frac{x_1 + x_2 + ... + x_n}{n}$$

可以看到靜態式每次都需要將全部資料 x_1、x_2、...、x_n 加起來重新計算平均，沒利用到先前的資料，其中經過的步驟就是加法做 $n-1$ 次，再做一次除法，一共有 n 個步驟。

(2) 遞迴式，用工程的動態統計（Recursive Algorithm）

$$\overline{x_n} = \frac{S_n}{n} = \frac{x_1 + x_2 + ... + x_{n-1}}{n} + \frac{x_n}{n} = \frac{n-1}{n} \times \frac{S_{n-1}}{n-1} + \frac{x_n}{n} = \frac{(n-1) \times \overline{x_{n-1}} + x_n}{n}$$

而動態式，用人腦思考已有 x_1、x_2、...、x_{n-1} 的資料，可以留下怎樣的數值，保留上一次的資料 $\overline{x_{n-1}}$ 給下一次用，也就是前文提到的**將舊資料變成一個數值**，使得 $\overline{x_n} = \frac{(n-1) \times \overline{x_{n-1}} + x_n}{n}$，其中步驟，有減法、乘法、加法、除法僅剩四步驟。

2. 樣本變異數（Variance）
(1) 靜態式，用傳統的統計（Traditional Statistics）

$$s_n^2 = \frac{1}{n-1} \sum_{i=1}^{n} (x_i - \overline{x}_n)^2$$

(2) 遞迴式，用工程的動態統計（Recursive Algorithm）

$$s_n^2 = \frac{n-2}{n-1} s_{n-1}^2 + \frac{(x_n - \overline{x}_n)^2}{n}, \, n > 1$$

　　由以上兩個案例可知，遞迴式可以利用先前的結果數值，幫助快速得到新數值，而這就是大數據利用的原理。接著我們看看有哪些統計用到這樣的概念。

(3) 羅賓斯（Robbins）與門羅（Monro）在 1951 年所做的隨機逼近（Stochastic Approximation），見圖 1。

模型（Model）：$y_n = M(x_n) + \varepsilon_n$，$\varepsilon_n$ is an additive noise

演算法（Algorithm）：$x_{n+1} = x_n - \alpha_n y_n$ With $\Sigma a_k = \infty$，$\Sigma a_k^2 < \infty$

then, $x_n \to x^*$, with Probability 1

(4) 牛頓（Newton-Raphson）找函數根的遞迴演算法，見圖 2。

　　所以我們可以發現到遞迴式在計算中具有舉足輕重的重要性。下一小節將會介紹最重要的卡門濾波。我們要是沒有卡門濾波，科技將延緩數 10 年。

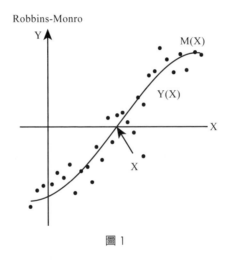

圖 1

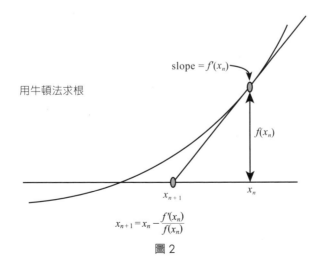

圖 2

3-16 卡門濾波

　　卡門濾波（Kalman Filter）是工程統計中的重要概念，他利用許多方法，但最後利用遞迴的原理將一切混亂不堪的數據整合成幾條容易計算的數學式。它的計算過程我們會節錄部分說明，見圖 1，其中利用到 RLS、泰勒展開式。

　　由上述可知卡門濾波需要假設許多東西。但是最後被整理出最後幾條數學式：

$$x_k = F_k x_{k-1} + B_k u_k + w_k \text{ 、}$$

$$z_k = H_k x_k + v_k \text{ 、}$$

$$\hat{x}_{k/k} = \hat{x}_{k/k-1} + K_k \tilde{y}_k \text{ 。}$$

　　由此可見遞迴式是重要的基石，有助於整合計算式及省下計算時間。而卡門他是一位雙領域全才，不但是工程上的知識精通，連統計部分也很精通，所以才知道如何去整合進而簡化計算並省下時間，見圖 2。

　　作者認為關於現在商業界的大數據，目前有整合各種類型數據進入資料庫（data base）、再分類討論各個濾波（filter）、將數據視覺化（data visualization），用少部分的統計原理，進行視覺化分析（visual analysis）。所以可發現的是大數據分析仍有一段路要走，就是找出各個數據適當的遞迴式演算法，見圖 3。

Kalman filter and Recursive Least Square algorithms (RLS)Kálmán (May 19, 1930 (age 85)) is an Electrical Engineer by his undergraduate and graduate education at M.I.T and Columbia University. $x_k = F_k x_{k-1} + B_k u_k + W_k$ System Assumption.

where F_k is the state transition model which is applied to the previous state x_{k-1};

B_k is the control-input model which is applied to the control vector u_k;

w_k is the process noise which is assumed to be drawn from a zero mean Multivariate Normal Distribution with covariance Q_k..

At time k an observation (or measurement) z_k of the true state x_k is made according to

$z_k = H_k x_k + v_k$ Observation Assumption,where H_k is the observation model which maps the true state space into the observed space and v_k is the observation noise which is assumed to be zero mean Gaussian white noise with covariance R_k.

Assuming: $w_k \sim N(0, Q_k)$, $v_k \sim N(0, R_k)$, Recursive Estimates of state vector

$\hat{x}_{k/k-1} = F_k \hat{x}_{k-1/k-1} + B_k u_k$

$P_{k/k-1} = F_k P_{k-1/k-1} F_k^T + Q_k$

$\tilde{y}_k = z_k - H_k \hat{x}_{k/k-1}$

$S_k = H_k P_{k/k-1} H_k^T + R_k$

$K_k = P_{k/k-1} H_k^T S_k^{-1}$, Optimal Kalmangain

$\hat{x}_{k/k} = \hat{x}_{k/k-1} + K_k \tilde{y}_k$ Updated (a posteriori) state estimate

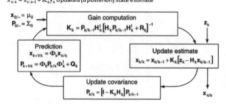

$x_{0/0} = \mu_0$
$P_{0/0} = \Sigma_0$

Gain computation
$K_k = P_{k/k-1} H_k^T [H_k P_{k/k-1} H_k^T + R_k]^{-1}$

Prediction
$x_{k+1/k} = \Phi_k x_{k/k}$
$P_{k+1/k} = \Phi_k P_{k/k} \Phi_k^T + Q_k$

Update estimate
$x_{k/k} = x_{k/k-1} + K_k[z_k - H_k x_{k/k-1}]$

Update covariance
$P_{k/k} = [I - K_k H_k] P_{k/k-1}$

Extended Kalman filter

In the extended Kalman filter (EKF), the state transition and observation models need not be linear functions of the state but may instead be non-linear functions.

f and h are nonlinear functions

$x_k = f(x_{k-1}) + B_k u_k + w_k$ State Transition

$Z_k = h(x_k) + v_k$ Observation model

EKF is almost idNetwork

The *Extended Kalman Filter* (EKF) and neural network training algorithm was first introduced by *Singhal and Lance Wu*[I]. These authors demonstrated that the EKF is almost identical to neural network training algorithm...

EKF: data model is not important, as in Neural Network;

Consider the following nonlinear system: $x_k = f(x_{k-1}) + B_k u_k + w_k$ .Nonlinear function $f(x)$ can be expanded in accordance with the following Taylor expansion: $f(x) = a_0 + a_1 x + a_2 x^2 + a_4 x^3 + ...$, Take the number of items in the previous estimate $f(x)$, we can make inferences using EKF. $f(x)$ is the complicated nonlinear function (Red), we can approximate it. By simple function $h(x)$ (Blue) Locally and continue the estimation.

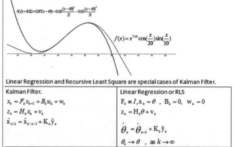

Linear Regression and Recursive Least Square are special cases of Kalman Filter.

Kalman Filter.	Linear Regression or RLS
$x_k = F_k x_{k-1} + B_k u_k + w_k$	$F_k \equiv I, x_k \to \theta$, $B_k = 0$, $w_k = 0$
$z_k = H_k x_k + v_k$	$z_k = H_k \theta + v_k$
$\hat{x}_{k/k} = \hat{x}_{k/k-1} + K_k \tilde{y}_k$	$\hat{\theta}_k = \hat{\theta}_{k-1} + K_k \tilde{y}_k$
	$\theta_k \to \theta$, as $k \to \infty$

And, RLS is equal Linear Regression for Any fixed n

Recursive Algorithms is getting attention now.. Article Recursive data mining for role identification in electronic communications.International journal of hybrid intelligent systems, ABSTRACT We present a text mining approach that discovers patterns at varying degrees of abstraction in a hierarchical fashion. The approach allows for certain degree of approximation in matching patterns, which is necessary to capture non-trivial features in realistic datasets. Due to its nature, we call this approach Recursive Data Mining (RDM)....

NOTE: Recursive is also Adaptive to Data by definition!!

Authors: Vineet Chaoji, Apirak Hoonlor, Boleslaw K. Szymanski Rensselaer Polytechnic Institute

圖 1

以遞迴式演算法（Recursive Algorithms）整合統計分析

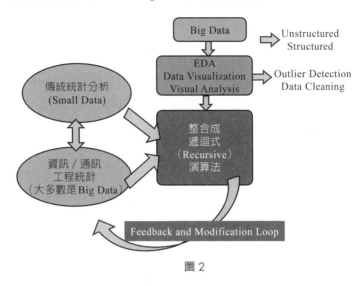

圖 2

建議的大數據統計分析流程圖

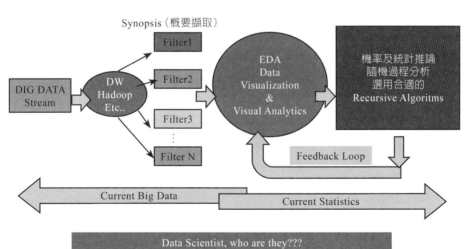

圖 3

3-17 **資訊科學家的定位、大數據結論**

資訊科學家（Data Scientist）的定位是什麼？我們先看看國外的網友資訊科學家的認知，如圖1。可以看到他說的，資訊科學家比統計學家來的輕鬆，因為不用學會太深的統計，只要會操作軟體就可以做出統計分析。但是這樣子真的是對的嗎？作者認為稱職的「資料科學家」應該要具備下述能力：

1. 大學或研究所主修數學、統計、物理、電腦科學，具有足夠數學推理能力者。
2. 能在工作中自主學習資訊系統、資料存取等等知識。

上述兩者比例：數學推理能力：80%，資訊實作知識：20%。理由：數學推理能力需長期養成，而資訊實作知識可以短期補足，且日新月異，即時學習新軟體即可。

但人有可能同時是兩大領域的長才嗎？如同人有可能同時是藝術家和數學家嗎？答案是可以的，見圖2，可看到文藝復興時期的畫家／數學家皮耶羅・弗朗切斯卡（Piero della Francesca，達文西的老師）充分應用幾何投影的數學原理，才能將人及景觀畫的如此的逼真。如果21世紀是資訊的文藝復興時代，則資料科學家可視作是畫家一般，故需要有數學推理能力與資訊實作知識才能推動歷史的轉動。

大數據結論：

1. 非結構資料篩選出結構資料的自動化技術仍需改進。
2. 統計方法仍是大數據時代必需的分析工具。
3. 資料分析的第一步由探索式資料分析（EDA）進化為資料視覺化（Data Visualization）及視覺化分析（Visual Analysis）。而視覺化分析應具備的優點請參考下方註。
4. 傳統統計分析大多以小量資料（Small Data）作為起點，但工程統計早已使用大量資料（Big Data）及演算法（Algorithmic Approach），而今日資訊及商用領域因網路的普及，才開始面對大數據 Big Data 的統計問題。參考表1了解，「統計學界的傳統統計」與非傳統統計中「工程界的統計分析」及「商業界的大數據分析」的三者差異性。
5. 建議以**遞迴式演算法（Recursive Algorithms）為核心，整合傳統統計方法及工程統計方法，構成大數據分析的基礎。**

註：視覺化分析應具備的優點。

1. 可以快速觀察大量資料的分布狀態，如：十張報表內容，整合成一張圖。
2. 將資料視覺化：
   (1) 利用視覺化引導分析師的想法。
   (2) 利用不同圖案標計、方法來顯示多維度關係，如時間與數量。
3. 可以即時修正、回饋資訊。
4. 快速掌握資料，更快分析判斷，更容易觀察數據的相關性、可以預測或監控潛在問題，縮短決策時間。

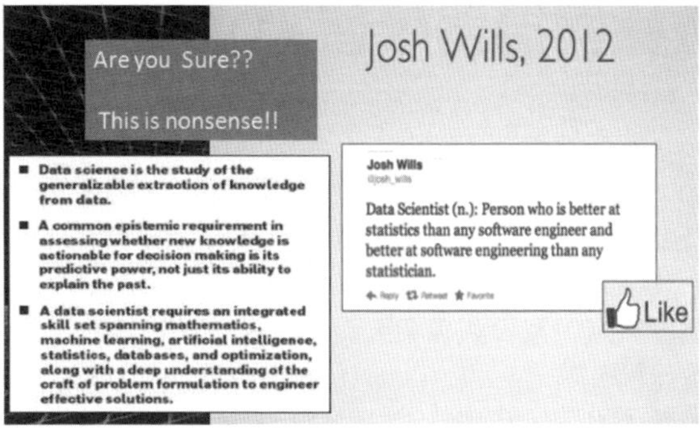

圖 1

Piero della Francesca 1415-1492

圖 2

表 1：統計界、工程界與商業界的統計分析的三者差異性

	統計界	工程界（資訊／通訊）	商業界
分析名稱	傳統統計	工程統計	大數據分析
分析者	統計學家	資訊工程師／通訊工程師	資料科學家
資料量	少量（small data）	大量（big data）	大量（big data）
急迫性	不一定	有	不一定
狀態	靜態	動態	動態
精準度	精準	較精準	目前粗糙，仍有進步空間
分析方法	數理統計及決策理論。	部分自行開發，部分利用傳統統計	利用工程統計軟體，及傳統統計。

3-18 大數據與機器學習 (1) —— 概要

　　近年來很流行的一些科技名詞，如：人工智慧 (Artificial Intelligence, AI)、機器學習 (Machine Learning)、演算法 (Algorithm) 及大數據 (Big Data)、黑盒子模式 (Black Box Mode)。這些看來很流行，很熱門的概念**常被一些一知半解的媒體或暢銷書寫成一團亂**。有鑑於此，作者準備徹底說明這些名詞的意義、相互關係及實際應用到底是什麼？主要目的是期望大家、及資訊專業人員都能清楚了解其中的涵義，進而避開媒體或暢銷書的越說越迷糊。

　　其實這些看似複雜的名詞，我們都可以一言以蔽之就是**電腦**的行為。為什麼這麼說呢？

　‧人類的腦子叫人腦，對應到電子機器類稱為電腦。

　‧人類的智慧對應到電腦的智慧稱為「人工智慧」。因為是人賦予電腦的智慧，故可稱為人工智慧。人工智慧是現階段的情況，以後可能會出現電腦製造下一代的電腦智慧。

　‧人類解決各個問題的器具稱為工具，電腦解決各個問題的方法稱為「演算法」。

　‧人類的學習對應到電腦稱為「機器學習」。

　‧人類依據經驗或是直覺的決策行為對應到電腦就稱為「黑盒子模式」，也就是一種機率及統計式的評估後的行為模式，或是直接執行特例的行為模式，也可將黑盒子模式理解為決策部分的演算法。

　‧人類依賴過往經歷稱為經驗，對應到電腦累積的資料稱為「大數據」。

　‧大數據是近年來才有的概念，電腦利用大數據的意涵，主要是指在強大的硬體帶來的大量數據量、快速的運算速度。

　　只要將這些看似混亂的名詞對應到我們所熟悉的事物上，就不會令人感到神奇，見圖 1。

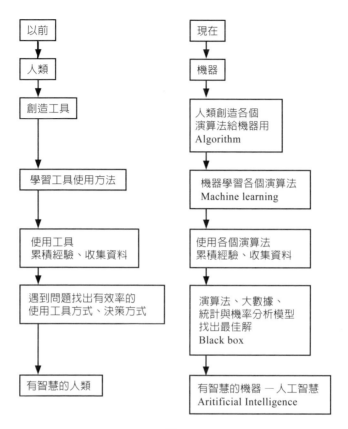

圖 1

3-19 **大數據與機器學習 (2)─ 蒙地卡羅法**

　　介紹蒙地卡羅法中的求面積方法，讓大家認識各個科技名詞對應到哪些動作上。蒙地卡羅法是一種利用現在電腦大量且快速計算的能力產生的方法，概念是由電腦大量且快速計算得到一個機率，並再進一步得到答案，如圖 1 的蒙地卡羅法求圓周率，此方法的優點是可以不利用人類精準計算的方法，僅靠電腦作簡單的動作就能得到答案。接著用求面積的方式，介紹蒙地卡羅法。

　　一個 2 公分的正方形，裡面放直徑 2 公分 (半徑 1 公分) 的圓，見圖 2。我們讓電腦對此圖案射飛標，射在正方型內部才加以討論。而射飛鏢會導致破洞，見圖 3。當我們射越多破洞，就越可以覆蓋圓形，以及覆蓋方型，見圖 4。而破洞的面積加總後，就可以得到圓型面積及正方形面積。

　　我們知道圓面積與正方形面積存在一個比例關係，「圓面積 / 正方形面積 = 比例」
　　移項後「圓面積 = 比例 × 正方形面積」。
　　而正方形面積為 2×2=4，故「圓面積 = 比例 ×4」
　　註：該比例也可以認知為，射飛鏢丟到正方形的圓內機率。

　　我們不用去思考圓形面積怎麼計算，只要靠電腦丟愈多次，就可以得到愈接近正確的比例，進而得到圓形面積，見圖 5。

　　作者利用 Excel 跑了 4 萬筆資料，可知比例是 0.786，代入可得到圓形面積 =4×0.789=3.1435。**這邊要注意電腦完全不知道圓面積怎麼計算。**

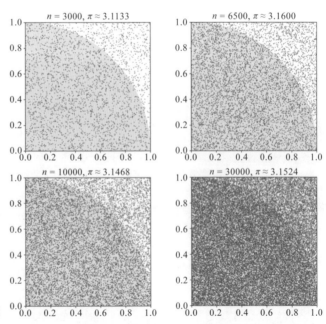

圖 1：蒙地卡羅法求圓周率

我們思考小學的方法，

利用圓周率計算圓面積：半徑 × 半徑 × 圓周率 =1×1×3.14159=3.14159。

人類與電腦的計算僅差了 0.00191。電腦僅丟四萬次就可以相當的接近正確的面積值，如果丟更多次就可以更爲準確，所以蒙地卡羅法求出面積值是可用的。

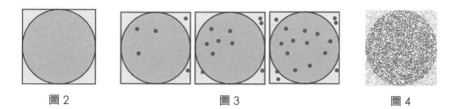

圖2　　　　　　　　　圖3　　　　　　　　　圖4

	圓內點	正方形內部點	比例	正方形面積 × 比例 = 圓面積
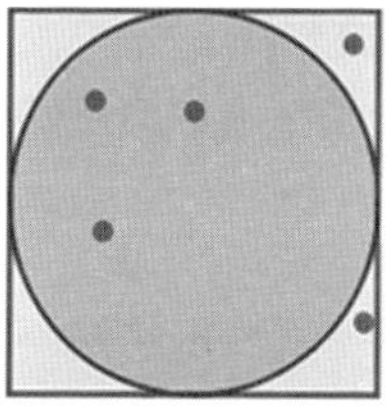	3	5	0.600	2.400
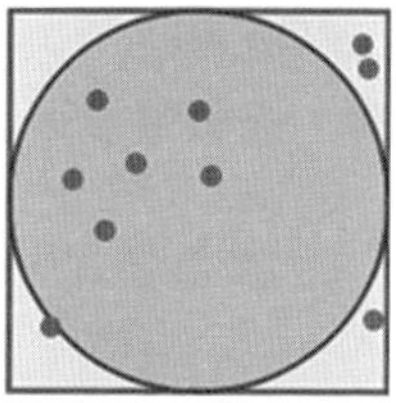	7	10	0.700	2.800
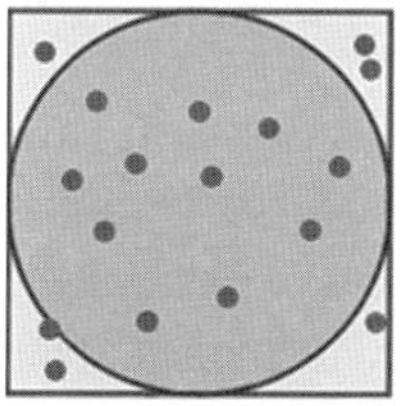	12	17	0.706	2.824
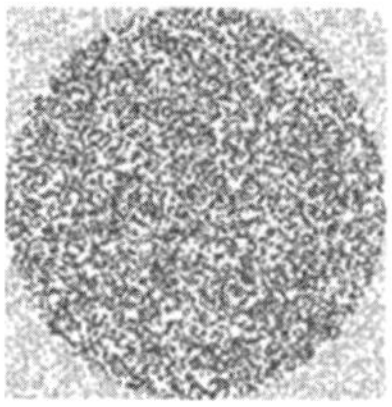	31435	40000	0.786	3.1435

圖5

3-20 大數據與機器學習 (3) ── 蒙地卡羅法的實際應用

當我們讓電腦學會蒙地卡羅求面積的方式，我們就可以讓電腦計算難以處理的積分問題（積分就是求面積），也可以稱為利用電腦土法煉鋼法。如：y=x3-6x2+11x-5，求出 x 在 1 到 3、y 在 0 到 2 的曲線下面積，見圖 1。

如果是以前我們必須用積分技巧來計算，但是電腦不用，只要用學會的蒙地卡羅求面積法來做就可以。一樣還是丟丟看（射飛鏢）的方式，見圖 2。

作者利用 Excel 跑了 4 萬筆資料，可知曲線下比例是 0.506，代入可得到曲線下面積 =4×0.506=2.024。**這邊要注意電腦完全不知道面積怎麼計算。**

我們思考大學的積分方法，y=x3-6x2+11x-5 的積分式為 Y= 0.25x4-2x3+5.5x2-5x+c，1 到 3 曲線下面積 = (0.25x34-2x33+5.5x32-5x3+c)-(0.25x14-2x13+5.5x12-5x1+c)=2。

人類與電腦的計算僅差了 0.024。電腦僅丟四萬次就可以相當的接近正確的面積值，如果丟更多次就可以更為準確，所以蒙地卡羅法求出面積值是可用的。

因此我們可以了解人工智慧、機器學習、演算法及大數據各自出現在上述案例的何處。

1. 演算法：整套的計算流程可稱作蒙地卡羅求面積的演算法。

2. 機器學習：可以發現電腦學會用蒙地卡羅求面積，並且不再受限既定的幾何圖形，進步到可以計算任意圖形。

3. 大數據：可以發現當丟丟看的次數過少時，機率會不夠精準，而丟的越多次，機率就會越正確。**同時也可發現只有電腦可以執行多次的快速運算，在數量及速度都遠勝於人類。**

4. 人工智慧：我們讓電腦學會一個人類做不到的求面積方式，不正代表電腦有其特殊的智慧。

為什麼早期不用蒙地卡羅法？理由很簡單，早期沒有運算能力夠強的電腦來執行大量的反覆丟看看的運算，而現在可以，我們讓電腦學會計算任何圖形面積的方式，這就是機器學習，不就代表電腦可以獲得智慧，而且比人類更有效的計算出面積，幫助人類節省時間。

為什麼要特別討論蒙地卡羅法？因為現有的積分技巧都是建立在可以把曲線化為函數，再去進行積分運算，或進行數值分析（切長條）。而蒙地卡羅法的好處就是將要討論的圖案拿來直接做丟丟看的機率計算，就可以得到面積，所以蒙地卡羅法才如此重要。

類似的概念早在阿基米德時期就已經存在，就是排水法，我們不用把完整的物體切片算體積，只要計算水位上升多少就可以知道體積。**也就是不用管原本的形態，直接找到接近的答案，換言之這也就是現在的黑盒子模式。**

由此我們就可以初步的認識跟電腦有關的科技名詞：人工智慧、機器學習、演算法

及大數據。

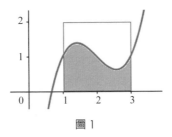

圖1

	曲線下的點	正方形 內部點	比例	正方形面積 × 比例 = 曲線下面積
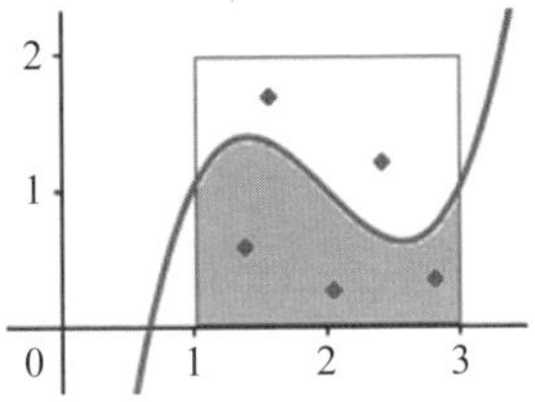	3	5	0.600	2.400
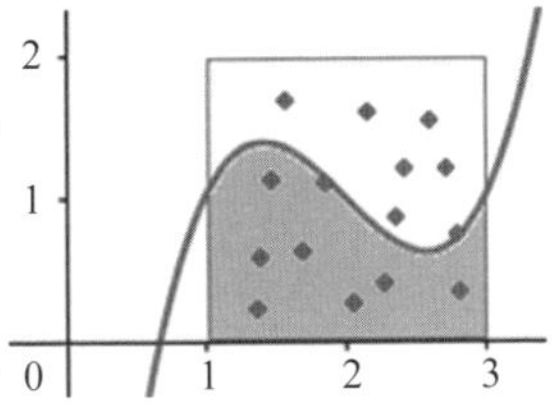	9	15	0.600	2.400
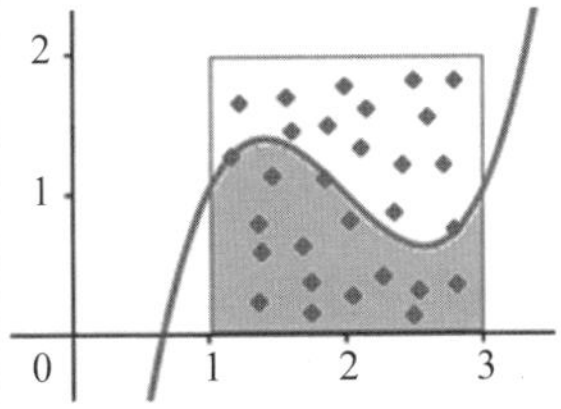	15	30	0.500	2.000
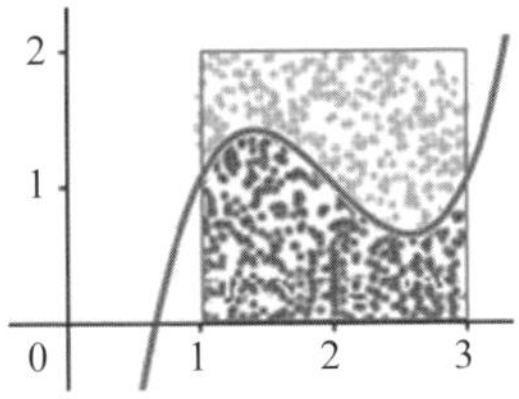	20240	40000	0.506	2.024

圖2

第四章
統計的應用、其他

　　生活上還有許多利用統計的地方，或是我們用數據、語言不容易說明清楚的內容，本章會介紹如何利用統計圖表來輕鬆說明。

　　科學法則並不是由權威的原理所引導的，也不是由信仰或中世紀哲學來辨明的；統計學是訴諸新知識的惟一法庭。

馬哈拉諾比斯 (P.C.Mahalanobis, 1893-1972)

印度的科學家和應用統計學家

4-1 **物價指數**

消費者物價指數（Consumer Price Index, CPI，亦稱居民消費價格指數），在經濟學上，是反映與居民生活有關的產品及勞務價格統計出來的物價變動指標，以百分比變化為表達形式，**消費者物價指數**是衡量通貨膨脹的主要指標之一。

一般定義超過 3% 為通貨膨脹，超過 5% 就是比較嚴重的通貨膨脹。CPI 往往是市場經濟活動與政府貨幣政策的一個重要參考指標。CPI 穩定、就業穩定及 GDP 增長往往是最重要的社會經濟目標。如果消費者物價指數升幅過大，表明通膨已經成為經濟不穩定因素，國家會有緊縮貨幣政策和財政政策的風險，從而造成經濟前景不明朗。因此，該指數過高的升幅往往不被市場歡迎。可用的手段有加息，緊縮銀根，採取穩健的財政政策，增加生產，平抑物價，等等。

消費者物價指數測量的是隨著時間的變化，**包括多種（常有幾百種）商品和服務零售價格的平均變化值**。這多種商品和服務會被分為幾個主要的類別。在計算消費者物價指數時，每一個類別都有一個能顯示其重要性的權數。這些權數是通過向成千上萬的家庭和個人調查他們購買的產品和服務而確定的。權數會經常修正，以使它們與現實情況相符。CPI 是一個固定的數量價格指數並且無法反映商品質量的改進或者下降，對新產品也不加考慮。CPI 若扣除容易波動的食物與能源的統計數字，此數據稱為「核心物價變動率」。

美國的消費者物價指數是涵蓋了房屋支出、食品、交通、醫療、成衣、娛樂、其他等七大類商品的物價來決定各種支出的權數。

台灣的消費者物價指數 CPI 共包括 395 個項目群，包括食物類（肉類、魚介、蔬菜、水果）、衣著類（成衣）、居住類（房租、水電燃氣）、交通類（油料費、交通服務費）、醫療保健類（醫療費用）、教育娛樂類（教養費用）以及雜項類（理容服務費）等 7 個基本分類，以 1985 年台灣地區家庭消費結構為權數，此項權數主要根據家庭收支調查資料計算而得，每五年更換一次，以反映消費支出型態的變化。

2013 年 08 月，台灣勞動部基本工資審議委員會決議「年度消費者物價指數年增率」累計達（含）3% 以上時，再行召開下一次基本工資審議委員會，重新訂定基本工資。

觀察民國 74～104 年的消費者物價指數折線圖，由圖 1 可知台灣物價步步高升，並可發現約在民國 78 年到 85 年間一直爬升。同時民國 88 到 94 年也是一直在差不多的位置，小小的起起伏伏。而到了民國 96 年一直到 104 年，雖是上下震盪卻是愈來愈高。如果只是單純的看數據則看不出起伏變化，必須看一個大範圍的才容易比較並找到其中的問題，然後再針對當時的時事，作為未來的參考資料。見圖 2，可發現原油自 1984 年到 2014 年主要都在上升，這期間原油與物價有正相關性。

圖 1：取自中華民國統計資訊網：https://www.dgbas.gov.tw/point.asp?index=2
物價指數以 99 年 100%。

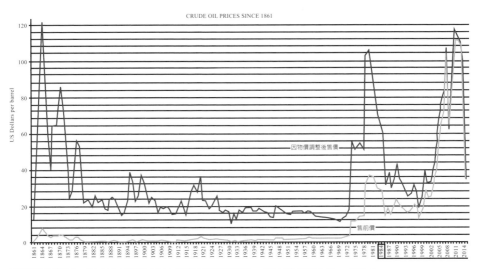

原油的趨勢圖，自 1984 年到 2014 年主要都在爬升。圖片取自 WIKI，CC3.0。

圖 2

4-2 **失業率**

　　景氣通常也會參考失業率，但台灣的失業率起起伏伏，新聞常常只報一個百分比，但由前面文章可知只看一個數據往往是不夠的，如看平均不夠仍需看標準差，甚至有可能連該情況根本不能用平均，所以有關於失業率只報導比率是不夠的。因為總工作人數如果改變那比率意義將會失真。

　　我們先認識何謂失業率：失業人口 ÷ 總工作人口 ×100%。接著認識為何會失真，假設 100 人有 10 人失業，失業率 10%，而下一季 150 人有 13 人失業，失業率 8.7%，那麼我們可以思考到底要看哪一個？在不同的情況就用不同的數值，有時要看總量，有時要看比率。

　　這兩種的適用情況為何？在總工作人數差不多時，也就是在短時間內，如當年度第一季與第二季的比較，可以看比率的差異性；而在大範圍的時間比較就不適合，如 98 年與 103 年度的比較，經過了 6 年總工作人口變化頗多，用失業人口可能比較容易觀察出問題，用人數才能觀察出是否工作機會已達飽合才會造成失業。

　　而在同時要觀察較整體性及全面的內容，則需要觀察圖表，一般來說失業率也反應了政府對於工作的管控，先觀察這 35 年的失業率與與失業人口變化。見圖 1、2。

　　由兩圖可知，兩者曲線差不多，可以發現後期失業率變高，失業人數也變高。可以觀察到什麼？我們先了解到因為醫藥進步，因疾病死亡的人數會減少，即便是有退休的人，但理論上投入工作的人會大於離開工作的人，也就是就業人口會不斷增加。所以總就業人口理論上是逐年增加，而失業率也增加，而這意味什麼？意味著失業人口更多，工作機會更加不夠，所以要趕快解決失業率。需要增加更多的工作機會，當然其薪資要合理，否則不合理的薪資仍然無法解決失業率問題。

　　在失業率的圖中可看到民國約 70、84、89、97 年有突然攀升的情形，這時候可以拿來做社會研究的討論，看看當時為什麼會突然爬升，可能是全球經濟動盪、原物料漲價而裁員、科技突破性的進步導致產業轉型、如果我們可以利用過去的經驗，就可以在下一波類似情況時作出相對應的方式，以避免失業率的增加。我們可由統計圖表來判斷社會發生的事情，再以此來作判斷應該做怎樣的動作，如果僅是數字則難以判斷應作哪些對應的動作，並且在判斷過去發生什麼事情時，利用統計圖表比較容易判斷。

失業率

圖 1：取自於行政院主計總處，聯結：https://www.dgbas.gov.tw/point.asp?index=3

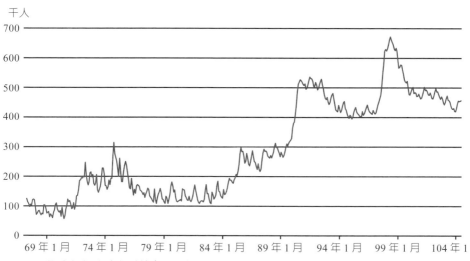

千人

圖 2：取自於行政院主計總處，聯結：https://www.dgbas.gov.tw/point.asp?index=3

4-3 **怎樣的房價是合理**

在台灣我們常聽到買不起房子，也聽過租屋比較划算，但買屋子最後會有一間屋子。那到底在 2015 年這陣子，買屋跟租屋哪個划算呢？我們先觀察世界上的各國房價、租屋比例，由 Global property guide 做出的統計數據，做出圖 1。

可以發現到同坪數之下，台北買屋與租屋差了 64 倍價錢，也就是買屋可以讓你租64 年。這是世界上排名第一的。但由此看起來好像還是不知哪個好，只知道買屋跟租屋差了 64 倍，那是好還是不好？舉例：買中古屋 20 年，用 30 年，50 年已接近耐用年限，所以白繳 34 年。但是有人會說可以再賣掉，或是等都更計畫。這邊就要結合時事，台灣處於少子化狀態，會買的人少，同時要買也是買新屋；而都更也是建商看到有人會買才會都更，所以很難都更。那麼答案已經呼之欲出了，就是買屋賣不掉的話似乎不如租屋。不過我們還是數據說明可以更清楚。

租屋與買屋的差別

O. 買屋：25 坪 25 年的中古屋約 850 萬，換算後可知 1 坪 34 萬，充其量再用 25 年。

A. 租屋：25 坪一個月租金 1 萬 5，一年租金約 20 萬，25 年租金約 500 萬。

B. 租屋：30 坪一個月租金 2 萬，一年租金約 25 萬，25 年租金約 625 萬。

C. 租屋：30～35 坪還靠近捷運，1 個月租金約 3 萬，1 年租金約 36 萬，25 年租金約 900 萬。

以同樣使用 25 年份來看，買中古屋與租屋比較，由 AB 與 O 比較，可知租屋比較划得來。而由 C 與 O 可知租屋在接近的價位，但租屋比買屋有更大的坪數。

如何判斷有沒有買貴

要判斷有沒有買貴，要先知道到底應該買多少價錢的屋子。照聯邦政府的計算，居住成本應該不超過全家所得的 30%（參考自 http://dailynews.sina.com/bg/news/usa/usnews/chinesedaily/20150502/06446633259.html）。也就是說若是台灣部分人是 3 萬的薪水的 30%。換言之一個人每月應該花 1 萬在居住上，顯然目前部分區域不只是買屋，甚至連租金都超過 1 萬了。

我們先看看台灣的部分情況，年輕的新婚者每月約花 1.5 到 2 萬租金在居住上，也的確是雙薪家庭的 5 到 6 萬的 30%。姑且假設 30 坪的合理月租金是 1.5 萬到 2 萬，以住 40 年為限（因為要稍後要比照屋子使用年限，並且將耐用年限降低以期望更高的安全度），所以換算 40 年的租金為，1.5 萬 *12*40 = 720 萬，2 萬 *12*40 = 960 萬，所以 30 坪的合理 40 年租金應該是 720 到 960 萬。

照理說大多數物品租比買來的貴，用 720 到 960 萬與 30 坪換算，所以買屋一坪24～32 萬且還可用 40 年，就成立租屋等於買屋。但實際上沒這回事，現今怪狀，買比租貴非常多，買中古屋一坪超過 30 萬為常態，使用剩餘年限少還很貴。新屋則大大超過 30 萬，使用年限正常但總額更貴。接著討論買中古屋與新屋的差別。

1. 假設 20 年的中古屋 30 坪約 900 萬，可再用 20 年，換言之 900/20/12 = 3.75 萬，該中古屋每月租金 3.75 萬，20 年後接近使用年限。

2. 新屋可用 40 年 30 坪約 1200 萬,換言之 1500/40/12 = 3.125 萬,該 30 坪新屋每月 3.125 萬,40 年後接近使用年限。

比較後,買新屋跟中古屋換算每月月租的價差約 6000。**新屋還比較便宜,以及用更久**。同時買屋等同將近 1 個月租 3 到 4 萬。那何不租每月 3 萬的房屋?甚至坪數可以比買屋更大。

以上的比較是建立在兩人工作薪資有 3 到 6 萬,買屋租屋是 30 坪,這樣子的案例其實就很難去達成或是接受買屋。更何況實際情況應該會接近 Global property guide 幫台灣計算出來的 64 倍,以及更多人是 2.5 萬的薪水完全無法買房,一買房就讓其他民生受到影響。所以買房前要三思,思考是否有買太貴。想知道有沒有買太貴,用屋子的使用餘年,與購買價貸款,換算每月有沒超過,同等坪數的租金,就知道答案。

合理的房價

那麼怎樣的房價才能算是合理,我們可以反過來思考,怎樣的房子可以值得去買?可以用 Global property guide 的想法,利用買租比,可以心理設定一個值,如果買屋等同於租 20~30 年,那麼這房子值得買。因為付完 20~30 年的租金後你就多了一個房子,還可以繼續使用 20~30 年。同時並考量你的薪資,以你每月薪資的 30% 作房子的使用,所以如果你的家庭總月薪 5 萬,那麼 360~540 萬的房子就是你可接受的屋子,如果是中古屋則需要再扣去一些價格。但不幸的是這樣的價錢只存在 12 年前,但我們的房子經過這幾年的炒房,政府的放任,薪水沒漲,房價暴漲,可參考房價的成長圖,圖 2,可看到 2003 年到 2015 年雙北市房價指數漲了將近 3 倍,所以很難買到理想價位的屋子。利用統計圖表可看出各國差異及每年變化,並再進一步分析。

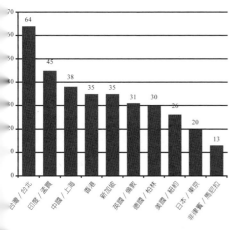

圖 1:各國房價與房租的比率參考 Global property guide,連結為 http://www.globalpropertyguide.com/most-expensive-cities

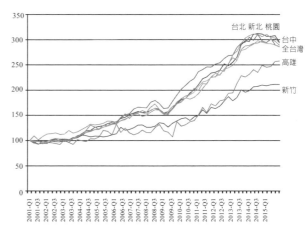

圖 2:參考自信義房屋的房價指數 http://www.sinyi.com.tw/knowledge/HPI_season.php/5812/2

4-4 如何看貧富差距？官員與學者的爭論：馬有多少牙齒？

　　貧富差距一直是我們所關心的問題，然而打開新聞盡是些似是而非、而且觸碰不到核心的言論，以「**誰偷走了貧富差距？**」一文來說（網址：參考附錄一 2.①），裡面的基本統計概念錯誤層出不窮，令作者不免懷疑台灣的政府官員，甚至中研院的院士基本統計概念是否已經差到這樣的地步？在此必須說明到底如何觀察貧富差距，以及該文的統計問題所在。

　　我們逐一來說明該文在統計的問題點：

　　1. 已有母體資料，為何需要抽樣？該文中提到主計處採用一萬六千戶的樣本數，這在統計而言就是一個荒謬，之所以要做**抽樣**這個動作是無法或不便獲得全體資料（**母體資料**）才使用的統計方法，但如果已有全體資料的情況下為何要抽樣討論？圖 1 是作者於半年前向行政院主計處（連結見附錄一）取得的全台灣 100 年到 103 年約一千四百多萬納稅人的可支配所得的分布。所以既然已經有近乎母體的全部資料，為何還在爭論抽樣方法？並由圖 1 可看出：50% 的台灣納稅人（戶），可支配所得的 ≦ 35.5K 台幣，而可支配所得的平均數是接近 43.7K 台幣，你認為平均數有意義嗎？**更驚人的是：圖形是 L 型，而不是 M 型。**

　　2. 馬有多少牙齒？據說英國科學家弗蘭西斯，培根（Francis Bacon）講過一個故事：「約在 1432 年，一群有知識的貴族在爭論馬到底有多少根牙齒，這場爭論持續了 13 天，這些貴族們參考了許多書籍，仍爭論不修。到了第 14 天，一位年輕修士受不了這些長篇大論，就跑到院子將馬的嘴巴張開，計算牙齒的數目後回報貴族們。有趣的是：貴族們知道之後，竟然惱羞成怒，將年輕修士痛打一頓後再趕走。」這就是荒謬，明明可以直接得到答案，偏偏提出一堆理論來爭辯，**正如同明明有全部資料卻拿出抽樣理論來混淆人民的認知。**

　　3. 分成幾等份，再來討論貧富差距：主計處提到目前為討論五等分，而被問說為何不用十等分，二十等分，這又是另一個荒謬，如果要拿其中的數據來比較貧富差距，那麼就會無限被問為何不分更細，甚至也可以切成一千等份來比較，**貧富差距根本是個簡單的敘述統計**，官員與學者專家應有主動思考的能力：已有簡單清晰的客觀資料，就不要胡扯一些根本不需要的統計推論，來敷衍民意代表。

　　4. 中位數與平均數：文中提到要用更先進的的方法來討論貧富差距，可以參考先進國家的作法。有些國家人口數較多，或許一時無法如台灣直接分析全體資料（母體資料）而採用統計抽樣方法，但即便如此，僅查看中位數及偏態係數就足夠了。說明如下：由圖 1 可以明顯看出平均（算數平均），在國民收入分布的資料是個**毫無意義的統計量**，這個時候我們應該使用中位數才能正確描述呈現偏態分布的情況。事實上，在 2000 年左右，歐美等先進國家也曾為了要使用中位數或者平均數來描述所得分布，開始了劇烈的爭論，**最後都決定選擇了中位數**，以免讓人民誤認為政府使用不實報表在欺騙人民。OECD 也在同時建議各國使用收入的中位數（Median Income）而非收入的平均數（Mean Income）來描述貧富差距。因為在分布曲線呈現偏態時，平均不是在 50% 的位置，也不靠近大多數人，而中位數是在 50% 的位置，也靠近大多數人，所以要讓大多數人有感要用中位數。（網址：附錄一 2.②、③）圖 2 都是美國國民收入中位數與平均數的對照，清晰可見貧富差距逐年變大。

結論

1.由圖1的各區間分配人數，可以直觀上感覺大家的生活狀況，根本不需要討論什麼統計量數值，**只要把曲線公開，資料夠透明，由人民自行觀察與判斷即可。**

2.由圖1可知，在100到103年的曲線變化不大，的確可以認為貧富差距沒什麼改變，所以關於討論分成幾份可以看得更清楚這件事情，我們不需要一開始就討論不同年度貧富差距改變的幅度，我們直接看原曲線離譜程度（偏態程度），這才是重點，其次才是討論不同年度貧富差距改變的幅度。

3.如果我們真的需要一個數值來代表貧富差距，根本不必要切幾份的數值，再作比較，而是直接的去計算曲線的標準差，或是偏態程度。標準差大代表全體民眾收入差異很大；偏態程度大，代表曲線偏向一方，見圖1。

樣本標準差數學式：$s = \sqrt{\dfrac{\sum\limits_{i=1}^{n}(x_i - \overline{x})^2}{n-1}}$

Pearson 偏態係數：$sk = \dfrac{3(樣本平均 - 樣本中數)}{樣本標準差} = \dfrac{3(\overline{x} - 中位數)}{s}$

4.由以上內容相信大家可以發現統計的濫用，或是誤用是非常嚴重的，有時最簡單的表示方法就是最有效率的方法，不要把簡單的**敘述統計**給忘記。

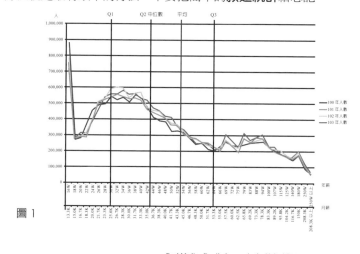

圖1

圖2：1960 至 2010
年美國稅前家
庭收入：中位
數與平均數

4-5 嘆！不曾有正確民調與認知 (1) ── 民調有哪些問題

　　台灣瘋選舉不是什麼新鮮事，為了奪得勝利，參選人總是花招百出。黨內初選總是參選人必須通過的第一關，因此相信你 / 妳應該曾經接過「電話民調」或是看過電視廣告「唯一支持 XXX」吧。

　　但你知道嗎？台灣從過去到現在所做的民調大多有問題，無論是路邊民調，見圖 1，還是電話民調又或是網路民調，都有問題。為何如此說呢？不論政黨顏色，你可曾記得有哪一個民調結果與選舉結果接近嗎？

　　答案顯而易見的，可以從選舉結果看到與民調大相逕庭，最後導致大家根本不相信民調。本篇除了探討何謂民調之外，更要進一步的剖析我國民調的問題。為什麼民調無用及令人難以相信？我們身為公民、對於台灣的選舉不僅有「決定權」更可以在民主自由的環境下，表達自己的政治理念與想法，然而近年的民調結果往往跌破我們的眼鏡，因為民調結果與選舉結果差太多，使得民眾不信政府或坊間的民調。並讓很多人認為「民調是信者恆信、不信者恆不信」的自我催眠，因此不同政黨對於他黨所做的民調皆持懷疑的態度多過「相信」，或者認為民調只是強化自己與選民間的一種安慰劑；在有心與無心間操作而成的，因此沒有實際效用。

　　作者認為，真正的民調理應透過第三方公正且客觀的民調公司，來執行較為公允也更值得信賴。然而，有效民調並不好做，因為要說明母體並隨機抽樣到一定的人數，設計出一份合適的問卷，並正確使用統計這個數學工具，才能得到一份不失公允的民調結果。

　　因此，正確的使用統計不僅不會騙人還能揭露真實的民意，唯有被有心人士濫用統計，才會做出錯誤民調，才會刻意扭曲真正的聲音。

　　統計絕不會是英國前首相班傑明・迪斯雷利 (Benjamin Disraeli) 所說的那麼不堪：「世界上有三種謊言：謊言，該死的謊言，統計數字。」（There are three kinds of lies: lies, damned lies, and statistics)。**我們要知道統計是個工具，不會騙人。會騙人的只有人，是人利用統計去騙人。**

　　接著認識台灣**民調有哪些問題**？先思考今日的民調與過去的民調的作法有哪些是與時俱進？我們想做出正確民調前，先來看看台灣目前民調的錯誤，台灣的民調大多數情況沒有說明是針對哪一區域做抽樣，或沒有說明是如何抽樣，或沒有說明樣本數是多少，這樣我們要如何相信這樣的民調是可以接近母體的情況呢？

　　舉例來說，要做台北支持率的民調，直接說某某某的支持率為何，殊不知它是針對大安區抽樣還是針對全台北抽樣；以及我們也不清楚他的抽樣方法夠不夠隨機，總不能大安區多抽幾個，大同區少抽幾個；同時沒有說明抽樣的數量，總不能抽 100 人就想認為是足夠接近全台北人的支持率；最後是問卷的設計夠不夠客觀。

　　故作者可以歸納出較有問題的四大部分：

1. 母體不明。
2. 抽樣方法錯誤。
3. 樣本數量錯誤。
4. 問卷設計有瑕疵。

那麼民調應該怎麼做？民調是一種統計方法，必須滿足統計的基本精神，見以下三點：

1. 必須說明母體。
2. 使用隨機抽樣。
3. 抽樣數量夠多。

隨機抽樣且數量夠多才真的可以代表母體，同時民調的問卷調查要有意義，不能方法錯誤，失去隨機抽樣的意義，且不能有誘導式問答，這會導致結果失真。

舉例：想要做全台灣總統選舉人的民調，我們必須針對全台灣具有投票權的人做抽樣調查，而不能只對某一區域做抽樣調查；並且要夠隨機避免失真，作者建議應該從有投票權的人的身分證字號中，抽取一定數量來進行調查；同時抽取的數量應該基於統計建議的數量，利用統計上 95% 信心水準、誤差在 2% 以內，我們需要抽取 2500 人作為調查，而問卷也要夠客觀；最後才能稱呼此民調結果具有意義。

本篇先點出問題，下一篇再說明問題的內容。

圖 1

4-6 嘆！不曾有正確民調與認知 (2) —— 民調該注意的重點

繼上一篇，本篇介紹母體、隨機抽樣、抽樣數量夠多、正確的問卷的名詞意義。

• 何謂母體不明

觀察目前民調內容，絕大多數、幾乎所有的民調都沒有清楚指出抽樣的母體。舉例來說，如果要做全台的民調，但如果不說明母體為何，會讓人以為是對某個城市進行抽樣調查，換言之就是坐井觀天，以少數民意代表「全國人民發表意見」，而正確的作法應該要對台灣全部縣市進行隨機抽樣，見圖 1 右邊。而不是只對某一區的區域作抽樣，見圖 1 中間，會讓人有一種台北觀天下的感覺。

為了期望民調的結果是可以代表真實情況，必須全台灣進行隨機抽樣，見圖 1 左邊，所以一定要說明母體。舉例來說：如果是只做台北民調的國民黨支持率可能會是逾 60%，但是如果是做全國民調的國民黨支持率不大可能還是 60 幾 %。

• 何謂抽樣方法錯誤

我們希望民調的結果會趨近真實情況，必須做隨機抽樣。什麼是隨機抽樣，我們以蘋果的圖片為例。

由圖 2 中間、右邊可以發現抽樣的區域應該要夠隨機，也就是夠均勻，才能看出「大致」情況。由圖 2 中間可以發現**數量越多**，可以越接近實際情況。

但如果抽樣的區域太過偏頗則會看不出真實的結果，見圖 3，

因此以蘋果圖片來看，僅集中抽樣某一區域就可能誤會該圖只有葉子，而非一顆蘋果。

換言之，民調如果只在**某一區對** 1000 人做抽樣，其結果是 80% 支持某事，然後說根據統計方法估計全台灣的民調近 80% 支持某事，這是錯誤的統計方法。

母體問題及抽樣問題乍看回答的方式很像，但要注意，**太多民調都沒說明母體，僅說有隨機抽樣**，就認為它隨機的程度足以代表母體，這是不對的，民調結果都應**說明清楚母體為何，以及如何隨機抽樣**兩個內容，才足以讓人接受民調的結果。

• 何謂樣本數量錯誤

由上述「抽樣方法錯誤」的內容可知抽樣數量要夠大，但我們也知道不可能全部都調查，因為如果全都調查不僅費時、費力，更需投入不少金錢。但要選多少數量才能足夠精準呢？基本上數量越多越好，統計依據「信心水準」與「誤差」的容許度，能算出最低的隨機抽樣樣本數，見表 1。

統計上 95% 信心水準的意義是，基於常態分布，有 95% 的信心，如果隨機抽樣 2500 人這個支持率的誤差只會在 2% 以內，如果隨機抽樣 1112 人這個支持率的誤差只會在 3% 以內。99.7% 信心水準的意義也是同理。

要注意的是抽樣估算的數量，是由統計基於常態分布所計算，在母體數量大到無法全部調查時，只要抽樣方法夠隨機，並是從母體中抽樣，且設定信心水準及誤差接受

度，這些抽樣數量的民調內容足以說明母體。

• 問卷設計有瑕疵

思考調查的方式，是否真的夠隨機。2018 年很常在廣告看板上看到「請支持電話民調」，但是電話民調卻有太多問題，如晚上因為已經下班了，所以不大可能進行調查；又或是工作一天，晚上聽到民調就隨便敷衍過去。而白天電話民調的對象也不夠全面，因為白天大多是非上班族，也就是老人或家庭主婦，這樣不夠隨機就喪失民調的意義。以及沒有處理好手機族的問題，要嘛沒有做手機的民調，要嘛是作了沒注意居住地，以及現代很多人是只使用手機沒有家裡電話的人。還有電話民調很難判斷受訪者是否具有投票權。所以電話民調的不全面與不夠隨機都會影響民調結果。

同時電話訪問還有另外一個問題存在，就是被問題引導，透過問卷設計僅提供幾個選項讓受訪者挑選，故有容易被問話的人誤導（誘導式問答）。

更為可笑的是電視民調，不管是現場受邀來賓的表決，還是打電話進去的人（會看該節目的人大多式與該節目同一立場），這種電視民調根本沒有意義，因為不夠隨機，被設定立場的人怎麼可以代表全體？

本篇先討論出民調該注意的重點，下一篇再說明台灣應該努力的方向。

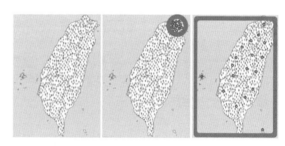

圖 1：左是母體，中是對台北抽樣，
　　　右是對全台灣抽樣

圖 2

圖 3

表 1

信心水準	誤差 2%	誤差 3%	誤差 5%
95%	2500 人	1112 人	400 人
99.7%	5625 人	2500 人	900 人

4-7 嘆！不曾有正確民調與認知 (3) —— 該怎麼發展

繼上一篇，本篇介紹台灣民調該怎麼發展。

作者將台灣民調的可信度分為四大階段。

1. 政黨與坊間不懂統計方法，無法作好的統計報表，母體與抽樣有誤。

2. 政黨與坊間懂統計方法，但有其目的，而不作正確的統計報表，母體與抽樣有誤。

3. 政黨與坊間懂統計方法，也做出正確報表，但人民不信或不在乎民調數據。

4. 如果現有民調已淪為政治工具，對人民來說已是可有可無，甚至懷疑結果的正確性。網路時代人民應該自己來做民調，直接在網路上作民調，以及相關統計內容。

作者認為台灣應該直接執行第四階段：「人民自己作正確的民調，而非不斷的吃一些垃圾資訊」。要知道民調也是民主政治的一部分，民主是國家進步的指標之一，民主是要讓大多數民意得以執行，而不是被少數人用不邏輯的方式控制，這需要一個有效的方法。幸運的是 21 世紀的我們有強大的網路，可以用網路的力量來監督政府，讓其不敢太過離譜。換言之就是直接拿母體的資料作為討論而不再用抽樣，見圖 1。

在 2013 年芬蘭已經有了**全民直接民主**的意識與接近的方法。他們利用網路來提出並表決出一些議題，並且要超過一定人數比例，再送到一個政府機關審核問題是否合理，最後才到國會議員手中。國會議員並不只是執行一個簡單的同意或反對。而是不論同意、反對都必須說出理由。芬蘭利用這樣的方法來避免國會太過背離民意，太過不邏輯，這一套**全民直接民主**模式稱為：Open Ministry。有了領頭羊，世界利用網路讓全民直接民主，避免不合理、不邏輯的政治形態已經不遠了。對於台灣更是一個重要的啟發，台灣現在處於思考改變的階段，但要如何用一個好方法來執行全民直接民主讓國家進步，不只需要一個更完善的方法，還需要**大家對於民主的意識更加提升，而不是認為民主只是投票而已**。

如果**直接民主**可以成形且準確，那麼我們可以不用再依賴抽樣的形式，也就是不再需要**民調**來做調查，因為直接輸入資料後，時間一到全部的情況（母體情形）就馬上出來。以前是因為沒錢、沒硬體工具（如：網路），所以才要抽樣來推論母體，那麼現在可以**直接民主**了，就不應該再使用容易被濫用的統計方法進行民調。

在 2014 年作者曾與芬蘭的「直接民主」（Open Ministry）的負責人員聯繫，他們有意願分享內容（程式源碼）來幫助台灣更民主進步。但作者與台灣的政府相關人員聯繫後，卻發現了一些問題，**第一是駭客問題，第二是民眾是否能有效操作問題，第三是政府的接受度**。基於這些問題，目前「直接民主」仍是遙遙無期，實在可惜。

目前政府的一些數據分析，因為錯誤統計量，或是統計方法錯誤，導致民眾不信任民調。我們必須要求政府將原始資料公開，除了需要他們作統計分析，也能讓民眾自行分析與比較。

雖然統計很像數學，但是又不像數學有一個固定的答案，因此對於統計數據的真偽

就難以判斷，所以我們必須從統計過程中檢驗其正確性，也就是前兩篇提到的 1. 必須說明母體，2. 使用隨機抽樣，3. 抽樣數量夠多，4. 正確問卷調查方法。故在提出民調結果時，也要公開其統計方法。

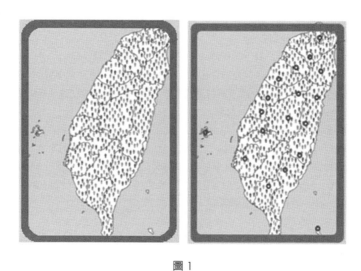

圖 1

附錄一　**參考連結**

1. 單元 2-14　台灣 2011 ～ 2014 年的平均所得參考連結

台灣的平均所得

2011、2012 年所得參考連結

http://pttzzt.com/2012%E5%B9%B4%E5%8F%B0%E7%81%A3%E5%90%84
%E8%A1%8C%E6%A5%AD%E5%B9%B3%E5%9D%87%E8%96%AA%E8%B
3%87%E3%80%81%E7%B6%93%E5%B8%B8%E6%80%A7%E8%96%AA%E-
8%B3%87%E7%B5%B1%E8%A8%88/

2013 年所得參考連結

http://pttzzt.com/2013%E5%B9%B4%E5%8F%B0%E7%81%A3%E5%90%84
%E8%A1%8C%E6%A5%AD%E5%B9%B3%E5%9D%87%E8%96%AA%E8%B
3%87%E3%80%81%E7%B6%93%E5%B8%B8%E6%80%A7%E8%96%AA%E-
8%B3%87%E7%B5%B1%E8%A8%88/

2014 年所得參考連結

http://www.nownews.com/n/2015/02/26/1616603

折線圖數據來源：主計處

http://www.stat.gov.tw/ct.asp?xItem=19882&CtNode=512&mp=4

2. 單元 4-4　參考連結

① http://talk.ltn.com.tw/article/paper/972261

② http://qz.com/260269/painfully-american-families-are-learning-the- difference-between-median-and-mean/

③ https://fredblog.stlouisfed.org/2015/05/the-mean-vs-the-median-of -family-income/

筆記欄

附錄二 **常用的統計符號**

表1

符號	名稱	計算式
Median	中位數	
Q_1	第一個四分位數	
Q_2	第二個四分位數	
Q_3	第三個四分位數	
C_n^m	m 個數字取 n 個，計算組合數	$C_n^m = \dfrac{m!}{(m-n)!n!}$
P_n^m	m 個數字取 n 個，計算排列數	$P_n^m = \dfrac{m!}{(m-n)!}$
	獨立事件的機率關係	$P(A \cap B) = P(A) \times P(B)$ $P(A \cap B \cap C) = P(A) \times P(B) \times P(C)$
	條件機率的機率關係	$P(A \mid B) = \dfrac{P(A \cap B)}{P(B)}$
	貝氏定理	$P(A_i \mid E) = \dfrac{P(E \mid A_i)P(A_i)}{\sum\limits_{k=1}^{n} P(E \mid A_k)P(A_k)}$ ， $i = 1, 2, 3, ..., n$
μ	母體平均數	
σ	母體標準差，Standard Deviation，SD	
σ^2	母體變異數，Variance	
$\bar{x}$	樣本平均數	$\bar{x} = \dfrac{x_1 + x_2 + ... + x_n}{n} = \dfrac{\sum\limits_{i=1}^{n} x_i}{n}$
S	樣本標準差	$s = \sqrt{\dfrac{\sum\limits_{i=1}^{n}(x_i - \bar{x})^2}{n-1}}$
S^2	樣本變異數	$s^2 = \dfrac{\sum\limits_{i=1}^{n}(x_i - \bar{x})^2}{n-1}$
	以 $\bar{x}$ 為隨機變數的標準差，(假設 σ 已知)	$\dfrac{\sigma}{\sqrt{n}}$
	以 $\bar{x}$ 為隨機變數的變異數，(假設 σ 已知)	$\dfrac{\sigma^2}{n}$

符號	名稱	計算式
n	樣本數量	
k 或 df	自由度，degree of freedom, df	依情況
$E(x)$	期望值，Expected value	$E(x) = \mu$
$Var(x)$	變異數，Variance	$Var(x) = \sigma^2$
$N(\mu, \sigma^2)$	以 μ 為平均數，σ^2 為變異數的常態分配	$P(x) = \dfrac{1}{\sigma\sqrt{2\pi}} e^{-\frac{(x-\mu)^2}{2\sigma^2}}$
	常態分配的期望值	$E(x) = \mu$
	常態分配的變異數	$Var(x) = \sigma^2$
$N(0, 1)$	標準常態分配	$P(x) = \dfrac{1}{\sqrt{2\pi}} e^{-\frac{x^2}{2}}$
	標準常態分配的期望值	$E(x) = 0$
	標準常態分配的變異數	$Var(x) = 1$
	t 分配的期望值	$E(x) = 0$，$k > 1$，k 為自由度
	t 分配的變異數	$Var(x) = \dfrac{k}{k-2}$，$k > 2$，k 為自由度
$B(n, p)$	二項分配	$P(x) = C_x^n p^x (1-p)^{n-x}$
	二項分配的期望值	$E(x) = \sum\limits_{i=1}^{n} x_i P(x_i) = np$
	二項分配的變異數	$Var(x) = np(1-p)$
$X \sim P(k)$	卜瓦松分配	$P(x) = \dfrac{\mu^x}{x!} e^{-\mu}$
	卜瓦松分配的期望值	$E(x) = \sum\limits_{i=1}^{n} x_i P(x_i) = \mu$
	卜瓦松分配的變異數	$Var(x) = \mu$
$X \sim \chi^2(k)$ 或 $X \sim \chi_k^2$	卡方分配	$f_k(x) = \dfrac{1}{2^{\frac{k}{2}} \Gamma(\frac{k}{2})} x^{\frac{k}{2}-1} e^{-\frac{x}{2}}$
	卡方分配的期望值	$E(x) = k$，k 為自由度
	卡方分配的變異數	$Var(x) = 2k$，k 為自由度

符號	名稱	計算式
	母體平均數區間估計（當 σ 已知）	$\bar{x} - z\dfrac{\sigma}{\sqrt{n}} < \mu < \bar{x} + z\dfrac{\sigma}{\sqrt{n}}$
	母體平均數區間估計（當 σ 未知）	$\bar{x} - t\dfrac{s}{\sqrt{n}} < \mu < \bar{x} + t\dfrac{s}{\sqrt{n}}$
	估計母體平均數所需的樣本大小	$n = \left(\dfrac{z\sigma}{E}\right)^2$，$z$ 為所需的信心水準的 z 值；n 為要求出來的數量；E 為允許的最大誤差；σ 為母體標準差
p	機率、母體機率	
$\hat{p}$	抽樣機率，讀作：p-hat	
	母體比例區間估計	$\hat{p} - z\sigma_{\hat{p}} < p < \hat{p} + z\sigma_{\hat{p}}$，$\sigma_{\hat{p}} = \sqrt{\dfrac{\hat{p}(1-\hat{p})}{n}}$
	估計母體比例所需的樣本數	$n = p(1-p)\left(\dfrac{z}{E}\right)^2$，$z$ 為所需的信心水準的 z 值。n 為要求出來的數量。E 為允許的最大誤差。
H_0	虛無假設（Null Hypothesis）	
H_1	對立假設（Alternative Hypothesis）	
α	顯著水準（Significance Level）	
	已知母體標準差，單一母體平均數的檢定統計量	$z = \dfrac{\bar{x} - \mu}{\sigma / \sqrt{n}}$
	未知母體標準差，單一母體平均數的檢定統計量	$t = \dfrac{\bar{x} - \mu}{s / \sqrt{n}}$
	單一母體比例值的檢定統計量	$z = \dfrac{\hat{p} - p}{\sqrt{\dfrac{\hat{p}(1-\hat{p})}{n}}}$
	已知母體標準差，兩母體平均數的檢定統計量	$z = \dfrac{\overline{x_1} - \overline{x_2}}{\sqrt{\dfrac{\sigma_1^2}{n_1} + \dfrac{\sigma_2^2}{n_2}}}$
	未知母體標準差，假設兩母體標準差相同，兩母體平均數的檢定統計量	$t = \dfrac{\overline{x_1} - \overline{x_2}}{\sqrt{\dfrac{s_p^2}{n_1} + \dfrac{s_p^2}{n_2}}}$
S_p	合併變異數，合併兩組樣本的變異數（The Pooled Sample Variance）	$s_p = \dfrac{(n-1)s_1^2 + (n-1)s_2^2}{n_1 + n_2 - 2}$

符號	名稱	計算式
	未知母體標準差，假設兩母體標準差不同， 兩母體平均數的檢定統計量	$t = \dfrac{\overline{x_1} - \overline{x_2}}{\sqrt{\dfrac{s_1^2}{n_1} + \dfrac{s_2^2}{n_2}}}$, $df = \dfrac{\left(\dfrac{s_1^2}{n_1} + \dfrac{s_2^2}{n_2}\right)^2}{\dfrac{1}{n_1-1}\left(\dfrac{s_1^2}{n_1}\right)^2 + \dfrac{1}{n_2-1}\left(\dfrac{s_2^2}{n_2}\right)^2}$
	兩母體比例檢定統計量	$z = \dfrac{\hat{p}_1 - \hat{p}_2}{\sqrt{\dfrac{\hat{p}_c(1-\hat{p}_c)}{n_1} + \dfrac{\hat{p}_c(1-\hat{p}_c)}{n_2}}}$
$\hat{p}_c$	合併比例，合併兩組樣本的比例 （The Estimator of p）	$\hat{p}_c = \dfrac{x_1 + x_2}{n_1 + n_2}$
	相依樣本的檢定統計量	$t = \dfrac{\overline{d}}{s_d/\sqrt{n}}$，$S_d$ 是樣本標準差
	兩母體變異數的檢定統計量	$F = \dfrac{s_1^2}{s_2^2}$
SS total		$\sum\limits_{j=1}^{m}\sum\limits_{i=1}^{n}(x_{ij} - \overline{x_G})^2$
SSE		$\sum\limits_{j=1}^{m}\sum\limits_{i=1}^{n}(x_{ij} - \overline{x_{C_j}})^2$
SST		SST = SS Total-SSE
MSE		MSE／分母自由度，分母自由度為樣本數 - 種類數
MST		SST／分子自由度，分子自由度為種類數 -1
	變異數分析－ANOVA 檢定統計量	$\dfrac{MST}{MSE} = \dfrac{SST／分子自由度}{SSE／分母自由度}$
	卡方檢定統計量	$\chi^2 = \sum\limits_{i=1}^{n}\dfrac{(f_{o_i} - f_{e_i})^2}{f_{e_i}}$
r	相關係數（correlation coefficient）	$r = \dfrac{\sum\limits_{i=1}^{n}(x_i - \overline{x})(y_i - \overline{y})}{\sqrt{\sum\limits_{i=1}^{n}(x_i - \overline{x})^2}\sqrt{\sum\limits_{i=1}^{n}(y_i - \overline{y})^2}}$
	迴歸線（regression line）	$y - \overline{y} = m(x - \overline{x})$，$m = \dfrac{\sum\limits_{i=1}^{n}(x_i - \overline{x})(y_i - \overline{y})}{\sum\limits_{i=1}^{n}(x_i - \overline{x})^2}$

附錄三 **如何使用 z 表**

　　已知 z 表是標準常態分配表，也知道會用在區間估計，以及檢定，那麼該如何使用。常用的 z 表有以下三種。

1. 中央向右尾，給 z 值求面積，因常態分配是左右對稱，也可以左右對調，見圖1、圖2，表1。

    同時上表的欄位值乘 2 就能得到由中央向兩側的面積，見圖3。也可說是求出雙尾檢定的 $\alpha/2$ 值，見圖4。

    如何使用 z 表求面積，如果 z 值為 1.96，先找左邊橫排的 1.9，再找直排的 6，見上表中用顏色交叉的欄位即為所求的面積值，所以 z 值為 1.96，其面積為 0.475，也就是整體的 47.5%，見圖5。

    如果做成中央向兩側的面積，就是 0.475×2 = 0.95 = 95%，見圖6對應到雙尾檢定，也就是雙尾共有 1 − 95% = 5%，也就是 $\alpha = 0.05$，所以雙尾各有 $\alpha/2 = 0.025$，見圖7。

2. 左側向右尾給 z 值求面積，因常態分配是左右對稱，也可以左右對調，見圖8、圖9，表2。

    如何使用 z 表求面積，如果 z 值為 1.64，先找左邊橫排的 1.6，再找直排的 4，見上表中用顏色交叉的欄位即為所求的面積值，所以 z 值為 1.64，其面積為 0.9495，也就是約整體的 95%，見圖10。對應到單尾檢定，也就是單尾共有 1 − 95% = 5%，也就是 $\alpha = 0.05$，見圖11。

3. 討論單尾面積值，用 z 值查 α 值，同時圖案可左右對調，見圖12、13，表3。

    如何使用 z 表求單尾的面積（α 值），如果 α 值為 0.01，去表中找到 0.01，可看到左邊橫排是 2.3，直排是 3，見上表中用顏色交叉的欄位，所以 α 值為 0.01 對應的 z 值為 2.33，見圖14。

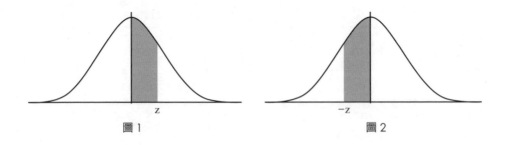

圖1　　　　　　　　　　　　　　　　　　圖2

表 1

z	0	0.01	0.02	0.03	0.04	0.05	0.06	0.07	0.08	0.09
0.0	0.0000	0.0040	0.0080	0.0120	0.0160	0.0199	0.0239	0.0279	0.0319	0.0359
0.1	0.0398	0.0438	0.0478	0.0517	0.0557	0.0597	0.0636	0.0675	0.0714	0.0754
0.2	0.0793	0.0832	0.0871	0.0910	0.0948	0.0987	0.1026	0.1064	0.1103	0.1141
0.3	0.1179	0.1217	0.1255	0.1293	0.1331	0.1368	0.1406	0.1443	0.1480	0.1517
0.4	0.1554	0.1591	0.1628	0.1664	0.1700	0.1736	0.1772	0.1808	0.1844	0.1879
0.5	0.1915	0.1950	0.1985	0.2019	0.2054	0.2088	0.2123	0.2157	0.2190	0.2224
0.6	0.2258	0.2291	0.2324	0.2357	0.2389	0.2422	0.2454	0.2486	0.2518	0.2549
0.7	0.2580	0.2612	0.2642	0.2673	0.2704	0.2734	0.2764	0.2794	0.2823	0.2852
0.8	0.2881	0.2910	0.2939	0.2967	0.2996	0.3023	0.3051	0.3079	0.3106	0.3133
0.9	0.3159	0.3186	0.3212	0.3238	0.3264	0.3289	0.3315	0.3340	0.3365	0.3389
1.0	0.3413	0.3438	0.3461	0.3485	0.3508	0.3531	0.3554	0.3577	0.3599	0.3621
1.1	0.3643	0.3665	0.3686	0.3708	0.3729	0.3749	0.3770	0.3790	0.3810	0.3830
1.2	0.3849	0.3869	0.3888	0.3907	0.3925	0.3944	0.3962	0.3980	0.3997	0.4015
1.3	0.4032	0.4049	0.4066	0.4082	0.4099	0.4115	0.4131	0.4147	0.4162	0.4177
1.4	0.4192	0.4207	0.4222	0.4236	0.4251	0.4265	0.4279	0.4292	0.4306	0.4319
1.5	0.4332	0.4345	0.4357	0.4370	0.4382	0.4394	0.4406	0.4418	0.4430	0.4441
1.6	0.4452	0.4463	0.4474	0.4485	0.4495	0.4505	0.4515	0.4525	0.4535	0.4545
1.7	0.4554	0.4564	0.4573	0.4582	0.4591	0.4599	0.4608	0.4616	0.4625	0.4633
1.8	0.4641	0.4649	0.4656	0.4664	0.4671	0.4678	0.4686	0.4693	0.4700	0.4706
1.9	0.4713	0.4719	0.4726	0.4732	0.4738	0.4744	0.4750	0.4756	0.4762	0.4767
2.0	0.4773	0.4778	0.4783	0.4788	0.4793	0.4798	0.4803	0.4808	0.4812	0.4817
2.1	0.4821	0.4826	0.4830	0.4834	0.4838	0.4842	0.4846	0.4850	0.4854	0.4857
2.2	0.4861	0.4865	0.4868	0.4871	0.4875	0.4878	0.4881	0.4884	0.4887	0.4890
2.3	0.4893	0.4896	0.4898	0.4901	0.4904	0.4906	0.4909	0.4911	0.4913	0.4916
2.4	0.4918	0.4920	0.4922	0.4925	0.4927	0.4929	0.4931	0.4932	0.4934	0.4936
2.5	0.4938	0.4940	0.4941	0.4943	0.4945	0.4946	0.4948	0.4949	0.4951	0.4952
2.6	0.4953	0.4955	0.4956	0.4957	0.4959	0.4960	0.4961	0.4962	0.4963	0.4964
2.7	0.4965	0.4966	0.4967	0.4968	0.4969	0.4970	0.4971	0.4972	0.4973	0.4974
2.8	0.4974	0.4975	0.4976	0.4977	0.4977	0.4978	0.4979	0.4980	0.4980	0.4981
2.9	0.4981	0.4982	0.4983	0.4983	0.4984	0.4984	0.4985	0.4985	0.4986	0.4986
3.0	0.4987	0.4987	0.4987	0.4988	0.4988	0.4989	0.4989	0.4989	0.4990	0.4990

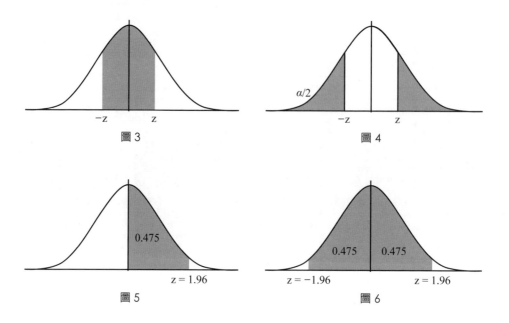

圖 3

圖 4

圖 5

圖 6

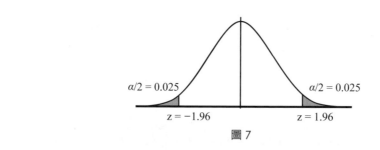

圖 7

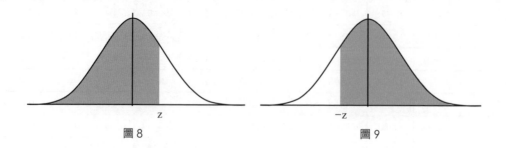

圖 8

圖 9

表 2

z	0	0.01	0.02	0.03	0.04	0.05	0.06	0.07	0.08	0.09
0	0.5000	0.5040	0.5080	0.5120	0.5160	0.5199	0.5239	0.5279	0.5319	0.5359
0.1	0.5398	0.5438	0.5478	0.5517	0.5557	0.5597	0.5636	0.5675	0.5714	0.5754
0.2	0.5793	0.5832	0.5871	0.5910	0.5948	0.5987	0.6026	0.6064	0.6103	0.6141
0.3	0.6179	0.6217	0.6255	0.6293	0.6331	0.6368	0.6406	0.6443	0.6480	0.6517
0.4	0.6554	0.6591	0.6628	0.6664	0.6700	0.6736	0.6772	0.6808	0.6844	0.6879
0.5	0.6915	0.6950	0.6985	0.7019	0.7054	0.7088	0.7123	0.7157	0.7190	0.7224
0.6	0.7258	0.7291	0.7324	0.7357	0.7389	0.7422	0.7454	0.7486	0.7518	0.7549
0.7	0.7580	0.7612	0.7642	0.7673	0.7704	0.7734	0.7764	0.7794	0.7823	0.7852
0.8	0.7881	0.7910	0.7939	0.7967	0.7996	0.8023	0.8051	0.8079	0.8106	0.8133
0.9	0.8159	0.8186	0.8212	0.8238	0.8264	0.8289	0.8315	0.8340	0.8365	0.8389
1	0.8413	0.8438	0.8461	0.8485	0.8508	0.8531	0.8554	0.8577	0.8599	0.8621
1.1	0.8643	0.8665	0.8686	0.8708	0.8729	0.8749	0.8770	0.8790	0.8810	0.8830
1.2	0.8849	0.8869	0.8888	0.8907	0.8925	0.8944	0.8962	0.8980	0.8997	0.9015
1.3	0.9032	0.9049	0.9066	0.9082	0.9099	0.9115	0.9131	0.9147	0.9162	0.9177
1.4	0.9192	0.9207	0.9222	0.9236	0.9251	0.9265	0.9279	0.9292	0.9306	0.9319
1.5	0.9332	0.9345	0.9357	0.9370	0.9382	0.9394	0.9406	0.9418	0.9430	0.9441
1.6	0.9452	0.9463	0.9474	0.9485	0.9495	0.9505	0.9515	0.9525	0.9535	0.9545
1.7	0.9554	0.9564	0.9573	0.9582	0.9591	0.9599	0.9608	0.9616	0.9625	0.9633
1.8	0.9641	0.9649	0.9656	0.9664	0.9671	0.9678	0.9686	0.9693	0.9700	0.9706
1.9	0.9713	0.9719	0.9726	0.9732	0.9738	0.9744	0.9750	0.9756	0.9762	0.9767
2	0.9773	0.9778	0.9783	0.9788	0.9793	0.9798	0.9803	0.9808	0.9812	0.9817
2.1	0.9821	0.9826	0.9830	0.9834	0.9838	0.9842	0.9846	0.9850	0.9854	0.9857
2.2	0.9861	0.9865	0.9868	0.9871	0.9875	0.9878	0.9881	0.9884	0.9887	0.9890
2.3	0.9893	0.9896	0.9898	0.9901	0.9904	0.9906	0.9909	0.9911	0.9913	0.9916
2.4	0.9918	0.9920	0.9922	0.9925	0.9927	0.9929	0.9931	0.9932	0.9934	0.9936
2.5	0.9938	0.9940	0.9941	0.9943	0.9945	0.9946	0.9948	0.9949	0.9951	0.9952
2.6	0.9953	0.9955	0.9956	0.9957	0.9959	0.9960	0.9961	0.9962	0.9963	0.9964
2.7	0.9965	0.9966	0.9967	0.9968	0.9969	0.9970	0.9971	0.9972	0.9973	0.9974
2.8	0.9974	0.9975	0.9976	0.9977	0.9977	0.9978	0.9979	0.9980	0.9980	0.9981
2.9	0.9981	0.9982	0.9983	0.9983	0.9984	0.9984	0.9985	0.9985	0.9986	0.9986
3	0.9987	0.9987	0.9987	0.9988	0.9988	0.9989	0.9989	0.9989	0.9990	0.9990

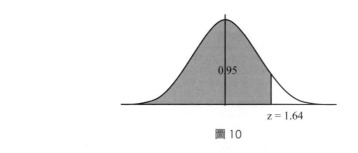

圖 10

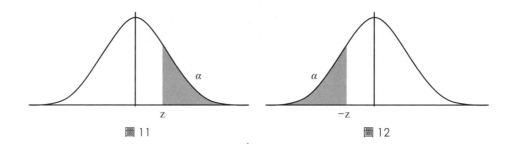

圖 11　　　　　　　　　　圖 12

表3

z	0	0.01	0.02	0.03	0.04	0.05	0.06	0.07	0.08	0.09
0	0.5000	0.4960	0.4920	0.4880	0.4841	0.4801	0.4761	0.4721	0.4681	0.4641
0.1	0.4602	0.4562	0.4522	0.4483	0.4443	0.4403	0.4364	0.4325	0.4286	0.4247
0.2	0.4207	0.4168	0.4129	0.4091	0.4052	0.4013	0.3974	0.3936	0.3897	0.3859
0.3	0.3821	0.3783	0.3745	0.3707	0.3669	0.3632	0.3594	0.3557	0.3520	0.3483
0.4	0.3446	0.3409	0.3372	0.3336	0.3300	0.3264	0.3228	0.3192	0.3156	0.3121
0.5	0.3085	0.3050	0.3015	0.2981	0.2946	0.2912	0.2877	0.2843	0.2810	0.2776
0.6	0.2743	0.2709	0.2676	0.2644	0.2611	0.2579	0.2546	0.2514	0.2483	0.2451
0.7	0.2420	0.2389	0.2358	0.2327	0.2297	0.2266	0.2236	0.2207	0.2177	0.2148
0.8	0.2119	0.2090	0.2061	0.2033	0.2005	0.1977	0.1949	0.1922	0.1894	0.1867
0.9	0.1841	0.1814	0.1788	0.1762	0.1736	0.1711	0.1685	0.1660	0.1635	0.1611
1	0.1587	0.1563	0.1539	0.1515	0.1492	0.1469	0.1446	0.1423	0.1401	0.1379
1.1	0.1357	0.1335	0.1314	0.1292	0.1271	0.1251	0.1230	0.1210	0.1190	0.1170
1.2	0.1151	0.1131	0.1112	0.1094	0.1075	0.1057	0.1038	0.1020	0.1003	0.0985
1.3	0.0968	0.0951	0.0934	0.0918	0.0901	0.0885	0.0869	0.0853	0.0838	0.0823

z	0	0.01	0.02	0.03	0.04	0.05	0.06	0.07	0.08	0.09
1.4	0.0808	0.0793	0.0778	0.0764	0.0749	0.0735	0.0722	0.0708	0.0694	0.0681
1.5	0.0668	0.0655	0.0643	0.0630	0.0618	0.0606	0.0594	0.0582	0.0571	0.0559
1.6	0.0548	0.0537	0.0526	0.0516	0.0505	0.0495	0.0485	0.0475	0.0465	0.0455
1.7	0.0446	0.0436	0.0427	0.0418	0.0409	0.0401	0.0392	0.0384	0.0375	0.0367
1.8	0.0359	0.0352	0.0344	0.0336	0.0329	0.0322	0.0314	0.0307	0.0301	0.0294
1.9	0.0287	0.0281	0.0274	0.0268	0.0262	0.0256	0.0250	0.0244	0.0239	0.0233
2	0.0228	0.0222	0.0217	0.0212	0.0207	0.0202	0.0197	0.0192	0.0188	0.0183
2.1	0.0179	0.0174	0.0170	0.0166	0.0162	0.0158	0.0154	0.0150	0.0146	0.0143
2.2	0.0139	0.0136	0.0132	0.0129	0.0126	0.0122	0.0119	0.0116	0.0113	0.0110
2.3	0.0107	0.0104	0.0102	0.0099	0.0096	0.0094	0.0091	0.0089	0.0087	0.0084
2.4	0.0082	0.0080	0.0078	0.0076	0.0073	0.0071	0.0070	0.0068	0.0066	0.0064
2.5	0.0062	0.0060	0.0059	0.0057	0.0055	0.0054	0.0052	0.0051	0.0049	0.0048
2.6	0.0047	0.0045	0.0044	0.0043	0.0042	0.0040	0.0039	0.0038	0.0037	0.0036
2.7	0.0035	0.0034	0.0033	0.0032	0.0031	0.0030	0.0029	0.0028	0.0027	0.0026
2.8	0.0026	0.0025	0.0024	0.0023	0.0023	0.0022	0.0021	0.0021	0.0020	0.0019
2.9	0.0019	0.0018	0.0018	0.0017	0.0016	0.0016	0.0015	0.0015	0.0014	0.0014
3	0.0014	0.0013	0.0013	0.0012	0.0012	0.0011	0.0011	0.0011	0.0010	0.0010

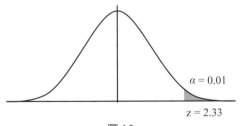

圖 13

附錄四 **如何使用 t 表**

我們已知樣本數不夠多時，不能用標準常態分配表，作區間估計、檢定，必須要改用 t 表，那麼該如何使用 t 表？常用的 t 表有以下兩種。

1. **由面積求 t 值，圖案是中央向兩側的面積，或是只看雙尾的面積（顯著水準的一半：α/2），見圖 1、圖 2，表 1。**

要如何使用 t 表，先根據題意，算出自由度，再看顯著水準 α 是多少？就能查到臨界值，如：α = 0.05，自由度為 10，雙尾檢定，先將 α/2 = 0.025，再找出上表中用顏色交叉的欄位即為所求的臨界值，本例題臨界值為 2.228，示意圖 3 如下。相對的該 t 值就是中央面積為 1 − 0.05 = 0.95 = 95%，示意圖 4 如下。

2. **由面積求 t 值，圖案是左側向右尾的面積，或是只看右尾的面積（顯著水準：α），見圖 5、圖 6，表 2。或是整個左右對調，見圖 7、圖 8。**

要如何使用 t 表，先根據題意，算出自由度，再看顯著水準 α 是多少？就能查到臨界值，如：α = 0.01，自由度為 15，單尾檢定，找出上表中用顏色交叉的欄位即為所求的臨界值，本例題臨界值為 2.602，示意圖 9 如下。相對的該 t 值就是左側向右尾的面積 1 − 0.01 = 0.99 = 99%，示意圖 10 如下。

圖 1　　　　　　　　　　　　　　　　圖 2

表 1

雙尾	50%	60%	70%	80%	90%	95%	98%	99%	99.50%	99.80%	99.90%
α/2	0.25	0.20	0.15	0.10	0.05	0.025	0.01	0.005	0.003	0.001	0.0005
1	1.000	1.376	1.963	3.078	6.314	12.710	31.820	63.660	127.300	318.300	636.600
2	0.816	1.080	1.386	1.886	2.920	4.303	6.965	9.925	14.090	22.330	31.600
3	0.765	0.978	1.250	1.638	2.353	3.182	4.541	5.841	7.453	10.210	12.920
4	0.741	0.941	1.190	1.533	2.132	2.776	3.747	4.604	5.598	7.173	8.610
5	0.727	0.920	1.156	1.476	2.015	2.571	3.365	4.032	4.773	5.893	6.869
6	0.718	0.906	1.134	1.440	1.943	2.447	3.143	3.707	4.317	5.208	5.959
7	0.711	0.896	1.119	1.415	1.895	2.365	2.998	3.499	4.029	4.785	5.408
8	0.706	0.889	1.108	1.397	1.860	2.306	2.896	3.355	3.833	4.501	5.041
9	0.703	0.883	1.100	1.383	1.833	2.262	2.821	3.250	3.690	4.297	4.781

（自由度 df）

雙尾	50%	60%	70%	80%	90%	95%	98%	99%	99.50%	99.80%	99.90%
α/2	0.25	0.20	0.15	0.10	0.05	0.025	0.01	0.005	0.003	0.001	0.0005
10	0.700	0.879	1.093	1.372	1.812	2.228	2.764	3.169	3.581	4.144	4.587
11	0.697	0.876	1.088	1.363	1.796	2.201	2.718	3.106	3.497	4.025	4.437
12	0.695	0.873	1.083	1.356	1.782	2.179	2.681	3.055	3.428	3.930	4.318
13	0.694	0.870	1.079	1.350	1.771	2.160	2.650	3.012	3.372	3.852	4.221
14	0.692	0.868	1.076	1.345	1.761	2.145	2.624	2.977	3.326	3.787	4.140
15	0.691	0.866	1.074	1.341	1.753	2.131	2.602	2.947	3.286	3.733	4.073
16	0.690	0.865	1.071	1.337	1.746	2.120	2.583	2.921	3.252	3.686	4.015
17	0.689	0.863	1.069	1.333	1.740	2.110	2.567	2.898	3.222	3.646	3.965
18	0.688	0.862	1.067	1.330	1.734	2.101	2.552	2.878	3.197	3.610	3.922
19	0.688	0.861	1.066	1.328	1.729	2.093	2.539	2.861	3.174	3.579	3.883
20	0.687	0.860	1.064	1.325	1.725	2.086	2.528	2.845	3.153	3.552	3.850
21	0.686	0.859	1.063	1.323	1.721	2.080	2.518	2.831	3.135	3.527	3.819
22	0.686	0.858	1.061	1.321	1.717	2.074	2.508	2.819	3.119	3.505	3.792
23	0.685	0.858	1.060	1.319	1.714	2.069	2.500	2.807	3.104	3.485	3.767
24	0.685	0.857	1.059	1.318	1.711	2.064	2.492	2.797	3.091	3.467	3.745
25	0.684	0.856	1.058	1.316	1.708	2.060	2.485	2.787	3.078	3.450	3.725
26	0.684	0.856	1.058	1.315	1.706	2.056	2.479	2.779	3.067	3.435	3.707
27	0.684	0.855	1.057	1.314	1.703	2.052	2.473	2.771	3.057	3.421	3.690
28	0.683	0.855	1.056	1.313	1.701	2.048	2.467	2.763	3.047	3.408	3.674
29	0.683	0.854	1.055	1.311	1.699	2.045	2.462	2.756	3.038	3.396	3.659
30	0.683	0.854	1.055	1.310	1.697	2.042	2.457	2.750	3.030	3.385	3.646
40	0.681	0.851	1.050	1.303	1.684	2.021	2.423	2.704	2.971	3.307	3.551
50	0.679	0.849	1.047	1.299	1.676	2.009	2.403	2.678	2.937	3.261	3.496
60	0.679	0.848	1.045	1.296	1.671	2.000	2.390	2.660	2.915	3.232	3.460
80	0.678	0.846	1.043	1.292	1.664	1.990	2.374	2.639	2.887	3.195	3.416
100	0.677	0.845	1.042	1.290	1.660	1.984	2.364	2.626	2.871	3.174	3.390
120	0.677	0.845	1.041	1.289	1.658	1.980	2.358	2.617	2.860	3.160	3.373
∞	0.674	0.842	1.036	1.282	1.645	1.960	2.326	2.576	2.807	3.090	3.291

自由度 df

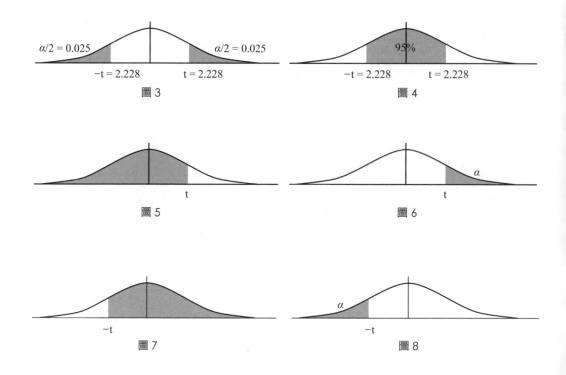

圖 3   圖 4

圖 5   圖 6

圖 7   圖 8

表 2

單尾		75%	80%	85%	90%	95%	97.5%	99%	99.5%	99.75%	99.9%	99.95%
α		0.25	0.20	0.15	0.10	0.05	0.025	0.01	0.005	0.0025	0.001	0.0005
自由度 df	1	1.000	1.376	1.963	3.078	6.314	12.710	31.820	63.660	127.300	318.300	636.600
	2	0.816	1.080	1.386	1.886	2.920	4.303	6.965	9.925	14.090	22.330	31.600
	3	0.765	0.978	1.250	1.638	2.353	3.182	4.541	5.841	7.453	10.210	12.920
	4	0.741	0.941	1.190	1.533	2.132	2.776	3.747	4.604	5.598	7.173	8.610
	5	0.727	0.920	1.156	1.476	2.015	2.571	3.365	4.032	4.773	5.893	6.869
	6	0.718	0.906	1.134	1.440	1.943	2.447	3.143	3.707	4.317	5.208	5.959
	7	0.711	0.896	1.119	1.415	1.895	2.365	2.998	3.499	4.029	4.785	5.408
	8	0.706	0.889	1.108	1.397	1.860	2.306	2.896	3.355	3.833	4.501	5.041
	9	0.703	0.883	1.100	1.383	1.833	2.262	2.821	3.250	3.690	4.297	4.781
	10	0.700	0.879	1.093	1.372	1.812	2.228	2.764	3.169	3.581	4.144	4.587
	11	0.697	0.876	1.088	1.363	1.796	2.201	2.718	3.106	3.497	4.025	4.437

單尾	75%	80%	85%	90%	95%	97.5%	99%	99.5%	99.75%	99.9%	99.95%
α	0.25	0.20	0.15	0.10	0.05	0.025	0.01	0.005	0.0025	0.001	0.0005
12	0.695	0.873	1.083	1.356	1.782	2.179	2.681	3.055	3.428	3.930	4.318
13	0.694	0.870	1.079	1.350	1.771	2.160	2.650	3.012	3.372	3.852	4.221
14	0.692	0.868	1.076	1.345	1.761	2.145	2.624	2.977	3.326	3.787	4.140
15	0.691	0.866	1.074	1.341	1.753	2.131	2.602	2.947	3.286	3.733	4.073
16	0.690	0.865	1.071	1.337	1.746	2.120	2.583	2.921	3.252	3.686	4.015
17	0.689	0.863	1.069	1.333	1.740	2.110	2.567	2.898	3.222	3.646	3.965
18	0.688	0.862	1.067	1.330	1.734	2.101	2.552	2.878	3.197	3.610	3.922
19	0.688	0.861	1.066	1.328	1.729	2.093	2.539	2.861	3.174	3.579	3.883
20	0.687	0.860	1.064	1.325	1.725	2.086	2.528	2.845	3.153	3.552	3.850
21	0.686	0.859	1.063	1.323	1.721	2.080	2.518	2.831	3.135	3.527	3.819
22	0.686	0.858	1.061	1.321	1.717	2.074	2.508	2.819	3.119	3.505	3.792
23	0.685	0.858	1.060	1.319	1.714	2.069	2.500	2.807	3.104	3.485	3.767
24	0.685	0.857	1.059	1.318	1.711	2.064	2.492	2.797	3.091	3.467	3.745
25	0.684	0.856	1.058	1.316	1.708	2.060	2.485	2.787	3.078	3.450	3.725
26	0.684	0.856	1.058	1.315	1.706	2.056	2.479	2.779	3.067	3.435	3.707
27	0.684	0.855	1.057	1.314	1.703	2.052	2.473	2.771	3.057	3.421	3.690
28	0.683	0.855	1.056	1.313	1.701	2.048	2.467	2.763	3.047	3.408	3.674
29	0.683	0.854	1.055	1.311	1.699	2.045	2.462	2.756	3.038	3.396	3.659
30	0.683	0.854	1.055	1.310	1.697	2.042	2.457	2.750	3.030	3.385	3.646
40	0.681	0.851	1.050	1.303	1.684	2.021	2.423	2.704	2.971	3.307	3.551
50	0.679	0.849	1.047	1.299	1.676	2.009	2.403	2.678	2.937	3.261	3.496
60	0.679	0.848	1.045	1.296	1.671	2.000	2.390	2.660	2.915	3.232	3.460
80	0.678	0.846	1.043	1.292	1.664	1.990	2.374	2.639	2.887	3.195	3.416
100	0.677	0.845	1.042	1.290	1.660	1.984	2.364	2.626	2.871	3.174	3.390
120	0.677	0.845	1.041	1.289	1.658	1.980	2.358	2.617	2.860	3.160	3.373
∞	0.674	0.842	1.036	1.282	1.645	1.960	2.326	2.576	2.807	3.090	3.291

自由度 df

圖 9　　　　　　　　　　　　圖 10

附錄五 **如何使用 F 表**

已知 F 表可用在檢定，要如何使用 F 表。常用的 F 表，有以下兩種顯著水準 $\alpha = 0.05$、$\alpha = 0.01$。見以下圖表，並可發現 F 表是討論右尾面積，見圖 1、圖 2，表 1、表 2。

要如何使用 F 表，先根據題意，算出分子自由度、分母自由度，再看顯著水準 α 是多少？就能查到臨界值，如：$\alpha = 0.01$，分子自由度為 20、分母自由度為 7，就找出上表中用顏色交叉的欄位即為所求的臨界值，本例題臨界值為 6.16，示意圖 3 如下。

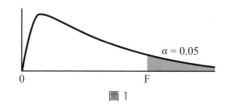

圖 1

表 1

$\alpha = 0.05$		分子自由度												
		1	2	3	4	5	6	7	8	9	10	15	20	30	40
分母自由度	1	161	199	216	225	230	234	237	239	241	242	246	248	250	251
	2	18.50	19.00	19.20	19.20	19.30	19.30	19.40	19.40	19.40	19.40	19.40	19.40	19.50	19.5
	3	10.13	9.55	9.28	9.12	9.01	8.94	8.89	8.85	8.81	8.79	8.70	8.66	8.62	8.59
	4	7.71	6.94	6.59	6.39	6.26	6.16	6.09	6.04	6.00	5.96	5.86	5.80	5.75	5.72
	5	6.61	5.79	5.41	5.19	5.05	4.95	4.88	4.82	4.77	4.74	4.62	4.56	4.50	4.46
	6	5.99	5.14	4.76	4.53	4.39	4.28	4.21	4.15	4.10	4.06	3.94	3.87	3.81	3.77
	7	5.59	4.74	4.35	4.12	3.97	3.87	3.79	3.73	3.68	3.64	3.51	3.44	3.38	3.34
	8	5.32	4.46	4.07	3.84	3.69	3.58	3.50	3.44	3.39	3.35	3.22	3.15	3.08	3.04
	9	5.12	4.26	3.86	3.63	3.48	3.37	3.29	3.23	3.18	3.14	3.01	2.94	2.86	2.83
	10	4.96	4.10	3.71	3.48	3.33	3.22	3.14	3.07	3.02	2.98	2.85	2.77	2.70	2.66
	11	4.84	3.98	3.59	3.36	3.20	3.09	3.01	2.95	2.90	2.85	2.72	2.65	2.57	2.5
	12	4.75	3.89	3.49	3.26	3.11	3.00	2.91	2.85	2.80	2.75	2.62	2.54	2.47	2.4
	13	4.67	3.81	3.41	3.18	3.03	2.92	2.83	2.77	2.71	2.67	2.53	2.46	2.38	2.3

α = 0.05	分子自由度													
	1	2	3	4	5	6	7	8	9	10	15	20	30	40
14	4.60	3.74	3.34	3.11	2.96	2.85	2.76	2.70	2.65	2.60	2.46	2.39	2.31	2.27
15	4.54	3.68	3.29	3.06	2.90	2.79	2.71	2.64	2.59	2.54	2.40	2.33	2.25	2.20
16	4.49	3.63	3.24	3.01	2.85	2.74	2.66	2.59	2.54	2.49	2.35	2.28	2.19	2.15
17	4.45	3.59	3.20	2.96	2.81	2.70	2.61	2.55	2.49	2.45	2.31	2.23	2.15	2.10
18	4.41	3.55	3.16	2.93	2.77	2.66	2.58	2.51	2.46	2.41	2.27	2.19	2.11	2.06
19	4.38	3.52	3.13	2.90	2.74	2.63	2.54	2.48	2.42	2.38	2.23	2.16	2.07	2.03
20	4.35	3.49	3.10	2.87	2.71	2.60	2.51	2.45	2.39	2.35	2.20	2.12	2.04	1.99
21	4.32	3.47	3.07	2.84	2.68	2.57	2.49	2.42	2.37	2.32	2.18	2.10	2.01	1.96
22	4.30	3.44	3.05	2.82	2.66	2.55	2.46	2.40	2.34	2.30	2.15	2.07	1.98	1.94
23	4.28	3.42	3.03	2.80	2.64	2.53	2.44	2.37	2.32	2.27	2.13	2.05	1.96	1.91
24	4.26	3.40	3.01	2.78	2.62	2.51	2.42	2.36	2.30	2.25	2.11	2.03	1.94	1.89
25	4.24	3.39	2.99	2.76	2.60	2.49	2.40	2.34	2.28	2.24	2.09	2.01	1.92	1.87
30	4.17	3.32	2.92	2.69	2.53	2.42	2.33	2.27	2.21	2.16	2.01	1.93	1.84	1.79
40	4.08	3.23	2.84	2.61	2.45	2.34	2.25	2.18	2.12	2.08	1.92	1.84	1.74	1.69
60	4.00	3.15	2.76	2.53	2.37	2.25	2.17	2.10	2.04	1.99	1.84	1.75	1.65	1.59
120	3.92	3.07	2.68	2.45	2.29	2.18	2.09	2.02	1.96	1.91	1.75	1.66	1.55	1.50
∞	3.84	3.00	2.60	2.37	2.21	2.10	2.01	1.94	1.88	1.83	1.67	1.57	1.46	1.39

分母自由度

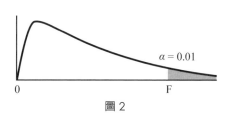

圖 2

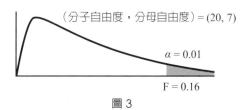

（分子自由度，分母自由度）= (20, 7)

$α = 0.01$

F = 0.16

圖 3

表 2

α = 0.01	分子自由度													
	1	2	3	4	5	6	7	8	9	10	15	20	30	40
1	4052	4999	5403	5625	5764	5859	5928	5981	6022	6056	6157	6209	6261	628
2	98.50	99.00	99.20	99.20	99.30	99.30	99.40	99.40	99.40	99.40	99.40	99.40	99.50	99.:
3	34.10	30.80	29.50	28.70	28.20	27.90	27.70	27.50	27.30	27.20	26.90	26.70	26.50	26.
4	21.20	18.00	16.70	16.00	15.50	15.20	15.00	14.80	14.70	14.50	14.20	14.00	13.80	13.
5	16.30	13.30	12.10	11.40	11.00	10.70	10.50	10.30	10.20	10.10	9.70	9.60	9.40	9.3
6	13.75	10.92	9.78	9.15	8.75	8.47	8.26	8.10	7.98	7.87	7.56	7.40	7.23	7.1
7	12.25	9.55	8.45	7.85	7.46	7.19	6.99	6.84	6.72	6.62	6.31	6.16	5.99	5.9
8	11.26	8.65	7.59	7.01	6.63	6.37	6.18	6.03	5.91	5.81	5.52	5.36	5.20	5.1
9	10.56	8.02	6.99	6.42	6.06	5.80	5.61	5.47	5.35	5.26	4.96	4.81	4.65	4.5
10	10.04	7.56	6.55	5.99	5.64	5.39	5.20	5.06	4.94	4.85	4.56	4.41	4.25	4.
11	9.65	7.21	6.22	5.67	5.32	5.07	4.89	4.74	4.63	4.54	4.25	4.10	3.94	3.8
12	9.33	6.93	5.95	5.41	5.06	4.82	4.64	4.50	4.39	4.30	4.01	3.86	3.70	3.6
13	9.07	6.70	5.74	5.21	4.86	4.62	4.44	4.30	4.19	4.10	3.82	3.66	3.51	3.
14	8.86	6.51	5.56	5.04	4.69	4.46	4.28	4.14	4.03	3.94	3.66	3.51	3.35	3.
15	8.68	6.36	5.42	4.89	4.56	4.32	4.14	4.00	3.89	3.80	3.52	3.37	3.21	3.
16	8.53	6.23	5.29	4.77	4.44	4.20	4.03	3.89	3.78	3.69	3.41	3.26	3.10	3.
17	8.40	6.11	5.18	4.67	4.34	4.10	3.93	3.79	3.68	3.59	3.31	3.16	3.00	2.
18	8.29	6.01	5.09	4.58	4.25	4.01	3.84	3.71	3.60	3.51	3.23	3.08	2.92	2.
19	8.18	5.93	5.01	4.50	4.17	3.94	3.77	3.63	3.52	3.43	3.15	3.00	2.84	2.
20	8.10	5.85	4.94	4.43	4.10	3.87	3.70	3.56	3.46	3.37	3.09	2.94	2.78	2.
21	8.02	5.78	4.87	4.37	4.04	3.81	3.64	3.51	3.40	3.31	3.03	2.88	2.72	2.
22	7.95	5.72	4.82	4.31	3.99	3.76	3.59	3.45	3.35	3.26	2.98	2.83	2.67	2.
23	7.88	5.66	4.76	4.26	3.94	3.71	3.54	3.41	3.30	3.21	2.93	2.78	2.62	2.
24	7.82	5.61	4.72	4.22	3.90	3.67	3.50	3.36	3.26	3.17	2.89	2.74	2.58	2.
25	7.77	5.57	4.68	4.18	3.85	3.63	3.46	3.32	3.22	3.13	2.85	2.70	2.54	2.
30	7.56	5.39	4.51	4.02	3.70	3.47	3.30	3.17	3.07	2.98	2.70	2.55	2.39	2.
40	7.31	5.18	4.31	3.83	3.51	3.29	3.12	2.99	2.89	2.80	2.52	2.37	2.20	2.
60	7.08	4.98	4.13	3.65	3.34	3.12	2.95	2.82	2.72	2.63	2.35	2.20	2.03	1.
120	6.85	4.79	3.95	3.48	3.17	2.96	2.79	2.66	2.56	2.47	2.19	2.03	1.86	1.
∞	6.63	4.61	3.78	3.32	3.02	2.80	2.64	2.51	2.41	2.32	2.04	1.88	1.70	1.

(分母自由度)

筆記欄

附錄六 如何使用 χ^2 表

　　已知 χ^2 表可用在檢定，要如何使用 χ^2 表。常用的 χ^2 表，有以下各種顯著水準 α。
見圖1，表1，並可發現 χ^2 表是討論右尾面積。

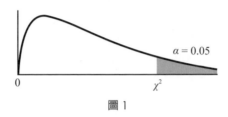

圖 1

表 1

		右尾面積 α							
		0.995	0.990	0.975	0.950	0.050	0.025	0.010	0.005
自由度 df	1	0.000	0.000	0.001	0.004	3.841	5.024	6.635	7.879
	2	0.010	0.020	0.051	0.103	5.991	7.378	9.210	10.597
	3	0.072	0.115	0.216	0.352	7.815	9.348	11.345	12.838
	4	0.207	0.297	0.484	0.711	9.488	11.143	13.277	14.860
	5	0.412	0.554	0.831	1.145	11.070	12.833	15.086	16.750
	6	0.676	0.872	1.237	1.635	12.592	14.449	16.812	18.548
	7	0.989	1.239	1.690	2.167	14.067	16.013	18.475	20.278
	8	1.344	1.647	2.180	2.733	15.507	17.535	20.090	21.955
	9	1.735	2.088	2.700	3.325	16.919	19.023	21.666	23.589
	10	2.156	2.558	3.247	3.940	18.307	20.483	23.209	25.188
	11	2.603	3.053	3.816	4.575	19.675	21.920	24.725	26.757
	12	3.074	3.571	4.404	5.226	21.026	23.337	26.217	28.300
	13	3.565	4.107	5.009	5.892	22.362	24.736	27.688	29.819
	14	4.075	4.660	5.629	6.571	23.685	26.119	29.141	31.319
	15	4.601	5.229	6.262	7.261	24.996	27.488	30.578	32.801
	16	5.142	5.812	6.908	7.962	26.296	28.845	32.000	34.267
	17	5.697	6.408	7.564	8.564	27.587	30.191	33.409	35.718

		右尾面積 α							
		0.995	0.990	0.975	0.950	0.050	0.025	0.010	0.005
	18	6.265	7.015	8.231	9.390	28.869	31.526	34.805	37.156
	19	6.844	7.633	8.907	10.117	30.144	32.852	36.191	38.582
	20	7.434	8.260	9.591	10.851	31.410	34.170	37.566	39.997
	21	8.034	8.897	10.283	11.591	32.671	35.479	38.932	41.401
	22	8.643	9.542	10.982	12.338	33.924	36.781	40.289	42.796
	23	9.260	10.196	11.689	13.091	35.172	38.076	41.638	44.181
	24	9.886	10.856	12.401	13.848	36.415	39.364	42.980	45.558
	25	10.520	11.524	13.120	14.611	37.652	40.646	44.314	46.928
	26	11.160	12.198	13.844	15.379	38.885	41.923	45.642	48.290
	27	11.808	12.878	14.573	16.151	40.113	43.195	46.963	49.645
	28	12.461	13.565	15.308	16.928	41.337	44.461	48.278	50.994
	29	13.121	14.256	16.047	17.708	42.557	45.722	49.588	52.335
	30	13.787	14.953	16.791	18.493	43.773	46.979	50.892	53.672
	35	17.192	18.509	20.596	22.465	49.802	53.203	57.342	60.275
	40	20.707	22.164	24.433	26.509	55.758	59.342	63.691	66.766
	45	24.311	25.901	28.366	30.612	61.656	65.410	69.957	73.166
	50	27.991	29.707	32.357	34.764	67.505	71.420	76.154	79.490
	55	31.735	33.571	36.398	38.958	73.311	77.380	82.292	85.749
	60	35.534	37.485	40.482	43.188	79.082	83.298	88.379	91.952
	65	39.383	41.444	44.603	47.450	84.821	89.177	94.422	98.105
	70	43.275	45.442	48.758	51.739	90.531	95.023	100.425	104.215
	75	47.206	49.475	52.942	56.054	96.217	100.839	106.393	110.285
	80	51.172	53.540	57.153	60.391	101.879	106.629	112.329	116.321
	85	55.170	57.634	61.389	64.749	107.522	112.393	118.236	122.324
	90	59.196	61.754	65.647	69.126	113.145	118.136	124.116	128.299
	95	63.250	65.898	69.925	73.520	118.752	123.858	129.973	143.344
	100	67.328	70.065	74.222	77.929	124.342	129.561	135.807	149.449

要如何使用 χ^2 表，先根據題意，算出自由度，再看顯著水準 α 是多少？就能查到臨界值，如：$\alpha = 0.05$，自由度為 10，就找出上表中用顏色交叉的欄位即為所求的臨界值，本例題臨界值為 18.307，示意圖 2 如下。

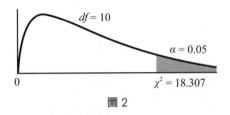

圖 2

國家圖書館出版品預行編目(CIP)資料

圖解統計與大數據／吳作樂，吳秉翰著. --
三版. -- 臺北市：五南圖書出版股份有限
公司，2023.02
　　面；　公分
　　ISBN 978-626-343-648-0(平裝)

1.CST: 統計學　2.CST: 資料探勘

510　　　　　　　　　111021054

1HA9

圖解統計與大數據

作　　者 ─ 吳作樂（56.5）　吳秉翰

發 行 人 ─ 楊榮川

總 經 理 ─ 楊士清

總 編 輯 ─ 楊秀麗

副總編輯 ─ 王正華

責任編輯 ─ 金明芬

封面設計 ─ 姚孝慈

出 版 者 ─ 五南圖書出版股份有限公司

地　　址：106台北市大安區和平東路二段339號4樓

電　　話：(02)2705-5066　　傳　真：(02)2706-6100

網　　址：https://www.wunan.com.tw

電子郵件：wunan@wunan.com.tw

劃撥帳號：01068953

戶　　名：五南圖書出版股份有限公司

法律顧問　林勝安律師事務所　林勝安律師

出版日期　2016年 6 月初版一刷
　　　　　2017年10月初版三刷
　　　　　2018年11月二版一刷
　　　　　2022年12月二版五刷
　　　　　2023年 2 月三版一刷

定　　價　新臺幣350元

經典永恆・名著常在

五十週年的獻禮——經典名著文庫

五南，五十年了，半個世紀，人生旅程的一大半，走過來了。

思索著，邁向百年的未來歷程，能為知識界、文化學術界作些什麼？

在速食文化的生態下，有什麼值得讓人雋永品味的？

歷代經典・當今名著，經過時間的洗禮，千錘百鍊，流傳至今，光芒耀人；

不僅使我們能領悟前人的智慧，同時也增深加廣我們思考的深度與視野。

我們決心投入巨資，有計畫的系統梳選，成立「經典名著文庫」，

希望收入古今中外思想性的、充滿睿智與獨見的經典、名著。

這是一項理想性的、永續性的巨大出版工程。

不在意讀者的眾寡，只考慮它的學術價值，力求完整展現先哲思想的軌跡；

為知識界開啟一片智慧之窗，營造一座百花綻放的世界文明公園，

任君遨遊、取菁吸蜜、嘉惠學子！